李景升 1967年3月出生，南阳市人。研究生学历，中共党员，中学高级教师，高级家庭教育指导师。现任南阳市第五小学校长兼党支部书记。

主持、参与的教研课题多项获省、市级一等奖；执教的语文课、综合实践活动课、品德与生活课等多次获省、市级观摩课一等奖；撰写的教学论文《作文评改要做到与学生对话》等获得省级一等奖，撰写的教学论文《让学生学会“看”到作文》、《教学反思要做好五个结合》、《阅读教学之我见》等20余篇发表在《河南教育》、《广西教学》、《教育实践与研究》、《当代教育论坛》、《小学教学参考》等教育杂志上。

参与编写省级地方教材《综合知识讲座·中小学时事政策教育》。

著有《小学生轻松写作文》、《现代教师素养·课堂教学艺术》、《以生为友 平等教育》等专业著作。

著有长篇小说《都市新月》、诗集《爱追随》等。

荣获南阳市名师，南阳市专业技术拔尖人才、南阳市优秀教师、文明教师、先进教育工作者，南阳市中小学师德标兵，南阳市义务教育课程改革先进个人，南阳市教育科研先进工作者，河南省首届名师，河南省骨干教师，河南省教育厅学术技术带头人，国家级骨干教师等荣誉称号。

做孩子朋友
幸福两代人

李景升/著

河南人民出版社

图书在版编目(CIP)数据

做孩子朋友 幸福两代人 / 李景升著. — 郑州：河南人民出版社, 2013.5
ISBN 978 7 215 08286 1

Ⅰ. ①做… Ⅱ. ①李… Ⅲ. ①家庭教育 Ⅳ. ①G78

中国版本图书馆CIP数据核字(2013)第018813号

河南人民出版社出版发行
（地址：郑州市经五路66号 邮政编码：450002 电话：65788066）
新华书店经销 郑州文华印务有限公司印刷
开本 710毫米×1000毫米 1/32 印张 20
字数 330千字
2013年5月第1版 2013年5月第1次印刷
编辑邮箱: 1169129189@qq.com

定价：38.00元

序

孩子的成长不但事关孩子的未来,也决定着这个家庭未来的幸福指数,与国家也是紧紧联系的,因为家安则天下安,家和则天下和,家兴则天下兴。

如果你的孩子现在不能和你成为朋友,那么青春期之后,你就会被孩子当作“敌人”,人生发展的边缘人——“顾问”,“顾”上了问一问,“顾”不上了,也就不问。因此现在您什么都可以耽误,但是千万别耽误孩子的前途;您什么都可以放弃,但是千万别放弃孩子的教育;您什么都可以不学,但是千万别不学教育孩子的方法;您可以不是天才,但您可以成为天才的父母,您可能有童年的遗憾,但别给孩子留下遗憾的童年。这可是家教的重要性。

如果你在孩子面前以家长自居,把自己的观点强加给他们,即使孩子心里有再多的话,也会被你居高临下的态势威慑而对你敬而远之,就不会把你当作知己,你当然就不会知道孩子的内心有什么问题,有什么障碍,有什么喜,有什么忧,有什么想法。你这就不能算是教育孩子。

《增广贤文》告诉世人:养子不教如养驴,养女不教如养猪。养孩子怎么教呢?东方的西方的家教观点林林总总,古代的现代的家教方法形形色色,都有成功都有失败,我认为把孩子当作朋友对待,尊重他,在人格上把他当成与自己平等的一员,这样来施教,并且越早越好,就能以幸福的童年开启孩子美好的一生,使他们快乐成长,成就他们幸福的一生。他们的身心都会健康,他们就会有成功的人生体验。如果教育开始你对孩子就是斜视,居高临下也好,俯视、鸟瞰也罢,都是斜视的一种,这种教育其实也是一种危害,因为这种教育塑造出的孩子心灵也是斜的,并且这种倾斜会传递下去。这种斜视就是不注重孩子的心理健康,只拿孩子的成绩说话,或者让孩子按自己“用心”铸造的模式在“现成”的轨道上向前。

你可能有这样的体会,孩子学习成绩好,你见到他就会很开心,就有许多话对他说。乐观其成这个成语还能见证你这种心态。这时的你在不自觉中与孩子是平等的,其实你把他当作了朋友。孩子应当是你的朋友,除了你的知识、生活经验比孩子多以外,你还比他高明多少呢?

世上最难断的是感情,最难求的是爱情,最难还的是人情,最难得是友情,最难找的是真情,最难忘的是你开心的表情。把孩子培养好,恐怕是你人生最得意的事情吧。

本书分为九章,系统论述父母如何做孩子朋友,从而让孩子茁壮成长,幸福两代人。让你认识到躬下身子做孩子朋友的重要性,告诉父母怎样和孩子做朋友,打造亲友团为了共同的目标,合力教育孩子,孩子身上应当有什么品格,像哪吒的三头六臂,在人生的道路上开天辟地,降妖除魔。告诉你做孩子朋友,培养出的孩子是什么样的,父母又有怎样的结果。书中既有名人故事,也有自己的育子感受;既有自己朋友的家教体会,也有同事、学校优秀家长的家教案例;既有系列理论,又有实践验证。本书可读性强,随时翻随时都有收获,深入研读会得到硕果。作者乐见家长家教上多一份法宝,多一条途径,多一点改变。

本书部分章节下面附有方方系列故事,是孩子成长过程中遇到的问题,以小学的居多,包括父母无意间的做法,来源于生活,与章节没有严格的对应联系,也可以看作家教参考,也算是对本书的补充。

原来书名是"父母做孩子朋友,幸福孩子一生",后来想到这样做,父母也是愉快的,幸福的,因此改名为《做孩子朋友 幸福两代人》。

我们总强调孩子自立自强,其实我们大人有时却在做拉大旗,作虎皮的事,所以这本书我也不再请人作序,自序之,算是自立自强的宣示吧,能得到家长朋友的认可善莫大焉。

一个人的思想总会有局限性,一本书中的问题甚至错误因为"身在此山中"而当局者迷,望旁观的家长朋友多指教。

李景升

2012 年 6 月 15 日

目　录

第一章

孩子　你是我的好朋友

现在“雷人”新词,什么“月光族”、“啃老族”、“宅男”、“卡奴”、“房奴”等,频频出现在媒体和网络上,这些词反映的都是现实生活,让人耳目一新,瞠目结舌,感叹人在“囧”途。现在还有一个新词就是“孩奴”,反映了现实生活中做父母的无奈。网上是这样解释“孩奴”的:父母一生都在为子女打拼,为子女忙碌,为子女挣钱,而失去了自我价值体现的生活状态。很显然,“孩奴”和“房奴”、“卡奴”、“车奴”一样,都是为别人打工,只不过对象是自己的孩子。我们现在常感叹养一个孩子难啊,的确,孩子自生下来,就需要一大堆的费用,吃喝拉撒睡穿,样样都要花钱,尤其他们的教育费用不菲。有人戏谑道:“有了孩子就等于判处父母有期徒刑20年。”照此说法,如果孩子成了啃老的“宅男宅女”,当老的不就等于被判了无期徒刑吗?有人曾计算过,一个孩子一年的花销至少得一万元,甚至是几万元,称得上资金密集型产业。其实金钱只是一方面,抚养孩子还是劳动、时间、情感密集型产业,会把人累得七荤八素,很多家长为此还搭上了自己的事业,荒废了自己的爱好。以至于有人开玩笑道:“一个孩子消灭了一个美女,一个孩子创造了一个老头。”因此现在又出现了“丁克家族”——不要孩子的家庭,一辈子都是二人世界。

为什么出现这样的情况?是因为70%的家庭教育不当!

这是中国科学院心理研究所教授、博士生导师王极盛对北京1800名家长近三年的跟踪调查得出的结论。家教是一个社会问题,绝大多数家长对孩子期望很高,节衣缩食,早出晚归,物质和精神付出很多,但是效果不大,收获不大。

王教授说,关键是教育不当,没有一套科学的方法,盲目地、自以为是地教育孩子。人们有一种错误的观念:谁不会生孩子?谁不会养孩子?谁不会教育孩子?以为家庭教育可以无师自通,生、养、教都是自发的、本能的,各有一套办法,这其实是一个很大的误区。我曾在一次家长学校授课时,问在场的150多名家长谁看过心理学、教育学和家教专著,当时举手说翻阅过心理学、教育学的只有三人,看过家教专著的有六七人,让人感到惋惜。由此可知现在很多家长只买营养品给孩子吃,但自己很少买一些教育方面的书籍读。只有把现代心理学和教育学的一些基本的方法、理论掌握好,并灵活地、具体地和孩子的教育实践结合起来,家庭教育才能成功。

学校教育不是万能的,中国教育存在的问题,很大程度上来源于我们的家庭教育。应试教育、择校、课外特长班、奥数、教辅、学生课业负担等这些关键词,哪一个不跟我们家长有关,哪一项没有家长的推动?“问题孩子”出自“问题家庭”,家长把这些“问题孩子”推向学校,认为只要孩子进校门,教好教坏都是老师的事,自己则成了“甩手掌柜”,由此给学校教育带来很大困难。

不说别的,这个教育公式“5+2=0”家长朋友都不陌生,就是学生在学校五天获得的思想道德等方面的教育,仅仅一个双休日,就由于社会和家庭的某些不良影响化为零。

2010年6月我从开封回来,在车上接到一位家长打来电话,说她单位同事的孩子自杀了。是某重点高中高一一位学生,是个男孩。她说她心里很难受,我听完,心里也是很难受,并且很是震惊,什么原因让这个花季少年放弃自己的生命离开这个世界呢?

后来,我就约见这位家长,了解这个孩子的情况。孩子中学也是在一所著名的初中就学,初二时好像受到英语教师的批评,英语成绩就此一蹶不振。孩子很内向,父母都是医生,经常忙,经济条件好,上高中后经常到省会找英语名家补课,后来转到离家很近的这所重点高中。这个孩子平时和家长交流就很少,到高中后基本就不理他们家长了。自杀前一个多月和家长一句话也不说,估计这孩子已经患抑郁症很长时间,家长还不知道,没有意识到孩子已经处在危险边缘了,这多可悲啊。如果家长和孩子经常交流,和孩子是朋友,孩子的烦恼什么都知道,就能避免这场悲剧的发生。

如果说教育是为了让人生活得更好,那么家庭教育是为了让家庭生活得更美好，也就是说现在教育好孩子，家庭的未来才会美满。

怎样的家庭教育不出问题孩子呢？

那就是把孩子当作自己的朋友培养，让孩子能够健康快乐地成长。

当朋友？有一首儿歌就是《找朋友》"……找呀找呀找朋友，找到一个好朋友，敬个礼，握握手，你是我的好朋友……"你和孩子做过这样的游戏吗？你能做孩子的朋友吗？

什么是朋友？"朋友"字典里是这种解释：志同道合、志趣相投的人之间互相的一种称呼，后泛指交谊深的人。朋友是你前进中给你指明方向的人，朋友是为你解决困难的人，朋友是与你知心的人，朋友是关爱你的人；朋友是阳光，是月亮，是星星；朋友是在你走向黑暗的时候，为你点亮明灯的那个人；朋友是你在享受幸福的时候为你高兴的那个人。真正的友谊很简单，并不复杂，但两个人能心连心，彼此能了解对方的感受。

关于朋友的种类很多，什么餐友、室友、诤友、驴友、忘年交、金兰契、恒友、石友……关于朋友的名言很多，"多个朋友多条路"，"朋友多了路好走"，甚至是"为朋友两肋插刀，在所不辞"，在大家心目中，好像朋友就是亲属以外没有血缘关系而感情很近的人，朋友大多是亲属以外的人，其实自己的亲属也可以是朋友。

尤其是作为望子成龙、望女成凤的父母更应该是子女的朋友。很多家长朋友看到这里或听说这样的话题觉得不可思议，因为朋友的一个重要标志就是平等，家长在内心里没有把孩子当作平等的一员，他们觉得和孩子交朋友那是多么难为情的事，因为在孩子面前，父母从来都是以长辈自居，对孩子的话听不到耳里，也从未把他们放在眼里。孩子的成长的确需要做父母的作出牺牲，但是很多人并不把孩子当负担，而是看作必要的投资，享受着其中的过程，这个过程就是蹲下身子与孩子为友共同成长的过程，要知道做孩子的朋友，孩子也肯把自己当作朋友，这是做父母的最高境界。把孩子当作朋友，就是把他当作一个正在成形的有独立人格的人，而不是仅仅把孩子当作小孩子，甚至宠物或工具。

把孩子当作朋友，父母就会尊重他们，就不会用命令式的语气指挥他向左走还是向右走，而会征求他是向左还是向右；把孩子当作朋友，父母就不会把怒气转嫁到孩子的身上，而会告诉他做父母也有烦恼的时候；把孩子当作朋友，父母的语气，父母的行为，都会随之发生改变，变得互相尊重，互相支持，不但爱他疼他，而且给予信任和尊重，凡属孩子自己的事情，既不越俎代庖也不横加干涉，而是怀着爱心加以关注，施以影响。

现实生活中有的家长只是把孩子当孩子、当宝贝、当附属品，高兴的时候把他们举过头顶，生气的时候就把他们踩在脚下，哪里把他们当朋友？对孩子的生活表现、学习表现想说就说口无遮拦——不听大人言，吃亏在眼前；想揍就揍行动自由，让他（她）干啥就得干啥——让他往东，他就不能往西，完全是想当然，没有顾忌，还认为是为他（她）好，完全可以打扁捏圆。当然，不可否认，绝大多数家长对孩子寄予很高的希望，付出很多心血，也是有爱心的。现在孩子一个，性格比较孤僻，家长要切记尊重孩子才会和孩子平等，平等才会有倾心的交流，有了这种平等，孩子才会把心里的话讲给你听，你才能进入孩子的内心世界。许多家长自己就是在传统观念影响下长大的，没有意识到家长与孩子沟通对孩子的成长是多么重要，觉得孩子是“自己身上掉下来的肉”，交往时时处处都有，难道与“贴心小夹袄”的沟通还会有问题？被自己的孩子徐力杀死的母亲，当初就是这样想的，她自以为很了解孩子，最懂他的心。在母亲的眼里，徐力是一个乖孩子，生活得很幸福。母亲到死都不知道孩子心中隐藏着极大痛苦，因为母子之间从来就没有真正的心灵沟通。为什么相当多的家庭缺少沟通而不自觉呢？因为在中国传统的不民主的家庭教育模式影响太深了，不少家庭对孩子是：批评多于表扬，禁止多于提倡，指责多于鼓励，贬低多于欣赏，威胁多于启发，命令多于商量。在这样的背景下，孩子处于不被尊重的地位，怎么可能产生真正的心灵沟通呢？

把孩子当作自己朋友的家长成功的例子也有很多，这样的妈妈才是好妈妈，这样的爸爸才是合格的爸爸。赏识教育的创始人周弘，一个普通的父亲，用其20年的生命探索出的赏识教育，不仅把双耳全聋的女儿周婷婷培养成留美博士生，而且改变了成千上万孩子和家庭的命运，他在创立赏识教育的过程中，与女儿始终是朋友式的平等关系。五小优秀学生陈茂月为什么优秀？就是她的父母一直平等待她，和她同读一本书，交流心得，一同步行从学校走到家里，一起动手做饭……包括我座谈、访问的很多家长他们都是把孩子当作自己的好朋友——亦师亦友，他们的孩子有一个共同点就是心胸开阔，为人豁达，充满自信，有上进心，学习成绩好！

我们只有抛弃成人的眼光，以孩子的成长快乐为己任，用童心去参与，科学解读孩子的问题、发展，用爱心去保障，尊重孩子，平等对待孩子，要和孩子沟通交流，注意言传身教，用孩子的眼光来看他们的世界，才能看懂孩子。

因此和孩子交朋友，一辈子的朋友，孩子就能茁壮成长，才能把孩子培育成才。孩子是快乐的，父母就是幸福的；孩子是幸福的，父母就是快乐的。

第二章

父母与孩子成为朋友的桥梁

怎样和孩子交朋友呢?

交朋友的首要方法是自己要够朋友,怎样才够得上孩子的朋友呢?有这样几个要素:一是爱,二是尊重,三是平等,四是沟通交流。

一、爱

爱是人类最美好的语言,爱是人类家庭最珍贵的馈赠,是最无价的传统,是我们代代相传的财富。“没有爱就没有教育”,这句话不仅适用于学校教育,同样适用于家庭教育。母子之爱、父子之爱是源于生物学意义上的血缘之爱,是人类一种天然的本能,是无条件的爱。如果孩子缺少无条件的爱,将对其导致毁灭性影响。无条件的爱有积极的影响,也会有副作用。有的家长朋友认为爱就是把孩子捧在手里怕摔着,含在嘴里怕化了,这不是真正的爱,是一种畸形的爱——溺爱,溺爱是动物性的爱,那是最容易的,也是糊涂的爱;有的家长认为“打是亲,骂是爱”,这是打骂教育,是一种错误的爱;有的家长推崇“树大自然直”,对孩子是放纵,不注意细枝末节,这是一种失败的爱;有的家长朋友认为把孩子衣食住行都超前安排了,这就是爱,其实这只做对了一半,真正爱孩子是人文之爱,是理智的爱——对孩子特别关注,时刻能注意孩子的言行举止,谛听他的心音,注意精神引导,这才是真正的爱,这种爱对孩子的思想和性格的健康发展极其重要。所以说父母是孩子灵魂的工程师一点也不为过。与孩子成为朋友，亲情是底色，爱会自始至终融在家教之中。下面是我的一篇博文，如果不是家长对孩子的爱，孩子发展的结果将不可想象。

爱会让即将抑郁的孩子重新阳光

2011年国庆前后，笔者接到一个外校老师的信息，关于她孩子的教育问题，也是教师子弟教育问题。我回复。后来一看，竟是一个家教案例，让人感到如果不是妈妈爱的关注，结果会是多么可怕。今天整理一下以飨读者。

家长：领导好！请教：一个去年还积极向上、阳光的孩子今年对一切都感到无所谓，甚至想到死，作为家长该怎么办？

李景升：多大了？今年家里有什么情况？

家长：12岁，家里没多大变化，老样子。是我女儿！我迷惘！揪心！

家长：她一直是班长，从一年级到四年级都没有让我操心。升五年级成绩是全年级第一，去年下半期曾说想转学，今年小学六年级我发现她变了，抑郁，有时仇视，还说要隐居，不想当好学生，对什么都没有了兴趣，也不和我一起上街了。

李景升：学生叫什么名字？在学校受到什么批评没有？她仇视什么你应当有所耳闻？

家长：她是你博友，叫刘玲玲。以前什么都和我说，现在有什么也不和我说了。博客名是“长成一颗珍珠”。

李景升：现在看孩子肯定受到了刺激，可能受到了同学的讥笑等，一时还受不了，心理承受力不足。明天就是国庆节，假期你可带她外出，多和她聊天，尤其不能有呵斥等言行举动，一定和她平等相处，走进她心里，让她把其中的苦水倒出来，再想办法教育她。

家长：不好意思，又打扰你了。我可能想重了一些。

李景升：没事，只要是学生的事我不怕打扰，并感谢你的信任。你是一个合格的妈妈，能感觉到女儿的变化，这时候要特别关注，不能掉以轻心，能够化险为夷，让她恢复从前的自信才是好妈妈！

家长:谢谢你放在心上!孩子很单纯可爱善良正直,思想有点阴影,需要帮她从中走出。她说想找个真正的好朋友倾诉!我听你的,多关心她。

家长:去年开始孩子有些不自信,在上学期竞选班长时,班里一个特别能说、会来事儿的男孩方晓使用拉票、恐吓等手段争当班长,孩子当时对我说了这些情况,我就鼓励她自信,即便落选,已经当了五年班长,给别人一些锻炼机会也好啊!孩子最终当选,可女老师偏爱方晓,方就老找我们孩子茬,方的妈妈也是一个老师,我好为难!

李景升:刚刚看了你女儿的博文,让人看到一个很有文采、很乐观、很有潜力的阳光女孩!需要我们多关注!

家长:我也不知道该怎么帮她!玲玲说过以后隐居,现在不想当好学生等语言,这是不是上个月我把玲玲调班了,和方晓分开了的缘故?我该怎么样培养她的耐挫能力?

李景升:你这种做法是错误的,这样做就是逃避,现在就对她同学方晓的拉票行为和所谓的威胁都逃之夭夭,以后怎么办?何况心病心医只有在原环境里才能解决,解铃还需系铃人!遇到问题你就给她转班了,在新环境里只能再添伤疤。她随着你的导向只有选择逃避了!

李景升:学校为什么严令学生私自调班?就是保护孩子和老师!因为一个跟班走的老师从心里接纳一个新生得很长时间,至少半期,何况六年级对一个上小学的学生来说时间很短啊。另外,学生从一个跟班的老师那里转走,对这个班主任的伤害也很大。

家长:我知道错了,但已经发生了。那我现在该怎么做?

李景升:其实让孩子和方晓发生矛盾即使恶吵一架又如何?

家长:她写的《假如我有七十二变》的主人公是六一班原来的副班长刘冬冬,现在是正班长,替了玲玲的位置。她们一直要好。现在玲玲也不让我看她的博客了,我是潜水进入她博客看到的。我给她转班还有其他几个原因,我是很无奈的。玲玲仍然很知道亲我,就是心事多了些,后天她就要去郑州参加乒乓球赛了。

李景升:转走就说转走的事,你要下大气力亲近孩子,想方设法走进她关闭的心门,这门猛一关,反力可能又弹出一条缝,你以平等的朋友姿态接近她。她参加乒乓球赛可是一个好机会,你可以随她一起去比赛,鼓励她集中精力比赛,打出自己的水平即可,不要太在意输赢。比赛包括训练也是一种发泄,还是心态的一种磨炼。你如果去不了可委托教练多留意孩子,你每天打电话问询,回来不管输赢都要做好吃的欢迎她回来,赢了祝贺,输了开导,再准备几个胜不骄败不馁的小故事佐餐,这个教育契机不容错过!

家长:玲玲说,要做就做最好!昨晚我问她幸福吗?她说,幸福,但这不是我想要的,我想要自己赢来的。这让我想起她曾经看到你写的书,说她也想发表文章,想投稿,就在那一段,她和你成为博友的。还有她说方晓的妈妈给方修改作文,方的作文常得优,她让我修改,我总说让她自己多读,自己修改进步大。

李景升:你说的有道理,让孩子自己多读多写提高自己,多修改,作文水平提高得很快!

家长:今天玲玲表现出害怕比赛的情况,自己说她是队里打球技术最差的,其实队里技术最差的不是她,确实队里有比她打球时间长没有选上的。她说不想参加,除非我去。教练说如果我陪同,车上百分之百坐不下,经协商,教练同意我开他的另一辆车同去。我明天和玲玲一起去郑州,按你说的,鼓励她。

第二天

家长:玲玲昨天上午打了一场,赢了,抱着我直转圈。下午打三场,一赢一输一平。昨晚10点钟到家。

李景升:祝贺你的孩子取得好成绩,这也是你们母女关系进一步的机会。

家长:的确如你所说,这次陪孩子比赛拉近了距离。孩子的笑颜多了,和我交流多了。

李景升:孩子还是在爱中找到自信的,因为爱本身就是一种信任、依靠。

家长:是的。你说的有道理,感谢你的支持帮助。对了,是你告诉我要亲近关注孩子,这几天孩子有话给我说了,说一定要适应新环境,树立全新的自我!

在这中间,家长还给她女儿写了一封信,把交流的手段多样化,这样拉近了与孩子心理距离,起到更好的作用。下面我把信附在下面,相信对家长朋友也是一种启发。

孩子:

生活不像你想的那样可怕,通过你的努力,你都能一一攻破它。就像这场球赛,怯场的你赛前萎靡不振,感到输是一定的,于是害怕参加,把失败想得可怕。可真正到了赛场上,你集中精力,一举把对手打败了!然后围着妈妈转呀转呀,多高兴多快乐啊!只要我们不怕失败,努力争取,就已经胜利一半了,凡事重在参与,就比不敢参与的人强多了!不要太在乎结果,只要尽力就是最棒的!因为你用实际行动证明了自己!

孩子,身体是成长的本钱!只有好好吃饭,增加营养,才能抵抗疾病的缠绕!压抑自己,那些不快乐的情绪就会压倒你的身体,让病毒主宰,长时间的不快乐,身体就会倒下,你怎么去实现自己的理想?再看看关心你的老师、教练、亲戚、朋友,还有,将来你怎么照顾你的爸爸妈妈?

孩子,生活是快乐的!每当妈妈看见你快乐的样子,心中就乐开了花!即使作业再多,也不要看见作业就头大。今天写一点,明天写一点,作业就会被你一点点“吃下”。我相信,别人能完成的任务,你一定也能完成它。就像这次球赛,赛前的你烦恼、害怕,和比赛后的感觉完全一样吗?你可知写完作业是一样快乐的!孩子,安排好时间,既能很好地完成作业,又能快乐地玩耍!为什么要把自己搞得凄凄惨惨,沉迷于昨日的重负之下?还有很多不如你的孩子,在健康快乐成长呢!你可知道,别人为什么快乐?那就是有些事该放下就要放下,父母的爱才是你最最深刻的牵挂!放下那沉重的不知名的包袱,重新面对快乐的生活吧!每个人都要经受生活的锻炼,才会变得更加坚强,更加成熟!其实快乐随处都在,只是因为你走路太急,没有发现她!

孩子,你是坚强的!但这种坚强需要快乐才能更加长久。从一个地方摔倒再站起来,你就是个坚强的人,从一个地方倒下再从另一个地方站起来,你就是既刚又柔的人,刚柔相济才能演绎完美人生。生活中有很多不如意,看看那些名人,他们也都有过挫折,有过遗憾。牛顿,聂耳,数学家陈景润等，不都是在挫折中一步步慢慢走出来的吗？摆在你面前的困难是什么？就是要战胜自己，自己才是自己最大的敌人，战胜自己就战胜了困难！

孩子，妈妈是你的朋友。你有心事妈妈心里知道，妈妈不会笑你，不会伤你，一心只想帮你。即使妈妈做错了事，心还是和你在一起的！错过的东西就让它错过吧，让我们把握好现在，共同努力，一起进步，好吗？

你的朋友妈妈

2011 年 10 月 5 日

方方系列故事之一

准　备

"戒烟戒酒，戒烟戒酒，没办法，没办法！"同学聚会，大家都极力劝酒，但是一向一瓶不醉的方才是极力推脱，"这可关系着下一代，喝点酒没啥，我这两天也是有点忍无可忍了，但是如果生个儿子是个傻蛋，谁给我们养老？弟兄们，你们都有小孩了，就我一个人还没有制造出生命，我能不着急吗？刚领的准孕证，得把握好时机。"方才拍了一下脑瓜，问道："哎，弟兄们，我想要个儿子，你们有秘诀吗？"

"挺封建的，儿女不都一样吗？"同学张展说道。

"能要个儿子还是好，重男轻女，中国两千年的封建思想指望我们这几代人想改过来，是不现实的。"同学黄迪说。

"黄迪，你生的是儿子，偷生一个还是男孩。你给我介绍介绍经验。"方才一脸的虔诚。

"让我替你不就行了。"黄迪一脸坏笑。

"哈……"大家听了都哄笑了起来。

看着有点窘起来的方才，黄迪感到不对头，充满歉意地赶紧说道："好好，我告诉你，要想得男孩，你首先不要想到自己要让老婆怀孕，干什么小心翼翼，那就错了，要知道 X 染色体是个笨家伙，比 Y 染色体找卵子要笨得多，想要男孩，你需要把他送远点。这就需要你有激情，要像新婚之夜一样对待老婆……”

“结婚这么多年,老婆长几根汗毛都数过来了,哪来的激情?”

“你不会把你老婆当作章子怡,当作张柏芝……”黄迪又道。

大家又是一阵哂笑。

但是方才感觉黄迪说的有道理。

他回家就把自己的收获告诉妻子刘芳,晚上就要和刘芳做房事。刘芳说:“不行,你戒烟戒酒还不到一个月,必须戒三个月才行。三个月正好是九月,这可是受孕的最佳时机,怀孕后胎儿经历寒冬,明年春天降生。这一段时间,你不要想别的事,好好看看好书,听听交响乐,看看美景,想想明天的美好,我们就能制造出神童了。”方才听了,心里有点不愿意,嘟囔着:“简直是二万五千里长征,我受不了了。”

“说的什么话,你可别让我生气,你不能想着我已怀孕你就完成任务就行了?我们得培养出一个神童,以后上学我们就会省心,上示范小学,上重点中学,上名牌大学,出国留洋,发财,这将是我们一辈子的骄傲。你别猴急,如果现在怀孕了,十二月生出来,上学错半岁,孩子上学我们得说好话,请客送礼……”刘芳想得多,但是一家就一个孩子,她觉得不能出一点错,不能让孩子输在起跑线上。

“听你的,听你的。”方才感觉要孩子真是麻烦,现在就像走到了沼泽地,不敢随便动弹,转念一想妻子说的也是有道理的,为了生命的延续,为了接班人,只好委屈自己了。

二、尊　　重

尊重首先表现在对一个“人”的尊重。不能因为孩子年龄小,就忽视他的生存权、发展权,就忽视他的尊严、自尊心,孩子再小也是有自尊心的,父母在任何情况下都要尊重他的自尊心。因为一个人的发展动力,来自他的自尊心,也就是他对自我价值的追求,只有尊重,才会让孩子对生活充满了信心,才会自尊、自重、自爱,长大后在待人接物方面就会热情大方,遇事不慌忙,总能开动脑筋想出应对的办法来,对生活充满了热爱之情。

父母把对孩子的尊重要体现在生活的具体细节中，比如父母在同孩子说话时，能弓下身来，与孩子在个头上“保持一致”。这样的动作意在告诉孩子：咱们是平等的。家长在和孩子讲话时，语气也是“和风细雨”式的，绝少那种“命令”式的，大多是“如果你能那样做，我和妈妈将感到十分高兴”、“你能这样去做，我们感到非常的欣慰！”让孩子在父母指引的“大框”下自由选择正确的方法或做法。

因为各种原因出访国外的家长，感受西方教育理念时有这样的认识：西方人对孩子的尊重和平等在中国几乎没有。

举个简单的例子，就是你和西方家长谈话的时候，他的孩子从房间里出来了，这时候他会把孩子介绍给你。但是中国人之间见了面，一个人夸他朋友的儿子个子高，他朋友马上说，光长个子不长心，傻大个一个；一个家长夸另一个的女儿不错，英语竞赛得了第一名，被夸的家长马上说是瞎猫逮个死老鼠等诸如此类的情况。

我们还司空见惯地看到这样的情景：一个妈妈当着众人的面指指点点，对她的孩子骂骂咧咧，骂他“真没出息”、“真是笨蛋”等，那个被骂的人垂头丧气，恨不得找个地洞钻下去。她的孩子无非是在学校淘气了，老师告状了，测验分数不在班上前几名了——这样的“罪状”几乎在每个孩子身上都发生过。有次乘坐公交车，旁边的妈妈把站在一边的孩子一路数落过去：你像个什么样子？这次才得了十来多名，看你以后怎么办？真是不争气的东西。听到这里，我悄悄抬头看见那个被教训的男孩子，虽然长得帅气而可爱，但是满面羞赧！他抬起头，忽然说了句：“就错了一道题……”“闭上你的嘴巴，你还好意思说，一题也不能错，何况还是应用题。”我不知道他的妈妈要想让他怎么样才算满意，假如他的功课门门100分，上课不讲话，下课不淘气——这样的孩子你敢要吗？那是设计出来的机器人！乘客们表情迥异，但都无话可说。

人前教子，这就是对孩子的不尊重，这样教出来的孩子也就没有自信，没有自信的人在社会上就没有竞争力，孩子尊重别人就是从家长身上、从学校学来的，你不尊重他，他永远不尊重别人，你不爱他，他永远学不会爱别人。

中国人爱面子是一大特色，有这样一个谜语，谜面是“临终望儿归”，谜底是成语“死要面子”，最能说明问题。“人活一张脸，树活一张皮”，给别人面子就是尊重别人，给孩子面子就是尊重孩子，父母在任何情况下，都要尊重孩子的自尊，保护孩子的“面子”。这对培养他们的自信是一种重要途径，也是一条捷径。

身为父母或老师，常会要求多于鼓励，责备多于奖励，而且会狭窄地界定成功的定义。其实，尊重每个孩子的独特与不同，在成全与鼓励中，反而可以激发他们呈现出多元的创意与发展。

方方系列故事之二

补 钙

“看菜谱吃菜固然很好，但是补钙是个问题。”刘芳说道，“孩子在娘的肚子里可不能缺钙，不然的话个子就长不高。”

“我看你还是喝牛奶吧，牛奶补钙。”方才说。

“不行不行，书上说喝牛奶孩子皮肤黑，吃黑木耳肤色白，要知道人白三分美，我可不想我们的孩子以后是一个黑皮肤给人脏兮兮的印象的孩子，到哪里都得不到人家的喜爱。我希望我们的孩子人见人爱。”

“科学家不知道怎么研究的，吃黑色食品生的孩子白，喝白色的牛奶反倒生的孩子黑，什么理论。我看还是买补钙口服液喝吧，或者是买钙片吃也行。”方才一副无奈的样子。

“这些都是药，要知道是药都有三分毒，就是保健食品，吃得多，补充钙的量不好掌握，多了囟门过早闭合对孩子也不好。”刘芳说。

“那怎么办?”方才一听，感觉是个问题。

“还是自然补钙，身体需要了就吸收，不需要就排出体外。”刘芳想了想说道。

“那还是多喝排骨汤吧。”

“科学家研究说指望排骨汤补钙也是一种自欺欺人的做法，补钙也是很微小的量。但是没有别的方法之前先用这个方法吧。”

“科学家一会儿研究个这，一会儿研究个那，今天说这个东西好，明天就又会说这个东西不好，真是没事忙。我看还是磨点石头粉吃吃，保证没有问题。”方才说。

“磨点石头粉吃吃，你说的还是有道理。但是不好吃，还不好保证卫生。算了,这个星期天我们上姥姥家,在农村说不定有重大发现呢。”

星期天他们去了一趟乡下。

回来,刘芳止不住地兴奋,一进屋就对方才说:“我发现了补钙的好方法。”

“什么方法好补钙?”方才丈二和尚摸不着头脑,“是你姥姥告诉你的秘方?”

“她们会有什么秘方,要有也早告诉我们了。但是这个方法不能给她说,她知道了会嚷我们,笑话我们的。包括咱爸咱妈都不能说,更不允许往外说,听见没有?”刘芳一本正经地说道。

“你放心吧,我不会往外说的,尤其不能让别人也生神童,以后和我们的下一代竞争。”方才充满了好奇,“什么好方法?”

“你去洗两个鸡蛋去,洗净。”

“洗完了,还怎么办?”方才手脚麻利。

“把鸡蛋磕破,蛋壳不能扔。”

“了了。”方才又完成了任务。

“用小擀面杖把它碾碎,碾得像玉米糁一样。”刘芳运筹帷幄,调度有方。

“你吃鸡蛋壳补钙?”方才恍然大悟。

“我今天在姥姥家偶然看到一只母鸡在啄蛋壳吃,我想起来以前说鸡是吃细沙粒补钙,才下蛋有蛋壳,原来也吃蛋壳补钙。”

“鸡子也进步了,不吃细沙了。”方才说。

“这种办法也可以用到人的补钙上。今晚我们熬玉米糁喝,把蛋壳粒丢进去,不就行了。”

“生孩子把你也变聪明了。你不嫌硌碜牙?”

“为了下一代,得做点牺牲。”

看着刘芳喝着玉米糁喝得津津有味,他心里真不是滋味,他能做的就是尽量把鸡蛋壳碾得像细沙粒。

三、平　　等

有尊重才会有平等。平等是成为朋友的前提。“人人生而平等”的真理意识作为孩子的父母一定要有。没有平等意识父母和孩子就不可能成为真正的朋友。众所周知,因为国人习惯上把父母称作家长,家长是家长制的体现,是专制的象征,家长的控制欲、冷暴力、生活方式冲突等对孩子成长发展不可避免地造成伤害。就是抱着这种态度,孩子在成长道路上有这样那样的问题,很多孩子的不幸命运与家长的诸如此类的错误教育密切相关。现在美国有一华裔妈妈蔡美儿出的一本书《虎妈战歌》,“老虎妈妈”培养出一个不简单的孩子,在挑战美国的家教,用中国传统的“棍棒教育”来书写育儿传奇,也算是一个典型,也很能说明家教中家长的地位。家长是自己家庭里的国王,统治者,孩子的地位是大臣,是侍从,从来都是自己说了算,把孩子封为“小皇帝”也是家长“曲线救国”,说到底孩子说的不算。常听有的朋友说,“在家里孩子是一把手,老婆是二把手,自己是三把手”。其实不然,自己或老婆决定大事,孩子是三把手。

蹲下来,平视孩子的眼睛,你可以发现那两汪清澈的大眼睛里面所折射出的他全部的内心世界。仰视别人的滋味是不好受的,孩子也不例外。平等地对视孩子的双眼,才能读懂孩子的心灵。当孩子遇到高兴事的时候,父母蹲下来,孩子会搂住你的脖子,和你分享喜悦,因为此时,脖子是最佳部位,处在最合适的高度;当孩子委屈时,在你蹲下来的一刹那,孩子的眼泪会夺眶而出;和孩子商量事情,蹲下来说比站着说效果会更好。孩子小时候往往会提出一些天真的问题,家长蹲下来跟他解释往往会使他更容易听懂。即使他提出些过分的要求,只要蹲下来和他商量,也都会收到满意的效果。因此,两代人如果能做到平等交流,相互沟通,一些障碍自然会打破,沟通与交流自然会顺畅。

英国教育家约翰·洛克说,你越早把孩子当成人看待,他就能越早变成一个成人。他还说,用平等的方法对待孩子,父母还可以获得一个更大的好处,就是孩子对你的友谊。有这样一个案例。

我有一个朋友的孩子初一、初二成绩很优秀,但是初三迷上电子游戏后，学习成绩下降，经常出入网吧，朋友就经常去找他，孩子就“躲猫猫”，成了“网吧游击队员”，这位朋友就熟悉了大街小巷的网吧，一次次把儿子从网吧里揪出来，为了治孩子的“网瘾”，他经常带着一个锯成50公分长的拖把棍，有一次半夜了，他从一个网吧里“拎出”儿子，举起拖把棍就朝儿子头上打，多亏一同找孩子的外婆托起他的手，拖把棍才没打到他儿子身上。孩子不怕他打，小时候挨打还哭，怕挨揍，到初中就不怕打了，有时因为上网吧挨打，无论下多大狠手，孩子不吭一声，有时说：“打死算了。”他是无计可施。

有一天晚上，他坐下来，对儿子说：“今天晚上我们一起坐下来谈谈，地位是平等的，你对学习有什么想法，对老爸有什么意见都提一提，我不发火。”儿子是满腹委屈，说自己上学太辛苦，回来电视也不得看一眼，电脑是父母的专利，自己如果摸一下，玩一下，被骂得狗血喷头，整天闷到家里写作业，有时候父母当着客人的面说他的不是，让他没有一点尊严，在家里是三等公民，连狮子狗的地位都比他高，有点错不打即骂……

他听着只觉得血脉贲张，恨不得再揍他一顿：自己为了孩子推脱了多少社交活动，有线电视也不看了，和老师拉关系……但是他忍耐住了，自己有言在先，让孩子给自己提意见。

就是这次平等的交流改变了孩子的一生。这个孩子后来合理安排作息，控制上网时间，不再上网吧了，勤奋苦读，考上了一本大学，并且现在是“研博”连读。其间和父亲平等地契约：考试结束到家父子俩一个深深的拥抱，这温馨的一幕经常在这个家里上演。

方方系列故事之三

生 男 生 女

吃完晚饭，看着电视，刘芳突然问道：“生女孩了怎么办?”方才一听，心里一惊，这个问题自己都没有想过，一时不知道怎么回答，就随口说道：“我看像个男孩，酸儿辣女，我看你只想吃酸的。”

“我看是个女孩，我不想吃酸的，只想吃辣的，有味的。”

“其实生儿生女都一样，生个女儿我也喜欢，毕竟是我的骨肉。”这一会儿方才只能这样安慰了，“传统的是酸儿辣女，要知道现在是酸女辣儿，好吃肉也说明是儿子，因为黄迪的老婆怀孕时候就爱吃肉，特别爱啃猪蹄，还想喝点酒。”

刘芳听出来方才心有不甘的劲儿，就又说道：“其实我喜欢女孩，要是个女孩，我每天把她打扮得像小公主，梳几个小辫子，扎着蝴蝶结，穿着小裙子，多漂亮啊。”

听她这么一说，方才心想：女人的心大海里的针，以前她可是信誓旦旦地说喜欢男孩，想要个男孩，这一会儿又说喜欢女孩，唉，真是心口不一的家伙，难道这就是妊娠反应？他嘴上却应着说：“是个女孩也好，像你这样漂亮就行。只是到时候给她庆祝的时候，黄迪要说：‘祝你以后荣升老丈人’，恐怕还要和我们攀亲家，让我难受一会儿也就是了。”

“你们同学也就他的嘴损，我们生个女儿，就不请客，不听他的二话。”刘芳说。

“我们行出去那么多情为什么不回收一下呢？不管是男是女我们都要请客，现在男女比例失调，是个女孩以后还金贵呢。”

“咱俩打个赌吧，以后我生个女孩呢，家务活我全包了。”刘芳这一会儿怕肚子里的是个女孩，害怕方才一直像爱护国宝大熊猫一样呵护自己，突然听说是个女孩，对自己照顾会有不周，让自己失落，她也是在先找一种心理平衡。

“好，生个男孩家务活——做饭洗衣拖地我全包了，吃啥有啥。”方才想用这句话为老婆树立信心，他心里祷告着但愿是个男孩，就是个女孩，这一会儿听他这么一祷告，马上变个男孩。

“生个女孩也吃啥有啥？”

“生个女孩有啥吃啥。”得有点惩罚措施，方才想。

“我看还是做个B超看看是不是女孩，如果是个女孩就把她打掉算了。”刘芳仿佛下了决心。

“不行，不行，你已经流过两次产，这一次是男是女我们都要，再说看B超对胎儿对大人都不好。”方才态度又变了。

“流产也怨你，都是你不采取措施，好找刺激。”刘芳找到了攻击的利器，“你们家三代单传到你这里断了香火，也不能怨我。种瓜得瓜，种豆得豆，你老妈也少有怨言。”

“咱俩的事别把我老妈扯进来，好不好？生男生女我都认了，好了，你还是保持好心情吧，不然的话，生个孩子不管是男是女脾气都不好，长得也不好。”

“只要你不乱想，一直这样对我就好。”刘芳心满意足。

晚上，方才爸妈都过来了，方才妈神秘地对他俩说：“今天我和你们老爸到很远的地方，有一百多里吧，坐了俩小时车，求来了换胎药，那老太太可神着呢，见我俩求孙心切，多给了我们两服药，这五包药吃完，保证能生孙子。”

换胎药方才和刘芳听说过，但是没放在心上。

“这个地方还是你刘大妈看在我们多年老邻居的面上悄悄告诉我们的，她说她儿媳妇怀孕五六个月了，B超一检查，是个女孩，媳妇又舍不得打掉，他们一家四处打听，买来了换胎药，才生了个大胖小子。”

“真的？”刘芳听得眼都直了，其实她心里最想要的还是男孩，但是她这一想法没有随便给方才说，因为她怕生个女孩了方才受不了，再说生个男孩在家里有地位啊。

老两口走了，刘芳赶紧让方才冲一剂，皱着眉头一口气喝完，感觉喝了一碗炒土水一般。

第二天上午在单位里方才坐卧不宁，等大家都走了，他关上门，拿出一枚五分硬币，双手合十把它夹在手心，口里念叨着：“老天，我老婆肚里是个男孩，我想请您告诉我一下是不是真的，如果硬币正面朝上，就是男孩，如果背面朝上就是女孩。上帝保佑！”他把手里的硬币朝上一抛，等硬币落地，他一看，不是自己想要的结果，背面朝上！

上天没有听见，我再抛一次。方才念叨着，又抛了一次，结果还是背面朝上。

我再抛一次，以前的不算！再抛，硬币落在地上，骨碌了很远，倒下：还是背面朝上！这令方才垂头丧气。

四、沟 通 交 流

（一）沟通交流是从家里开始的

有平等才会有交流。中国人的沟通交流是从家里开始的。在这个世界上，哪怕是最美、最真、最纯的爱，缺少了沟通，也会出现失误。人与人之间一定要不断地做沟通的工作。孩子与家长发生一些大的冲突缘于两者之间缺乏交流，孩子不信任家长，家长也不与孩子沟通。著名心理学家劳伦斯·斯泰因伯格教授经过长达三年的调查研究，发现缺乏与父母沟通、缺乏向父母吐露心声的孩子，在学业方面遇到麻烦的可能性比较大，沾染上吸毒、酗酒等恶习的可能性也比较大。

一名中国政法大学的毕业生，大学毕业后，想回福建找份工作，因出来匆忙忘带了手机，而且不小心还买错了火车票，结果，他“搭错车”到了南昌。手里就剩几十元钱，为了生存就到处找工作。

由于他无法和人正面沟通，结果处处碰壁，最后竟然流落街头成了一名乞丐。

这个例子就说明这个名牌大学生缺乏交流经验导致多么可悲的后果。

走进孩子的心灵，不是靠怀疑，也不是靠监视，而是靠沟通。沟通是情绪的转移，信息的转移，感情的互动，是需要技巧的，沟通靠什么？会说话的嘴巴、会听话的耳朵和张开的双臂。良好的亲子沟通才能使家庭更加和谐和健康，才能发挥父母的主导地位。因此和孩子沟通，家长要营造轻松、和睦的家庭氛围，在孩子面前要控制自己的情绪。

一说起沟通交流，有的家长认为，和孩子沟通交流不是很简单嘛？为什么简单，因为这种交流从来都是父母说孩子听，孩子在被动地应答。其实与孩子沟通就像是发生在两个地盘上的事情，一边是孩子的心灵地盘，一边是父母的心灵地盘，和孩子谈话，就是要创造让亲子双方慢慢靠近对方的“第三块地盘”。

小明起床后，漱洗完毕，和妈妈一起吃早饭。他咬了一口鲜美的包子，兴致勃勃地告诉妈妈："今天我的好朋友东东过生日，我已经为他准备了一份生日卡，不知道其他同学会给他什么礼物?"妈妈看着儿子嘴里塞得满满的，还在不停说话的样子说："吃东西说话当心噎着，时间不早了，抓紧吃完。上学的东西别忘了带。"

这段话乍一听，小明和妈妈是在餐桌边一起说话，而且是由小明引出了妈妈的话，似乎双方也是在交流"对话"。但仔细推敲，你会发现两个人的话之间没有必然的联系。他们关心的是各自的话题：小明关心的是同学的事，妈妈关心的是小明的事。双方并没有一个共同话题，双方的话就成了两条河，这能算是交流吗？

2011年秋季又听到一个非常优秀的重点高中学生自杀，心里感到震撼、难过，让人心情沉重，他为什么自杀？就是这个孩子因成绩偶然一次下滑，导致心理压力过大，思想包袱越来越重，没有渠道发泄，老师很忙，同学很累，家长不懂他的心，忧郁一点点郁积，毒素一点点增长，到一定程度，就爆炸了。

孩子在学校虽然是自杀，但是老师有没有责任？同学有没有责任？家长有没有责任？难道都是学校的责任，需要学校善后？家长鼓动自己的亲戚朋友围堵学校，其他同学中午很长时间吃不到饭，在当地造成巨大的影响，事情做得是不是不够冷静？

如果这个孩子有一个无话不谈的朋友，这个朋友是老师也好，是同学也好，是家长也好，他们就会有交流，心中的郁闷就会得到解脱，心中的毒素就会排到下水道里，他就能阳光地学习，阳光地生活，就不会走到自杀这条路上，也就不会给他的家庭、他的老师、他的学校、他的同学造成损坏。"蝴蝶效应"就能说明这个问题。

(二)沟通交流讲究时效性、讲究方式

第一，家长要和孩子及时沟通。与孩子如果不能及时沟通，实际上会完全丧失教育权力。例如在校园暴力中受侮的学生反而选择自杀的事件，人们感到奇怪，为什么这些孩子受到欺负不敢向家长诉说，非要选择自杀这条路呢？其实就是因为家长与孩子平日缺少沟通，孩子们误认为如果这事告诉家长，家长不会相信，自己反而会挨打。可见，亲子间如果不能沟通，孩子远离家长，实际上等于家长完全丧失教育权力。

第二,家长与孩子沟通一定要有效果。如果与孩子不能进行有效的沟通,肯定会降低教育效果。现在不少家庭所谓的沟通也只在表面进行。主要有四种表现:一是“无的放矢”,家长对孩子的需要不了解,只是一厢情愿地向孩子唠叨;二是“误解孩子”,家长主观地判定孩子的问题,然后进行教育;三是“空洞说教”,家长对孩子的接受水平不了解,想用成人熟悉的有分量的概念去打动、启发孩子,告诉孩子什么应该做,什么不该做;四是说话随便,对孩子的问题应付了事。

第三,沟通交流需要营造轻松、和睦的家庭氛围。

沟通交流也难免会发生矛盾冲突,这时候父母不要用权威,高声低调地训斥,敲桌子震椅子地威吓,以孩子流泪为目标,算作问题解决。有道是“有理不在声高”,家长在孩子面前要学会控制自己的情绪,和风细雨地和孩子谈话。孩子做错的事一定给孩子说明理由,让孩子信服;孩子有要求有建议有思想时要让孩子说出自己的想法,并且用与孩子商量解决事情的态度。针对问题,与孩子一起思考一个两全其美的办法,这样不仅可以和平地解决问题,更可以培养亲子间的良好关系。

第四,每天花半个小时和孩子交流。至少是半小时,交流可以在餐桌旁,可以在送孩子上学的路途中,也可以正襟危坐在那里“谈判”,不要以自己忙为借口,没有经常与孩子交流。等孩子有问题时,自己却想和孩子交流时,孩子根本不把你当回事儿,那你的麻烦就大了。

第五,交流的形式多样。亲子之间,天天见面,语言交流,习以为常,交流有时候也可以写张便笺,打个电话,发个信息,写微博,也可以写封信,这“心灵的桥梁”会令双方都感到新鲜,这样给孩子更大的想象空间!比如,家长有事外出,给孩子写下三五句的留言条,即使平时再任性再固执的孩子一看,也会顿时异常激动,会乖乖地按照家长的旨意去安排食宿、处理一些家务,这既培养孩子理解父母、通情达理的素养,又锻炼孩子的自理能力,这是书信的魅力。当你想在孩子面前“谆谆教导”一番,又怕孩子充耳不闻时,干脆用书信形式与孩子长谈,效果比面谈强十倍。下面是南阳五小六(2)班一位家长给孩子写的一封信,让人感到这样的交流“沟通无限”!

儿子，我想说……

今天是周一，农历十一月十五，再有四十多天就是农历新年。阳历是十二月二十日，距2011年的元旦还有十一天，夜幕已沉，此时的我，提笔写这一篇对儿子你的心声，作为一次心的交流，我十分高兴。

说起元旦、春节，也就说明我们的这一年就要画上句号，对于我们大人来讲要对过去的一年进行总结，对新的一年要有新的计划，这对于一个有积极向上的工作生活态度的人来讲是必须思考的事情。

工作对于我们大人来讲只是一部分，而另一个重要部分是生活，而且是家庭生活。对于生活的总结也十分有意义，因为有了你，使我的生活更具意义，我看着你一年年地成长，越来越懂事，我从内心里感到安慰。因为你很独特，你的内心里有着对事物积极的向往，虽然有些时候很不着调、顽劣，但我想这只是孩童时代的特征。我对你具有天赋的责任，我将尽我的责任来帮助你，伴随在你身边。因为这是爸爸对你的爱，当然你也很爱爸爸，你不说我也知道。

这一年，我们父子应该好好感谢你的爷爷奶奶，感谢你的班主任齐老师和数学王老师，感谢你同班同学，没有大家对我们的帮助和支持，我们就不会有所成长和改变。所以，你要有一颗感谢感恩的心，要融入到生活中体会、感悟，周围的一切对我们都很重要，我们要善待生活和你所遇到的人和事情。

儿子，再过几个月也就是你十一岁生日，这一年你的变化很大，特别是你的心理方面，从一个问题学生逐步改变。其实在我内心里有一个信念，人的健康是双重的身份，一是身体，另一是心理，所以我对你的心理变化很注意，对你有些时候要求很严，只是相对而言，我在把握"宽严"的度，而且逐渐让你去养成自己的生活学习习惯，你要知道，你将要告别儿童时代，开始进入人生的重要阶段——少年时代，你应该有良好的心理素质，来面对以后会遇到的各种问题，这也是我对你的期望。

回忆往夕让我们感觉很有意义，我们一起上学，一起放学回家，一起思考一道数学题，一起朗读一篇文章，一起去游泳，一起洗澡，一起去打乒乓球，一起参加宴会，点点滴滴中我在向你传递着一个思想，就是要敢于适应环境，要有积极向上的人生态度。人生其实是一个“修行”的过程，我也有过出错的时候，关键是认知和改正自己的缺点。

新的一年即将来临，爸爸送你两个字：“有容。”简单来讲，“容”可以理解为容量、气度、涵养、学养、肚量、气质等。再加上一首诗作为这封信的结尾吧！

尽日寻春不见春，
芒鞋踏破领头云。
归来偶把梅花嗅，
春在枝头已十分。

庚寅年十一月十五日夜

孩子读着爸爸的信，手都颤抖了，觉得爸爸的爱是那么醇厚，激动得热泪盈眶，学习更加努力了。

（三）沟通交流的策略

1. 学会倾听——让孩子说

有人说，成败是说出来的，机遇是听出来的，很有道理。听和说是人的两只翅膀，倾听能力在现实生活中运用得非常广泛，直接影响孩子知识技能的接受和掌握。大到听报告，欣赏音乐，小到一句话及每个字的听和用等，日常生活中时时处处需要倾听。让孩子学会善于倾听他人的见解，养成认真倾听、分析、思考的习惯，才会善于交流，勇于发表自己的意见和看法，就能表述流利，条理清晰。

用心倾听别人的谈话，不仅能使孩子学会很多东西，而且，在人际交往中，倾听还是关心他人的一种表现。它对于家庭、事业乃至整个社会，都是不可缺少的。一个人只要注意倾听，就能够摆脱孤立片面的境地，进入友爱的人际圈 。

当然，不要总是让孩子听，父母可转换一个角度，倾听一下孩子的心声，走进孩子的心灵世界。在倾听孩子讲话时，一定要精力集中、态度和蔼。我这里强调的是要给孩子话语权！在家里孩子有表达的权利，有发言的机会。不要认为对孩子多说点就是交流，孩子和父母是平等的，家长对孩子可以说自己的想法，孩子听；孩子也可以对家长说自己的思想，家长听。家长真正俯首甘为孺子牛，就要耐心听孩子说话，坐下来，面对面地、专注地、静静地听孩子的倾诉，微笑地看着孩子的脸，观察着他的表情、动作，让他知道你在关注他，重视他，这会胜过千言万语，还要语气温柔地和孩子对话，让孩子说出自己的喜怒哀乐。孩子的情感，无论是积极还是消极的，只要他表达出来，就是一种释放，这对孩子的心理健康成长很有帮助，有些家长只愿意听到好消息，对于孩子带回来的坏消息却有些不耐烦，久而久之，孩子就会把不良情绪埋藏在心里，积累到一定程度就可能爆发。家长要帮助孩子表达情感，帮助孩子了解和认识各种情绪表达，尤其应当允许孩子说出自己的愤怒，而不是告诫他们“不要生气”。此外，询问他们生气的原因对帮助他们控制情绪也很重要。切忌在孩子愤怒时试图压抑他们的情绪。很多时候孩子是因为不懂得如何控制情感才表现为愤怒。不要老是用责备的口吻说：“不要这样……”“你是怎么做的”“怎么会……”多使用和善、建议的语气说“你来说说看……”“你的想法是……”这样有助于沟通的气氛，也让沟通变得更能令人接受。而不是居高临下，让孩子感到给家长说也是白说的感觉，敷衍会让孩子不再相信你，以后遇事他也敷衍你。

下面是我的朋友陈茂月妈妈的感受，相信会对读者朋友有所启发。

静静地坐下来倾听孩子的倾诉就能了解到女儿的内心世界，从而在家庭教育和配合学校教育的时候，找到切实有效的方法。陈茂月上一年级时第一次考试语文考了89分，得到此消息是放学后接她的时候，她哭着告诉我：“妈妈我给你丢人了，我只考了89分！”我听了这话非常震惊，赶紧把她搂在怀里安慰她说：“你永远是爸爸、妈妈的骄傲，是爸爸妈妈的好宝宝，成绩并不能说明一切。”我又问她：“谁说你给爸妈丢人了？”月月说：“老师说考双百分的孩子给爸妈争光了，那我不是给你们丢人了？”看看我们的孩子是多么善良，多么孝顺！一个不到六岁的孩子说出这样的话，我当时差点就感动得哭了……那时我内心发誓：永远不拿孩子的成绩说事……而且我有时看到她的“错题”会莫名地兴奋，因为从有些错题中能看出了她那与众不同的才华，譬如：一次考试用“花”组词，她写的是（李花），结果被判为错误，我问她“为什么这样组词？”她说：李白因作了一句“李花怒放一树白”他爸妈就给他取名“李白”……看看我们从“错题”中对孩子的理解是不是更多一些呢？二年级时，有一次她考试结束出来眉飞色舞地告诉我:“妈妈我能考双百分!”我蹲下来看着她的小脸很严肃地告诉她:“月月,妈妈不求你考满分,更不希望你拿第一名来要求自己,只希望你把会做的题做对。”月月似懂非懂地看看我,点了点头,拉起我的手回家了……从那以后月月再不说这样的话了,每次考试结束只是告诉我,做完卷子检查了没有,检查出来几道错题。而且我也明白,只要她检查了考试成绩肯定不错,没检查就说不准……还有一次我带她到单位玩,大家说,想听她讲故事,她就从孙悟空进东海龙宫寻找兵器开始讲起,一直讲到手拿金箍棒打出龙宫,开始站在地上讲,讲到兴奋处,站在凳子上讲,后来干脆站到技工桌上讲,讲得是绘声绘色,动作是有板有眼,直听得大伙都不干活了,听她一个人在那里表演,赢得满堂喝彩。大家愿意听,孩子才愿意说,就像演员一样,观众越热烈,演员越卖劲,从那以后,我感觉到认真倾听孩子的声音不仅可以使孩子展现和锻炼能力和才华,更主要的是,在孩子心里产生不良情绪时能找到可亲可信的人去发泄,避免了不良情绪在孩子心里日积月累而突然爆发,所以我认为,能够静静地倾听孩子心声的父母一定是好父母,静静地听有时胜过千言万语地劝说。

2. 和孩子聊天

(1)和孩子聊天大有学问。要想准确了解孩子们现在想做什么和有什么感受,主动和他们聊天是个好方法。有人说,聊天不就是陪孩子说说话嘛,干嘛大惊小怪的,谁不会呀? 我要说的是,和孩子聊天也大有学问。

父母应该站在孩子的立场上考虑和理解孩子的话,相互信任地闲谈家常,诉说心事,不仅听孩子的话,而且要体会孩子的感情和感觉。例如,当孩子说“妈妈,我在学校受到了批评”时,不要马上问“你又犯什么错误了”,应该表示同情地说“怎么不高兴了”。

父母的语言是孩子成长的营养剂,爱的语言会结出爱的果实。“锣鼓听音”,在聊天中,孩子能体会到你是否向他敞开了胸襟,是否把他当作了局外人。如果是,他能体会到父母的关心、爱护和温暖,会加深对父母的亲近与尊敬。这样,孩子就会向父母详细说明情况。等孩子说明情况后,再通过对话寻找使孩子反省和解决问题的头绪。

我校周博润老师的女儿丁梓涵很优秀,她曾经给我谈了这样一件事,很值得我们深思。

每次下班带上女儿回家的路上,我总爱问她今天学的什么,在学校发生了什么有意思的事儿,班里考试了吗……每次说到考试,我就问她错了什么题,当女儿告诉我以后,我就发出这样的感慨:哎呀,这么简单的题也做错了,你看看,如果没有错的话,不就一百分了吗?多可惜呀!无形中让女儿觉得我总是对她不满意,但是我却不知道。有一次检查女儿的作业,我看到她的语文作业上有用"虽然……但是……"造句的题目,她是这样写的:"虽然这次考试我考了98分,但是妈妈还是不满意,因为她希望我每次考试都是一百分。"让我心里很是震撼,也非常难受,我认识到我只关心满分的话给女儿造成了很大压力。从那以后,我在和女儿聊学习成绩的事时,我都会说,只要你尽力了,不管考多少分,妈妈都不会怪你。孩子听了满面笑容,扑到我怀里,使劲搂着我。

下面是一位老师的一篇文章,很能说明问题。

六一快到了,作为幼儿教师的我,自然忙得不亦乐乎。有一天晚上,我正专心致志地在网上搜索演出服装,儿子在旁边突然大声说了一句:"妈妈,你每天怎么这么忙啊!"我赶紧停下手中的工作,走到他身边:"儿子,你为什么这么说?"

"你每天下班这么晚,回家后总是忙自己的事,也不和我说话。问你什么,你总是说'等一会儿、等一会儿',然后你就不理我了,你为什么这么忙啊?"

孩子满是委屈的回答让我深深地感到自责,在我全情投入班级孩子的六一活动准备时,唯独忽略了儿子,好像忘了六一也是他的节日。

我忙向儿子伸出"橄榄枝":"儿子,妈妈这段时间太忙了,忽略你了,妈妈向你道歉。你和我说说,你六一有什么心愿?"

儿子头一歪,看着我说:"妈妈,你想想吧。"吃肯德基大餐、去游乐园、买心仪的玩具……结果,家长通用的吃、喝、玩、乐四类礼物,都被儿子否定了。

正在我绞尽脑汁地想给儿子的六一礼物时,外面淅淅沥沥下起了雨。儿子的声音响起:"妈妈,我陪你说说话。"

"不用了,你快睡吧,妈妈明天再想想送你什么礼物。"我以为他是不想睡觉,找个借口玩会儿,"不许说话了。妈妈明天还有很多节目要准备,我们要早点睡。"他委屈地说:"你以前不是说,一到下雨天,就让我陪你说话么。"我的心一颤。

儿子顿了顿,望着我说:"妈妈,其实我想要的礼物,就是你陪我说说话。"

我给他掖了掖被角,亲了亲他说:"好孩子,对不起!你上幼儿园这几年,每次快到六一,妈妈总是在忙工作、照顾班上的小朋友,对你照顾得少,没有时间好好陪你玩。你这么的懂事,很少让妈妈操心,你真是个好宝贝。妈妈向你道歉。"

儿子马上抱着我的胳膊,对我说:"妈妈,我不怪你。我就是希望你能多陪我说说话,你讲讲你的故事,我讲讲我的故事。"

"行,妈妈现在就陪你说说话。"儿子马上兴奋起来,要求我讲一讲我小时候的六一都是怎么过。

我坐在他身边,向他描述我小时候的六一:小时候家里条件一般,过节不准备山珍海味,也不买新裙子。有一次,我母亲陪着我们姐妹两个,带着面包和水去了一趟公园,没有特别干什么,但我们感觉很充实、很快乐。

他马上又追问我:"那时候你们都玩什么呢?"

我回答他说:"我们那时,家长不会花很多钱给我们买各式各样的玩具,女孩一个布娃娃、男孩一把木头手枪,就是心爱的玩具了。我们没见过电动玩具,也没有玩过电脑游戏,整天和小伙伴在房前屋后玩耍,直到天黑大人叫着,才回家吃饭。"

儿子听到这里,无比向往地对我说:"妈妈,我也想要过你小时候那样的六一!"

我说:"好,今年就带你过妈妈小时候的六一。"带着期待,儿子进入了甜甜的梦乡。

看着儿子沉沉睡去,我不禁感慨:在我搜肠刮肚地想用各种物质来弥补自己工作繁忙带给孩子的缺失时,他的愿望却是如此简单、透明,只是希望在一年一次的节日里,和我说说话。

是啊,对孩子而言,陪伴在他们身边,和他们说说话,比昂贵的礼物要珍贵百倍。正是这些温暖的话语，让父母走进孩子纯净、洁白的世界，沟通了父母和孩子的心灵世界，让我们感受到爱、感受到尊重、感受到内心深处最柔软的触动。

(2)和孩子谈话讲艺术。孩子常常需要通过抵抗父母的命令，来宣示自己的自由和独立。所以和孩子谈话，需要讲究艺术，常言道，"三句好话当钱使"，说的就是人要会说话，"良言一句三冬暖，恶语半句六月寒"同样适用于和孩子的谈话，不同的语言表达有不同的结果，下面我们看两个镜头。

镜头一：一个妈妈忍无可忍，不耐烦地走到儿子跟前敲敲电脑桌，对他说："你就知道玩游戏，不知道学习，真是不像话！赶紧去写作业去。"

儿子不满妈妈颐指气使的说教和命令，心里很不快，依然端坐不动。

妈妈见儿子不听话，火了："我说你听见没有？不让你玩你就别玩了！学习去——"

儿子气恼地离开电脑坐到了写字桌前，半个小时过去了，依然不见进入学习状态……

镜头二：另一个妈妈温和地对正在电脑前的儿子说："游戏好玩吧？"

"当然好玩喽！"儿子点点头。

"妈妈也喜欢玩游戏。不过玩得时间长了就不好了，视力下降了多麻烦呀！"

儿子笑了，做个鬼脸。

"而且，玩游戏时间多了，做作业时间就很紧张。老师这一段都夸你家庭作业做得好，你可得保持住啊。"

妈妈说到这里，儿子懂事地说："妈妈，我知道了。我再玩10分钟就不玩了。"

"好，再玩10分钟。"妈妈慷慨地说道。

可是还不到10分钟，儿子就离开了电脑，去写作业了。

同样是劝孩子别长时间玩游戏而要认真学习的一件事，不同的语言导致了不同的效果。

第一位妈妈对孩子进行命令和说教，给他传递了不愉快、紧张、严厉的情绪,这与儿子玩游戏时开心放松的感觉形成了强烈的对比。在孩子心目中,妈妈在剥夺自己的快乐,因此,立马产生逆反情绪,与他妈妈进入了“敌对”状态。虽然她最后强行阻止了孩子玩游戏,但是“跳楼”的情绪不好受,使孩子根本没有心情投入到学习中。这种谈话方法“欲速则不达”。

而第二位妈妈首先从共同的爱好入手,说自己也喜欢玩游戏,这让儿子觉得妈妈和自己一样,妈妈理解自己。接下来,妈妈温和的建议,也让孩子觉得妈妈是站在自己的立场上想问题的,自然就容易听得进去,给自己搬了台阶。妈妈还趁机鼓励了孩子的学习潜能,激发了孩子对学习的兴趣,因此孩子很主动地离开了网络,进入了学习状态。这种谈话方法“欲擒故纵”,达到了目的。

重复孩子的话见效果。在和孩子交流过程中,能够重复孩子的话,能使孩子认为你在专心听他的话,你很尊重他,他就会放开心胸,坦诚交谈,提高交流的成功率。下面的例子就是说明。

李先生是一个大老板,管理员工头头是道,可是怎么也管不住自己的儿子,每次一见面,没讲三句话,不是拍桌就是摔门,弄得家里鸡飞狗跳。

这天,又因为儿子的晚归而再度上演“父子大战”,就在双方面红耳赤之际,儿子突然间住了口,然后一字一字地说出:“爸,再这样吵下去也不是办法,我能不能请你把我刚刚说的那句话说一遍给我听?”

“浑小子!那你怎么说的?你自己说过的话,为何让我再说一次?”李先生怒不可遏。

儿子突然间笑出声,说:“我们不是要沟通吗?那么,我说什么,你重复一次给我听,再轮到你说,我来重复。”“喂!哪有那么多时间重复来重复去!你是真的想气死我啊!”

“爸!我们就试试看吧!否则这种争吵会没完没了的,你再想一想我到底是怎么说的?”李先生想一想,终于承认:“我真的想不起来,你再说一次好了。”结果,这天晚上,他们父子俩竟然可以谈上两个小时而不吵架,这个效果连李先生也意想不到。

(3)向孩子道歉有必要。如果父母本身有过错,应该向孩子表达自己的歉意,以化解误会,促进家庭和谐,这也是一种沟通交流,体现对孩子的尊重。我们要求孩子犯错了要道歉，如果我们做父母的自己犯了错，难道不应该道歉吗？有些家长放不下架子，觉得自己是大人，怎么可以向孩子认错呢？如果我们真正做到了和孩子平等相处，尊重孩子，那么向孩子道歉也实属在情理之中。

如果你仍在生孩子的气时，千万别急着道歉，即使你知道自己错了，也要等你情绪稳定了后再说，这比仓促做出和平姿态要好得多。

家长情绪沮丧时道歉，孩子会产生疑惑或者害怕的想法，认为家长言不由衷。诚实地承认你和孩子感情的声明，需等情绪稳定后再做出。

道歉应明确。如果自己都不清楚为什么要道歉，最好不要说，否则也会使孩子迷惑。应该明确告诉孩子你自己做的或说的哪些错了，为什么要认错。对任何一个错误，切勿漫不经心地说“对不起”。家长并不需在孩子面前显得软弱无力，而孩子也需懂得任何人有时总会发脾气的。孩子接受家长太多的道歉会觉得家长不可靠。

最后，别低估孩子接受意见的能力，孩子们乐于原谅别人。

教子语言十忌

美国著名儿童心理学家基诺特经过多年的调查研究和实践，对年轻父母教育孩子提出了十条忠告：

一忌恶言，不要说：“傻瓜，说谎，你这没用的家伙。”

二忌责备，不要说：“你又做错事了，真是坏透了。”

三忌侮辱，不要说：“你简直是个废物。”或者“你真是个糟糕的孩子。”

四忌威胁，不要说：“不好好做作业，我就揍你。”

五忌强迫，不要说：“我说不行，就是不行。”

六忌压抑，不要说：“住嘴，你怎么这样不听话呢？”

七忌讽刺，不要说：“你可真行啊，竟做出这等事来。”

八忌贿赂，不要说：“你要能考一百分，我就给你买手表。”

九忌抱怨，不要说：“你做这种事，真叫人伤心。”

十忌哀求，不要说：“我求求你别这样做好吗？”

3. 微笑面对孩子

微笑是世界上最美丽的表情,是世界上最动听的语言。古希腊哲学家苏格拉底说过:“在这个世界上,除了阳光、空气、水和笑容,我们还需要什么呢?”微笑对于我们,就像是阳光、空气和水一样重要。微笑是黑夜里的星星,微笑是迷雾里的阳光,微笑是寒冬里的炭火,微笑是夏日里的清凉。当孩子成功时给他一个微笑,那是赞赏;当孩子失败时给他一个微笑,那是鼓励;当孩子快乐时给他一个微笑,那是分享;当孩子悲伤时给他一个微笑,那是安慰。父母给孩子一个微笑,传递着快乐、真诚、信任、鼓励、欣赏、关怀、安慰,一个微笑,缩短了心与心的距离,一个微笑,让爱在空气中流淌。

微笑能带来好运气,这话一点也不假。从前有这样一个故事。

独居的玛丽小姐,听到敲门声打开门,发现一个持刀的劫匪正恶狠狠地盯着自己。

她灵机一动,微笑着看着那个凶悍的男人:“哦,朋友,你真会开玩笑,你是推销菜刀的吧?我喜欢,我要一把。”

本来脸带杀气的歹徒看着她的微笑竟慢慢变得腼腆起来。他有点结巴地说:“谢谢!”

最后,玛丽真的买下了那把明晃晃的菜刀,劫匪拿着钱迟疑了一下就走了,在转身离去的时候,他说:“小姐,你将改变我的一生!”

微笑是爱的真诚流露。微笑面对孩子,会让他们感到温暖,感觉家的温馨,感受到爱的阳光。中国人常做的是“出门喜,进门愁,笑容挂在门外头”,在家里是真面目示人,对孩子不能保持经常的微笑,这对于善于察言观色的孩子们来说,不是好兆头,于是他们在父母跟前是小心翼翼,如履薄冰,生怕成为出气筒,慢慢就拘谨了。

我和一位好友吃饭,他谈起自己的孩子,感叹再三,孩子上高中了,在重点高中上,但是看到孩子总有这样那样的不满意。我问,你对孩子微笑过了吗?他诧异了半天,说:这是一个极普通又尖锐的问题,是个既容易又很难的事情,孩子十六七了,我竟然几乎没有对他微笑过,老是板着脸,一脸严肃,一本正经的样子。我说为什么啊,他说这样做孩子听话。我说:你把师道尊严移植到了家里，想在孩子面前保持威严，所以现在沟通有障碍，家长架子放不下来啊，和孩子的心保持着距离。其实，爱笑的父母会让孩子看到生活轻松和愉快的一面，让他们对生活充满信心，笑声能让他们更加热爱生活。写过一首《笑靥如春》的小诗，希望家长朋友能常对孩子微笑，让家中彼此的微笑成为一个春天。

看到了我的微笑
你就看到了杜鹃花的绚烂
四月天就映入你的眼帘
我看到了你的微笑
就看到了百合花的姿雅
温馨悄然沁入我的心间
她的嫣然一笑
似胭脂点点的西府海棠
和我们的笑
构成了一个春天的画面

4. 向孩子伸出手

每一个孩子都有成为一个好孩子的可能，每一个孩子都有成为一个好孩子的欲望。孩子这种潜在的主观意识，还得靠外因来激发。

(1)牵手，那是一弯月亮。孩子小的时候，牵着手一起走，是大手拉小手，是一种扶持，是一种依靠，是一种爱意；孩子大了，也需要牵着手走一走路，有时是大手拉小手，有时是小手拉大手，同样传递的是爱，是情感，是扶持，是依偎，是平等。有位朋友每天从学校接孩子回家不是汽车，不是摩托，也不是电动车，而是步行去接，接到后，接过女儿的书包，拉着女儿的手，两人边说边走，说说学校里的新闻，说说今天的感受，母女俩其乐融融，十余里的路一直走到家，两个人的身体也得到了锻炼，孩子的身体显得特别棒。

(2)握手，那是一道彩虹。孩子大了，握着孩子的手，传递平等，彼此尊重，传递暖流，是人间一道美丽的景观。我的两个儿子高中一次考试，成绩提高很多，当他们把这个消息告诉我的时候，我伸出手来跟他们一一握握手，我边握边说："祝贺你，祝贺你"，孩子特高兴，一整天都处在兴奋之中。

(3)和孩子击掌,传递爱与力量。从电视上我们可以看到篮排足三大球比赛中,替换队员时,上场的运动员和下场的运动员都要击一下掌,表现出支持与安慰,希望与赞同,是前赴后继实现共同愿景的心灵契约。父母与孩子击掌也如此,体现了爱的传递。我校有一位优秀教师,她的孩子在本地最有名的重点高中就读,进班成绩平平,每次过完周末送孩子走的时候,她都要和孩子击一次掌,也算是约定——妈妈不在身边,要自己照顾好自己,要好好学习,妈妈虽然没有跟着你,但是我的心跟着你……一次击掌胜过千言万语,孩子学习很自觉很努力,不断进步,高考成绩超过一本线 30 分。

(4)向孩子伸出大拇指,向上的助推器。向他人伸出大拇指是赞赏,是支持,是肯定。一位苦恼的妈妈说:"……我的孩子上中学了。为了能让他好好学习,我们制订了一个奖励制度:成绩得良奖 50 元;成绩得优奖 100 元。开始还真管用,他一回家就看书、温习功课。可时间一长,孩子明显出现了厌倦学习的情绪。我们只好加码(钱),但看来效果不大……可愁死我们了!"

重物质,轻精神,孩子考好了,家长不是奖人民币,就是奖吃的、喝的、穿的、用的,很多家长都有同这位母亲一样的困惑:动辄给孩子金钱、物质的许愿和奖励,开始时的确奏效,但慢慢地就不尽如人意,甚至有时起到相反的作用,导致孩子对物质利益的过分追求,发展到孩子把学习作为交换奖赏的筹码。那么,为什么奖赏这招儿不灵验了呢?

有人做过一个有趣的实验。

先挑选出一些喜欢绘画的孩子,把他们分成两个组进行实验:他对第一组的孩子许诺说:"如果画得好,就给奖品。"对第二组说:"我想看看你们的画。"两个组的孩子都高兴地画了起来。结果,第一组得到了奖品;第二组他竖起拇指说:"好!"三个星期后,实验发现,第一组孩子的绘画兴趣明显降低,大多不愿意再画;而第二组的孩子则和以前一样喜欢绘画。

后来,心理学家又把这个实验在不同国度、不同兴趣组做过多次验证,结果是相同的。

这个实验告诉我们,发奖固然能够强化孩子的某种良性行为,但是又存在这样的可能:孩子只对奖品本身感兴趣,而缺乏对被奖行为的兴趣。

国外流行这样一个观点,好孩子是表扬出来的。经常表扬、肯定孩子勤奋、刻苦的行为,更能够激发孩子的内部动机,使孩子端正学习态度,保持学习热情，让学习行为更为踏实、长久，而且精神奖励绝对经济、实惠。竖起你的大拇指对孩子说一声：“好！”这对孩子来说，是比金钱等奖品更高的奖励。

(5)向孩子伸出“V”字，喊一声“耶”，彼此心花怒放。父母能这样做不但兴奋自己，也兴奋孩子。我们在遇到很开心的事的时候，都要伸出中指和食指成“V”形手势说声“耶”，这个手势来源于英语单词“Victory”即胜利的第一个字母，当孩子从赛场上下来，取得某项成功时，父母要伸出中指和食指，会让孩子有更多的成功体验。当你在某天对取得成绩的孩子这样做的时候，不但自己会高兴一天，也会让孩子一天都有个好心情，因为这体现了父母的童心。

5. 拥抱孩子

拥抱是无声的语言，是最简单的接受与认可。当一个人要拥抱他人的时候，首先得展开双臂，打开胸怀，用双手去抚慰，用胸怀去容纳，用心灵去感化……拥抱能真实温馨地让你感受到宽厚胸膛所传递出的温暖，坚实肩膀的依托，让你有一种被拥有和不被遗忘的安全感、幸福感、真实感。在失败时拥抱是抚慰支持，在胜利时拥抱是分享赞赏，在忧伤时拥抱是分担相伴。

成年人都需要拥抱和渴望拥抱，更何况我们的孩子。父母拥抱孩子，能消除他的孤独感，有被关注、被呵护的感觉，这样的孩子从小就会很自信；父母拥抱孩子，彼此都会有一个好心情。拥抱会让孩子的成长激素分泌在最佳状态，因而孩子的抵抗力会增强；拥抱会让孩子的内心远离不良情绪的困扰。因此，家长要学会拥抱，作为父母，要明白，你的怀抱就是孩子幸福的港湾，就是拥抱孩子用的！拥抱是另一种与孩子交流的方式。当你的孩子放学回家，给孩子一个拥抱，孩子会深深感受到家的温暖，感到亲情的甜蜜，心里有一种无比的轻松和满足，一种甜美的幸福感油然而生。和孩子做游戏时，时不时地抱抱孩子，孩子会很幸福，如果身边有其他的孩子和你的孩子做游戏，其他的孩子会很羡慕，这时，你也可以把其他孩子搂过来抱一抱，这样会增进你的孩子和小伙伴的友谊，同时孩子们的童心与稚爱也会给你无比的幸福与欣慰。孩子在父爱、母爱、友爱中健康快乐地成长，就会把同样的爱回报给身边的人。拥抱并非孩子小时候需要，其实什么时候都需要。

看过《讲述》这档节目，里面有位主人公患了心理疾病，出现了自虐现象，有事没事总是抓自己的头发。他的父母也因此很伤心，后来请了心理医生来给他看病，医生发现他的父亲很严厉甚至有些苛刻。他觉得这可能是导致孩子心理疾病的主要原因,所以心理医生请孩子的父母同时在场,发表对孩子现状的看法,他父亲一味地埋怨孩子,说得医生都看不下去了。然后医生就对父亲说:“孩子已经这样了,你还在责怪他,现在我们主要的任务是帮助他如何摆脱困境,亲爱的爸爸,请给孩子一个拥抱吧。”

父亲在心理医生的劝说下给了孩子一个拥抱,一下子父子俩都是泪流满面,心贴心的感觉使他们的距离变得更近了,其实孩子是多么需要父亲温暖的拥抱呀,此时拥抱是他们最好的沟通方式。

附:“蝴蝶效应”

“蝴蝶效应”是气象学家洛伦兹1963年提出来的。

其大意为:一只南美洲亚马逊河流域热带雨林中的蝴蝶,偶尔扇动几下翅膀,两周后可能在美国德克萨斯引起一场龙卷风。其原因在于:蝴蝶翅膀的运动,导致其身边的空气系统发生变化,并引起微弱气流的产生,而微弱气流的产生又会引起它四周空气或其他系统产生相应的变化,由此引起连锁反应,最终导致其他系统的极大变化。

此效应说明,事物发展的结果,对初始条件具有极为敏感的依赖性,初始条件的极小偏差,将会引起结果的极大差异。

“蝴蝶效应”在社会学界用来说明:一个坏的微小的机制,如果不加以及时地引导、调节,会给社会带来非常大的危害,戏称为“龙卷风”或“风暴”;一个好的微小的机制,只要正确指引,经过一段时间的努力,将会产生轰动效应,或称为“革命”。

第三章

做孩子什么朋友

孩子是一本无字的书。你只有做他的朋友,走进他的心里,和他进行心与心的交流,才能读懂孩子。有家长一定会问,愿意和孩子做朋友,从哪里找到切入点才能和孩子是朋友?我要说,你可要从多方面做孩子的朋友,什么文友、学友、战友、工友、球友、石友都可以做,才能成为孩子的朋友。下面我就谈你做孩子的什么朋友。

一、做孩子的餐友

(一)和孩子一起进餐

我问你个问题,作为孩子的父母你会吃饭吗?

听了这个问题,你一定会哂笑,这算什么问题?怎么不会吃饭?但是我问的是你作为孩子的父母是怎么吃饭的,也就是一日三餐是否和孩子坐在一起吃饭?在家里经常会出现一些这样的镜头。

镜头一,妈妈单独给小东东做饭,让他一个人先吃,然后妈妈像看着宠物一样看着他吃饭。

镜头二,父母早上不做饭,给孩子钱让他自己买点牛奶面包吃,然后自己去喝牛肉汤或胡辣汤去了。

镜头三,父母和孩子在一起吃饭,不停地给孩子夹菜,孩子的碗里堆得像一个小山一样,可是孩子不领情。

镜头四,和孩子在一起吃饭的时候问孩子的学习,问孩子的成绩,不满意的时候,训斥孩子,孩子哽咽着吃不下饭。

镜头五,吃饭的时候,你边吃饭边看电视,儿子在餐桌边吃,或者你在餐桌边吃,儿子边看电视边吃饭,各行其是,或者都是边看电视边吃饭。

……

作为父母,你是否有这样的事?你这样做就是“不会吃饭”!

怎样才算是会吃饭呢?

古人云,民以食为天,要知道,吃饭对家庭来说是大事,对孩子来说更是大事,不能因为是经常的事就不当回事儿!孩子吃饭这里面可有大文章可写。

吃饭最能展示亲情,是和孩子交流的好机会。著名教育家赫·斯宾塞问自己的儿子:“你生活中最美好的生活片段是什么?”儿子回答道:“是每天晚上我们聚在餐桌前,一起祈祷、一起闲聊的时候。”所以,“珍惜全家一起用餐的时光”一直是斯宾塞快乐教育中最重要的一条。

从事烹饪教学20年的华视主持人梁琼白说:“一个不开伙的家庭必然缺少温暖,只有充满饭菜香,充满家长用餐话语的画面才是快乐祥和的温暖家园,所以不只是妈妈回来做饭,更重要的是家人都回家吃饭。”

关于进餐习惯,各家都有一本自己的经,重要的不是在一起吃饭的次数,而是餐桌上家人沟通的力度、气氛和感觉。与孩子共同进餐,边吃边聊,可以放慢进食速度,体内压力激素的水平也能降低,从而抑制对高糖、高热量食物的饥渴。重要的是与孩子共同进餐营造温馨的氛围,这样不仅可以一家人交流感情,解除烦恼,了解孩子喜欢吃什么,有机会给孩子介绍一些新食品,营养专家认为这可以兴奋中枢神经,从而促进消化液大量分泌,使肠胃处于最佳消化状态,促进消化。

所以父母应培养跟孩子一起用餐的习惯,至少早饭或晚饭一起吃,既能让孩子养成进餐的好习惯,又能促进了亲子之间的关系,还是建立朋友关系的最好契机。

再来看一个反面例子,一个大学生写的一篇文章里有这样一段话。

吃饭时,妈妈总问一些我无法忍受的问题,让我食欲全无。

学校食堂开饭很准时，每天下午6点我都按时去食堂吃饭。而往常没住校时，放学回到家里，家里空无一人，爸爸妈妈总是不停地加班，有时晚上10点才吃饭，饿得我胃疼。在学校吃饭，几个同学边吃边聊，上了一天的课，互相逗逗乐也是一种放松，而且胃口好得不得了，萝卜、白菜吃起来都觉得特别香。可在家吃饭，虽然大鱼大肉不断，但妈妈总会追着问我，今天在学校都学了些什么？新概念英语背得怎么样了？一听这些，我的食欲全没了，再可口的饭菜也变得难以下咽。大人们总是心口不一。妈妈过去在饭桌旁经常教育我"食不言，寝不语"，可她总是自己不遵守规矩，而且最让人无法忍受的是，她问的那些问题，等于让我把白天上课的内容复述一遍。你说我累不累？人家都说吃饭时要营造一种轻松的氛围，可我在家吃饭时，总感觉很沉重。你说我摊上这样一个啥都要管的老妈，命有多苦啊！

看了这段话，你会作何感想呢？

所以我建议你就做孩子的餐友吧。这是你最容易做到的。吃饭时，第一，关掉电视、电脑，这样做孩子饭才能吃出香味；第二，不能呵斥孩子，不然孩子就厌食；第三，没有特殊情况，尽量要和孩子一起吃饭；第四，当孩子会使用筷子的时候，让他自己夹菜吃；第五，不要给孩子开小灶，让他吃"大锅饭"；第六，和孩子聊天，谈见识——天南地北，谈生活中的事、学校里的事……吃饭不能匆匆而过，吃饭不是"加油站"。

另外，不能总是带孩子下餐馆。因为饭店里的菜离不开各种各样的调味品，有的是化工原料，就拿我们常用的味精来说，它抑制神经，妨碍骨骼发育，导致人体出现缺锌，还影响孩子的肾发育，无论是对老人还是小孩，都有着本质的伤害。不知道家长看没看过这么一篇《只需一滴　清水变鸡汤》的文章。曾有记者暗访到，做过六年饭店厨师的小吕称，一些号称文火慢炖而成的浓汤，并不是用真正的鸡、鸭、牛骨煲出来的，而是食品添加剂"一滴香"调配而成。"一滴香"是化工合成物质，对人体危害很大，长期食用会损伤肝脏，对食用者的健康带来危害。现在小饭店普遍使用的地沟油更是孩子健康成长的冷血杀手。

香港有的饭店包括内地的酒店如今打上无味精等调味品招徕顾客，做本色饭菜，返璞归真，就是因为有识之士认识到有关调味品是化学东西，就不轻易到酒店就餐。

(二)吃好早餐最重要

早餐对每个人都重要,俗语道"早上吃好一天不饿",还有这样一句俗谚叫做"早上吃饱,中午吃好,晚上吃少",这很有道理,可见早餐的重要性。但是在生活中人们恰恰没有吃好早餐,现实中国人吃饭的规律是:"早上吃得像乞丐(随便打发一顿),中午吃得像平民(吃饱就好),晚上吃得像皇帝(足吃足喝)。""晚饭是最好的饭"与"笑到最后才是笑"有着异曲同工的味道,成了中国人的人生哲理。因为,晚上时间充裕,可以买很多菜,做饭时间再长也不怕,能做出很多很多好吃的。但是晚饭吃得多,没有活动,就睡觉了,营养堆积,这其实也是暴食暴饮,饥一顿饱一顿,更容易出现小胖子了。

而且现在的成人中有很多得胃病的都是在青少年时期没有吃好早餐,有节省的原因,有吃不上的原因,有忽略的原因,殊不知这样为自己的健康留下了隐患。青少年时期的早餐尤其重要,因为他们上午的学习比较紧,早上所吃的食物营养全被吸收了,具有"抗晌"的作用,另外吃好早餐孩子能长高个,学习成绩也好。

1. 吃好早餐长高个

作为父母的都希望自己的孩子个子上能"出类拔萃",男孩子个子不说像姚明一样,1.8 米左右就行,至少长大的时候不是"三等残废",女孩子能亭亭玉立,成为窈窕淑女,个子1.7 米左右。

"我每天都给孩子变换饮食,怎么他的身高还是比同年龄的孩子低呢?"一部分母亲心焦孩子的个子。有专家告诉她们,孩子要想身高正常长高或者长高个,"大早餐"一定不可少。什么是"大早餐"呢,后面我自有交代。

正常情况下,孩子每年体重增加4 到5 斤,身高每年增高4 到7.5 厘米。在10 岁时候,男孩子的食量不低于父亲的食量,女孩子的食量不低于母亲的食量。

其实孩子的身高,父母是可以粗略地加以"预测"的:男孩的身高大约是父母身高平均值,再加上6.5 厘米;女孩的身高是父母身高平均值,再减去6.5 厘米。其实,大多数人的身高都不可能正好是上述计算数值,男孩可有7.5 厘米,女孩可有6 厘米左右的身高差值。得出的数值分别是男女孩的正常身高区间,孩子的身高在这个范围内,都是正常的,家长不用特别担忧。如果在营养、睡眠、锻炼等条件都保障的前提下,孩子的身高明显低于正常值,家长应当带带孩子到专业的医院进行治疗。

我有一对双胞胎儿子，其中小家伙刚上初一是小排头，比他哥哥低一头，低十公分，就是吃饭有点“假”，上小学时早上吃饭不及时，并且经常爱吃面包，喝牛奶，当然还常感冒等原因致使他的个子比较低。上初中以后，7 点就得从家里出发，我早上五点半起床，给他们炒一荤一素两个菜，一年多的时间，个子不但赶上了他的哥哥，而且个子也是班里的佼佼者，到高中上体育竟然排在了最后一排。十六岁时，老大长到 183 公分，老二也长到 178 公分，都超过了身高公式。

2. 吃早餐提高学习成绩

据报道，有数据显示，吃早餐能增强大脑功能，增强记忆力，提高学习成绩，并能促进情感和心理健康。

美国哈佛大学医学院精神卫生学专家墨菲，对巴尔的摩和费城两个城市公立小学的 100 名青少年进行研究发现，那些经常吃早餐的孩子与很少吃早餐的孩子比，数学成绩能高出 40%，对数字的敏感度更高。尤其在第一堂是数学课的时候，吃早饭的孩子表现比没吃早饭的孩子好得多。不吃早餐的孩子出现抑郁和焦虑的可能性分别是其他孩子的 3 倍和 4 倍。与坚持吃早餐的孩子相比，不吃早餐者出现多动症和其他心理疾病的可能性高出 30%，对数字的反应能力较差。另外，研究还显示，不吃早餐的孩子改吃早餐后，他们的学习成绩会产生很大的飞跃，同时这些孩子出现抑郁、焦虑、多动症的几率显著减少。

另据新加坡《联合早报》报道，如果孩子经常不吃早饭，那么他正在发育的大脑可能会萎缩，从而影响智力发育。

新加坡亚历山大医院饮食与营养部的研究人员调查了亚洲 6 个国家和地区的家庭，内容包括孩子是否吃早饭，他们大脑发育状况和学习成绩，结果发现，不吃早饭的学生，除了注意力比较差之外，反应也慢。研究人员指出：“如果长期忽略早餐，孩子的脑袋会缩小，即使后来恢复健康饮食，营养充足，但是萎缩的头脑已无法恢复成长，因此他们会变笨。”

研究人员指出，由老师向孩子传达吃早饭的必要性最直接有效。亚历山大医院和新加坡保健促进局通过向教师灌输这方面的知识，起到了事半功倍的效果。教师重视孩子的早餐，关键是孩子的父母要给他做饭吃。单从吃饭上就可见教师与家长做好配合十分重要。

3. 早餐不能简单

据有关调查,我国中小学生的早餐情况,一方面是早餐食物量普遍不足,另一方面是早餐食物品种过于单调。

有的家长做到了早上孩子吃饭,吃什么饭呢? 牛奶、面包。我们要记住,牛奶是饮料,什么时间喝最好? 睡觉前。尤其不能空腹喝牛奶,可是孩子们吃东西就和做考试卷一样,先易后难。先喝牛奶后吃面包,我观察过,吃口面包再喝一口牛奶的最少,稍好一点的是有少数孩子是吃完面包再喝牛奶。牛奶是什么,很多家长朋友尤其是女性家长做过减肥的,减肥机构的保健老师都交代你不要吃饭,喝袋牛奶就行了,牛奶是保持减肥女性的底线营养品,对正处在成长发育阶段的孩子来说,当早餐行不行? 不行! 还有营养学家说牛奶适合西方人,豆浆适合中国人,因为西方人肠子比中国人长一米多,牛奶在肠胃里能得到充分吸收,而在中国人的肠胃里则不能。再说面包,面包能经得起胃的蠕动吗? 膨胀食品,原料只是一丁点面包面。

还有的家长图省事,早上不做早餐,就在门口或路边露天小吃摊上随便吃一点,这些小摊卫生条件很差,不能给孩子卫生保障。一个小伙子经常不做饭,常在地摊吃饭,后来化验出得了乙肝,后悔不迭。这是多么令人痛心的事,多么深刻的教训。

有关专家表示,一份营养健康的早餐一般包括谷类食物、动物性食物、奶类或奶制品、蔬菜水果4大类,早餐质量第一,不是吃饱就行的,而应当是吃饱吃好,需要做好"四个搭配"即:五谷搭配,粗细搭配,荤素搭配,多样搭配。因此评价一份早餐的营养是否充足,可以通过以上4类食物来评价。

说到这里,我要对读者朋友说,"大早餐"是指相当正式的早餐,而且要品种丰富,比如两岁的孩子早餐食谱,有菜,有肉,有主食,荤素搭配,干稀搭配,不刺激但能挑起孩子的胃口。早餐主食可选择馒头、包子、饺子、烧饼、米粥、蒸米、面包、豆浆等,副食可以是煮鸡蛋、炒鸡蛋、烧豆腐、炒猪肝、热香肠、拌海带丝、炒土豆丝、鱼香肉丝、煮黄豆等,品种好看,经常更换,激起孩子食欲,使其养成吃好早餐的习惯。

4. 孩子舌尖上的禁忌

(1)零食。零食对孩子的害处表现在以下三方面:

①吃零食不利于健康。整日零食不离口,肠胃不得闲,结果误了正餐。成

人的慢性胃炎除了小时候没有吃好早餐外，爱吃零嘴也易得肠胃病。再说有些小食品本来就不卫生，有的甚至是“三无”产品，买来之后，兜里、书包里随处搁，吃时不洗手，在露天和风尘中下咽，怎不得病？

②吃零食容易诱发坏习惯。偏爱零食的孩子，在五花八门小食品的诱惑下，宁可舍下用于学习上的花销而只顾嘴巴。为了搞钱，向家长要、闹、骗，个别的惹乱子，甚至出现在学校附近小卖部“赊账”的怪现象。这导致孩子之间出现互相攀比，图虚荣，讲义气，追求不健康的情趣。这一切都是坏习惯的引诱，与孩子健全心理品质的发展是相悖的。

③学习不能集中精力。爱吃零食的孩子学习会出现精力不集中、疲劳、思考问题不积极的现象，长期如此就会影响他们的学习成绩和学习质量。你想他书包里装着苹果，一上课他一手摸着苹果，一手拿着课本，或者一手举着课本作掩护，一边嗑着瓜子，会是什么结果？看看下面这个例子，令人痛心。

为治儿子嘴馋，狠心父亲断子手指

近日，一名10岁的男孩小阳因贪吃到处欠账，其父一气之下斩断了他的手指。

小阳是邓州市某乡小学三年级学生，因从小娇生惯养，养成了馋嘴的毛病，入学后仍经常偷窃父母的钱来买零食吃，或偷拿家中的粮食到商店换食品。父母发现后对其严加看管，失去经济来源的小阳就到处赊账。8月30日这天，几位债主接连上门讨债，其父又气又恼，拿起菜刀斩断了爱子的一个手指。

作为父母，一是要让孩子吃好正餐；二是不乱给零花钱，就是给零花钱也要知道孩子消费到哪方面；三是定时加点；四是不能让他们带零食到学校；五是在家写作业的时候，不能让他们边吃东西边写作业，这样才能避免孩子吃零食。

(2)三大件。有关专家提醒家长朋友，在儿童成长期，应该尽量减少饮食中的糖分、人造色素和脂肪。少吃甚至不吃这些东西，可以使孩子们更聪明。

加拿大脑外科医生拉加宾先生认为，人类智商的高低并非完全与生俱来，后天也可以提高，不少研究成果证明了这一点。拉加宾概述多位科学家的观点说，提高儿童智商，至少有4种方法：一是改变儿童天生“嘴馋”的习惯，养成良好的饮食习惯，不吃那些含糖多，含人造色素和高脂肪的食品；二是为儿童营造一个具有启发性和刺激感官的环境，活跃儿童的情感和思维；三是注重提高儿童的情商(EQ)；四是引导孩子树立一定的目标，培养儿童进行创造性的思考。其中饮食是最重要的一环。

美国科学家曾经对纽约1万名普通小学生进行过调查研究，其结论令人吃惊：当一些学校规定学生上学不得携带高糖食物，并禁止食堂卖这类食物后，学生们的成绩几个月内竟有明显上升。

(3)街头小吃。街头小吃就算再吸引人，再流行，大人也不能随便吃，孩子更不能吃。不说别的，现在有八种最脏最具危害的街头小吃，对人体危害特别大。

①臭豆腐：硫酸亚铁；②麻辣烫：罂粟、地沟油、双氧水、福尔马林；③毛鸡蛋：寄生虫；④烤肉串：流浪猫或死猪肉；⑤油饼油条：铝超标、敌敌畏、地沟油；⑥海鲜排档：寄生虫、水银、甲醛；⑦煎饼果子：地沟油、过期火腿；⑧炸鸡翅：薯粉丸、臭鸡翅。

方方系列故事之四

起　名

再有一个月刘芳就要生了，有一件重要事需要提上议事日程，那就是给肚里的孩子起名字。

“名字就是符号，没必要那么慎重，还要几个老人都来参与。”方才说。

“虽然名字是个符号，但是很有讲究，很多名人的名字就很说明问题。毛泽东就是泽惠东方，在他老人家的领导下，中国人民从此站了起来，我们国家屹立在东方，多气派，多有胸怀。李白，字太白，太白金星转世，有仙骨道风，故有诗仙之称。”

“好好，我们不能企望让他当领袖，我们也没那本事培养，也不企望他成为诗人，现在的诗人都没市场，是‘失意’的人。”方才比划着“篮球”裁判暂停的手势。“当然，给孩子起个好名字都是家里表达出对他的希望。”

“对，就是对他的希望。我希望他以后要超过一般，让他爷爷奶奶、外公外婆参与一下也很有必要，毕竟他们经历的多，见多识广，给孩子起名字征求他们意见，他们也会很高兴，也是对他们的尊重。”刘芳说。

方才也开始觉得起名不是儿戏，越发感到重要，他说：“这样吧，我先翻翻字典，到书店再看看有没有起名字的书，咱们先拿出一个方案再说。”

于是，方才到书店里转，转了好几个书店，才找到一本书《给孩子起名的诀窍》，如获至宝，拿回家连夜研究，但是看完也没有找到诀窍。

方才只好再到书店买了最新版的《现代汉语词典》翻了一遍，只找到“彧”、“昱”、“昊”三个字，作为男孩名好，“涵”、“琳”、“婧”作为女孩名好，心里反复掂量，趁办公室里没人，分别写在六个纸条上，然后揉成团扔在地上，挑出男孩的一个字“彧”，女孩的一个字“琳”。

他在一个周末将双方老人都请到家，说明自己挑选的名字。

方才父亲说，要注意孩子五行缺什么，找人算算，名字里要体现出来就什么也不缺了。

方才母亲说，你说的这个“彧”字笔画太多，一考试他就多花费一会儿时间，并且还是个生僻字，别人肯读成“或”，多两撇，让人感觉多此一举。

刘芳父亲说，这是三国曹操重要谋臣荀彧的名，是有文采的意思，与方配在一起不是太顺，如果能随我们的姓刘彧，多好听，刘彧与“流域”地理名词谐音，有润泽一方的意思。叫刘金也行，流金岁月，一辈子金光闪闪。

“我们的孙子怎么能随你们姓？”方才母亲不满了，“我们还指望他传宗接代呢。”

“现在孩子随谁姓都行，”刘芳母亲插话道，“何况他的父母都是独生子女。”

“叫富贵算了，”方才父亲说，他不接亲家的话茬。

“太俗了，过去的人盼望孩子能大富大贵，就起名叫富啊、贵了的。”刘芳说。

“都讨论是男孩，如果是女孩呢？”方才赶紧转移话题，他看到这样讨论下去硝烟就要冒出来了。

“是女孩，就按你们的意见。”方才妈妈一锤定音，“怎么会是女孩呢？不要胡说。真是女孩随亲家姓也行，说不定以后政策放开让生二胎，头胎生个女孩,二胎生个男孩。"她责怪方才说话不负责。

"没生下来就这么费心,不管男孩女孩我们只要这一个。"刘芳听了婆婆的话心里有点不满,站着说话不腰疼,要两个怎么养,养活你们四个老人就够我们头痛的,还要我们多养一个,以后这日子怎么过啊。

"这样吧,就叫方方算了,取你们方家的姓,用刘芳的名,这是他们爱情的结晶,别说什么五行了,我不信这邪乎事儿。"刘芳父亲说。

"刘芳的'芳'字带有草字头,是女孩的名字,方芳也好听。"方才父亲说。

"方方,是男孩就不带草字头,多好听。"刘芳父亲说。

"好好,就叫方方吧。"刘芳觉得好听,父母解释得也有道理。

"方方好听,宝贝一样的名字。"方才母亲也说道。

"就这样吧。"方才感觉自己这几天算是白忙乎了,他心想还不如早点这样呢。

二、做孩子个子长高的益友

高大的身材往往受到青少年的羡慕和向往,做父母的也都希望自己的孩子能高大,身形上能"出类拔萃",指望增高鞋垫、增高鞋、做手术增高都是不可能甚至是危险的事,作为家长一定要为孩子个子着想,不能徒增长大后的烦恼。让孩子长高遗传因素是个诱因,其实做好这几件事孩子也能长高。前边我说的吃早餐是一个重要的因素,下面还有三个因素。

(一)白开水能让孩子长高

白开水也能让孩子长高?读到这里你一定会说,你是不是张悟本在忽悠我呢?我的回答是否定的,但开水的确能让孩子的个子长高。一天两杯白开水能做到养颜排毒,带走他们身上多余的热量,减少感冒的机会。

常喝白开水就能使孩子少患病,增强他们的健康。有家长认为越贵的饮料越好,甚至认为外国的饮料好,孩子喜欢喝的就好,如可口可乐等,让孩子带着这些饮料上学,让学生解渴,这样做其实是错误的。不管你家里有多富贵,这不是炫富的事情。我们首先得懂得饮料的组成,不管是碳酸饮料、果汁饮料、茶饮料,还是果蔬汁、乳饮品等,过量饮用会摄入较多的糖,引起如肥胖、Ⅱ型糖尿病、骨质疏松、营养不良和龋齿等健康问题,何况它们里面都有防腐剂、染色剂、食品添加剂等,很多对身体是没用的甚至伤肝损脑。可口可乐中含有磷酸、咖啡因和精制糖等成分,均有增加钙流失的效应,影响孩子骨骼发育,并且孩子更容易对可口可乐里面的成分——咖啡因上瘾和出现营养不良的问题。绿茶对孩子来说也是不能喝的,茶叶中含有大量鞣酸,会干扰人体对食物中蛋白质、矿物质及钙、锌、铁的吸收,影响他们成长,茶叶中的咖啡因同样具有很强的兴奋作用,可能诱发少儿多动症。所以从他们的健康出发,还是让他们喝白开水,别花钱买罪受。

我的小儿子小时候常感冒,开始我们总是认为他体质弱,一感冒,我们就带他到诊所,不是吃阿莫西林胶囊,就是输青霉素,但是一到初中上学期间没有感冒过,什么原因呢?我观察了一阵子,原来就是一天两杯白开水的原因,上午一杯,下午一杯,杯子能盛500ml容量的水,当然他大了,抵抗力也有所增长,这也是个原因。倒是放暑假,孩子出现感冒症状,是因为我们缺少督促,有时忽略他们喝白开水这件事。

感冒少了,吃青霉素等抗生素的机会也就少了,小儿子的个子也撵上他哥哥了,原来两人能相差10公分,曾相差不到5公分,现在看原来都是感冒惹的祸。据研究吃一次青霉素等抗生素孩子七天不长个子,影响发育,从我儿子身上得到印证。成人有高低胖瘦之分,除了有遗传因素,很大一部分是因为小时候体弱多病吃了太多抗生素所致。孩子感冒了,到医院抗生素感冒药能让你只吃一次吗?现在令人谈之色变的致命细菌“超级细菌”就是人们滥用抗生素,致使耐药的超级细菌出现。

有人说,我让孩子每天带一瓶矿泉水到学校喝,这样省事,这种做法也是不够妥当的。要知道你这是给孩子未来找事儿!因为矿泉水销售的对象是成人,因为成人的胃对凉水还是有承受力的,小孩子的胃正在成长,就是在夏日也经不起这种凉水的每天冲洗,孩子饮用温度适宜的白开水不会伤害胃,解渴解暑,是最佳饮品。经层层过滤的纯净水,缺少微量元素就更不能提了。

(二)睡好觉才会长高

人的身高是受生长激素支配的。身体内生长激素越多,身体就长得越高。

科学家用仪器测定,少年儿童在深夜熟睡时,生长激素的分泌量比白天多

5—7倍,白天喜欢运动的孩子分泌得更多。所以,不要让孩子熬夜看电视、看书、贪玩等。如果没有足够的睡眠,会影响他身高。

许多家长为了孩子能考上个重点中学,日后能出人头地,为孩子安排了做不完的家庭作业,挤占孩子的睡眠时间,督促孩子开夜车紧赶,颇有头悬梁、锥刺股的遗风。这种做法弊病多多。

科学证明孩子的睡眠充足与否还与他们的智力发展有着密切关联。孩子的学习成绩是明显地与他们的睡眠时间成正比的。那些睡眠少于八个小时的学童,60%的人跟不上功课,39%的人勉强达到平均分数线,几乎没有学习成绩名列前茅的。而那些睡眠在10小时左右的孩子,只有13%跟不上班,76%成绩中,11%的学生则功课优良。

研究还表明,睡眠的多少不仅在孩子的学习成绩上有明显差异,而且对智力发展也有影响。睡眠少的孩子常常表现出神情萎缩、语言障碍、反应迟缓,有时还能影响到孩子的身体发育。因此,让孩子有充足的睡眠时间,对孩子的身心发展是有益的。

我有一朋友的孩子刚上重点高中时,进班成绩在培优班里还是中游,可是期中考试成了班里的倒数第一,后来他查找到了原因——睡眠不足！高中早自习,孩子五点半就要起床,然后骑着车子到学校上早自习,6点坐到教室里,上午还好些,下午经常处在半梦半醒之中,甚至在课堂上睡着了,后来他找到班主任联系,孩子不再上早自习,早上让孩子睡好,期末成绩反而上去了,名列前茅。

由此可见,睡眠与学习关系密切,家长且不可只抓学习,忽视了孩子的睡眠啊!

(三)经常户外运动可使孩子长得高

经常的户外体育运动,就可以最大地发挥遗传因素对身体发育的影响,有利于身材长高。

有这样一个事实,光照时间长的地区,儿童、少年长得比较高,光照时间短的地区,儿童、少年长得较矮。例如,我国几个主要城市光照的长短顺序是北京、哈尔滨、沈阳、武汉、广州、成都,而这几个城市儿童身高的排列顺序也是如此。这些城市由于光照时间的不同,儿童、少年的身高有很大差别。所以要经常带孩子到户外进行活动。

专家研究发现,我国绝大多数汉族儿童身高突增高峰为女12岁左右,男14

岁左右;90%以上女孩身高增长最快年龄在11—13岁,男孩为13—15岁。所以家长朋友一定要在这个时期特别关注孩子,让他们吃好一日三餐,睡好觉,把白开水当作饮品,参加阳光体育活动,就能“亭亭玉立”,“高人一头”,玉树临风。

方方系列故事之五

剖　腹　产

“人这一辈子就生这一个小孩,我要让你少受点罪,让孩子在家庭病房里出生,从小就享受高贵、荣华,而不是几个病床的房间。人多、嘈杂的环境,影响你和宝贝休息。”按照预产期,再有几天就到了,方才对刘芳说道:“没几天了,我们得做好准备,明天我就到公明医院找个熟人,让他帮助找个好医生。”公明医院可是本市最好的医院。

“好,去吧。”刘芳不想再等了,整天挺着大肚子,实在坐也不是站也不是,她想赶紧把孩子从肚子里取出来算了。

晚上回来,方才说:“自然生得一千二,剖腹产需要两千五。”刘芳说:“这么多啊。我看看日历,再有三天是农历三月二十五星期五,我们就在这一天生吧,自然生,便宜些,我们省俩钱。”

“如果这一天你生不出来呢?”

“那就剖腹生吧。生日很重要,人生的起点。这俗话道:女占三六九,男占二五八。仨五占俩五不是龙就是虎。”

“那是迷信。”方才说。

“管他迷信不迷信,总是有道理的,那可是千百年来劳动人民的智慧总结,宁可信其有不可信其无。”刘芳嗔怪地瞪了方才一眼。

“如果正好是二十四生呢?”方才故意说道。

“呸,乌鸦嘴,如果是二十四生,我就坚持不让他出来。”刘芳的拳头就向方才捣去。

“好好,我投降,我投降。我错了,我错了。”方才讨饶道。

到了星期三,他们就上医院去了。办理住院手续的时候,医院让他们拿证件:身份证,准生证。方才乐呵呵地把证件递过去。

“你这是准孕证，不是准生证。”那人的表情好像是隐去的一个词汇：傻蛋！

“有准孕证还不行？”方才说。

“计划生育多么严，你还不知道？有准孕证，不行，我们不敢收，必须是准生证。”那人面无表情。

“生个孩子这么多路数。”刘芳说。

方才找到的朋友的朋友，把情况一说，那人说：“你没经验，有准生证，生了孩子才有出生证，才能上户口。你快去办证去吧，没有准生证，你在这里生不成，只能找个小诊所生，就是生了，没有出生证，就办不成户口，没有户口就是个黑娃，是个黑娃就上不成学。另外，这可是饭碗的问题，你不能让我作难吧？”

“我哪有什么经验，都是摸石头过河，每一步都是大姑娘上轿——头一回。”方才苦笑了一下，“如果再让生一个，就有经验了。”

“明天就赶紧去补办准生证。”那人说道。

第二天方才火急火燎地到计划生育指导站，他拿出准孕证，要换准生证，可是被告知，准孕证过期，需要重办，他一听火了：“这孩子我们不生了！”

看着方才急火攻心的样子，办证科的几个人都笑了，这样的事他们见多了，孩子生不生他当不了家。当得知孩子的预产期马上到了，办事的人说：“不想办也行，但是需要罚款一千元。”

“这么多钱，这可是我半年的工资。”方才说尽好话，又是给人买烟又是买口香糖，好说歹说，罚五百元，办成了证。

住了几天院，到了预产期，刘芳还是没有一点反应。方才说：“我看可能是个姑娘。”因为老太太背地里对他说过“姑娘都是过了预产期才生出来，儿子从来就是调皮蛋，都要早产”。他觉得老妈说得很有道理。

刘芳说：“是个姑娘更好，姑娘是她爹的小棉袄。”

方才反倒不着急了，男孩女孩都认卯。刘芳却火急火燎的，趁方才出去的空，找到主管医生，把日子定下来剖腹产，等方才一过来，让他在“生死文书”上签上名字。

医生问：“假设出现不测，是保大人还是保孩子？”

方才头皮一紧，说："两个都保。"

"只能保一个呢？"

"咋会呢？"方才心说，这真是作难。

"我说的假设。"

"保孩子。"方才嗫嚅道，转念一想，保孩子，孩子生下来都没娘，多可怜啊，自己怎么办呢？再一想，刘芳没有了，想着恩恩爱爱的一幕幕，想着自己的家就不是一个家了，于是他又说道："保大人！"留得青山在不愁没柴烧！他签上字，却有一种负罪感跃上心头，痛苦不堪！

三、做孩子的师友

何为师友，简单地说亦师亦友。也就是做父母的是孩子的老师也是孩子的朋友。人都说，最好的教育基地是家庭，家长是孩子的第一任老师，然也。家长既然是孩子的老师，就要履行教师的职责——即传道授业解惑。

（一）传道——身教重于言教

所谓的"龙生龙，凤生凤，老鼠生来会打洞"并非说的是"王侯将相宁有种乎"，而是说有什么品行的父母就有什么样品行的子女，孩子未来的掌握不是在他手里，而是在他的父母手里。父母的一言一行一举一动无不潜移默化到孩子心里，是孩子的行动指南，不管好坏——不管是花是草，都是"随风潜入夜，润物细无声"。孩子学不好了，人们说"子不教父之过"，这种追责很有道理，因为父母时时都在教孩子——师法自然。

有一个故事是值得借鉴的：从前有一对中年夫妇对年迈的父母很不孝顺，他们把老人撵到一间破旧的小屋里居住，每顿饭用小木碗送残羹剩饭给老人。一天，他们看到自己的儿子在雕刻一块木头，就问孩子刻的是什么，孩子说："刻木碗，等你们年纪大时好用。"这对中年夫妇听了面面相觑，猛然醒悟，忙把自己的父母请回正屋同自己一起居住，扔掉了那只小木碗，再做好吃的就先给老人吃。这个孩子因此也转变了对他们的态度，从此一家三代和睦生活。是啊，这对父母如果不改变自己的做法，坏的影响也会传承下来，老人的今天就是他们的明天。

有的父母认为孩子到学校，学好学不好都是教师的责任，这是不对的。斯宾塞的快乐教育就指出，学校好比是白天，而家庭就是夜晚。不要忘记，夜晚会发生很多看不见的变化。细心观察一下就会发现，种子总是在夜晚发芽，人总是在夜晚长高的啊！孩子是家中的一面镜子，教育孩子也是教育自己的过程，你希望孩子怎样，你自己就应该怎样。从孩子的语言和行为中我们常常可以听到、看到自己的言行。技能是学校的事，而品质则大多来自家庭。心理学研究中曾发现一个现象：酗酒者的孩子长大后，往往会和酗酒者结婚；父母离异的孩子，成人后的婚姻也容易破裂；受父母虐待的孩子，日后也会有虐待行为。孩子是看着父母的背影长大的，对家长的言行举止、处事方式印象非常深刻。

既然最好的教育基地是家庭，那么孩子最好的人生榜样当然是父母。应当说孩子最先崇拜的人是父母，孩子是爱模仿的，首先是模仿父母亲和家人。著名童话作家郑渊洁说得好："家长自己做出成就，是给自己的孩子施加压力的最好方法。孩子会模仿家长走成功的人生之路。家长不成功，却要求孩子成功，等于家长种了土豆非要收获原子弹。"

"家庭教育的秘诀：闭上你的嘴，抬起你的腿，走你的人生路，演示给你的孩子看。所有孩子的模仿力，都比奥斯卡影帝影后出色一千倍。"你今天对孩子喊，就别怪他明天对你叫；你今天对孩子没耐心，就别怪他明天对你不耐烦；你今天训孩子不如别人优秀，就别怪他明天怨你不如别人父母有权势；你处处苛求孩子完美，就别怪他自卑懦弱；你习惯打骂孩子，就别怪他崇尚暴力或奴性十足。

要知道当孩子的崇拜对象从父母身上移开的时候，也是父母身教失败的时候。

研究表明，孩子学习困难，与父母的个性息息相关。如果一个孩子的爸爸有女性化的行为举止，而他的妈妈又比较懒散，那么这个孩子很可能会感到学习困难。

武汉市儿童医院历时 10 年完成的一项研究表明，子女学习困难，与父母个性密切相关。

学习困难是指排除智力因素以外的学习效率低下。据介绍，课题组选取具有代表性的武汉、北京两地普通小学 1 至 5 年级 4000 名学生及其父母，按标准进行筛选对照研究，结果表明，学习困难组的学生，其父亲多较柔弱，情绪不稳定,具有较强的依赖性,比较顺从别人,表现出较为明显的女性化特征;而这些孩子的母亲,则日常行为比较懒散,心理不成熟,难以与人沟通,对孩子不关心。

由于父亲内向、女子气,患有“妻管严”,使其在子女心目中的权威下降,督导孩子学习的效果下降;而母亲比较懒惰、个性粗鲁和易变性,在家强势,则疏于管教孩子,教育方式简单和粗暴。

此外,由于父亲焦虑、易怒、刻板和母亲的偏执、多疑、情绪不稳、粗鲁等不良个性特点,造成夫妻关系不和谐和家庭关系紧张,使家庭环境不良,也会导致儿童学习困难。

据调查,学习困难的儿童,约一半以上成年后存在自尊心低下、伙伴关系不良、人格障碍等各种行为问题,甚至出现犯罪。因此,父母改掉不良个性,不仅有利于自身,也有利于孩子的健康成长。要孩子讲文明礼貌,家长就不能说脏话;要孩子物品用后放回原处,家长更要做到生活上有条有理,东西不能乱扔乱放,如果家长没有良好习惯是不可能培养出孩子的良好习惯的。

附:中学生给父母的14条忠告

1. 不要在教育我们要保护环境的同时,自己却随地吐痰,随手扔垃圾,那样,您也就没有什么资格来说我们了。

2. 不要总说我们是“小兔崽子”,因为从遗传学的角度来说,这对家长是不利的。

3. 不要在家长会过后,总说:“看看别人……”您应该看到,我们已经很努力了。

4. 不要总逼我们去上那该死的补习课、艺术课(除非我们自愿),毕竟,我们是有理想的人。

5. 不要总唠叨个没完,因为那样只能使我们更加“逆反”。

6. 不要告诉我们:“多和好学生接触……”拜托,不要以那该死的分数来衡量别的孩子的好坏。

7. 不要看到我们和异性在一起,就以为是“早恋”,不要把你们大人的“八卦”带到我们的世界。

8. 不要总以为自己是大人,就要我们完全听你的,不听就挨巴掌。武力解决不了问题。

9. 不要总向我们炫耀您过去的“光荣史”，就算您多有成就那也是您的，那份成就能遗传给我们吗？再说了，事实真相我们怎么知道，您好像不大自信！

10. 别以为我们的“暴力行为”来自电视中，相反，正是你们大人的争吵和打架，使我们了解了“暴力”。

11. 不要当众责骂我们，您不要面子，我还要面子呢！

12. 不要对我说：“自己的事情自己干。”那么，为什么每次买烟都要我去买，我又不抽烟。

13. 不要总对做错事的我们发火，您做错了事，我们也没吭声呀。

14. 不要说吃糖对牙齿不好，您看，抽烟也危害健康啊，可每次好心提醒您，您却反说我：“小孩子别管！”那我吃糖，能不能对您说“大人别管”呢？

（二）授业——给孩子一个好的学习环境

从孩子牙牙学语，做父母的都在教孩子知识，教孩子第一首古诗《咏鹅》，教孩子唐诗《春晓》，教他们认识屋里的一切：冰箱、电视、洗衣机，筷子、调羹、碗、床、被子、枕头，门、窗、玻璃……认识1、2、3、4、5、6，1+1=2、1+2=3……认识红、黄、蓝，认识爸爸、妈妈、自己……认识“人”、“大”、“手”……传授生活经验，让他们辨别生活中的美丑……恨不得孩子聪明过人，成为天才。

当孩子进入小学以后，家长在授业上“退居二线”了，虽然这种做法值得商榷，但是有一个共识就是学习环境则变得很重要。

现在父母为了孩子的成长也在学“孟母三迁”，但是这三迁不是邻居的作用，而是择校。为了就近上个好小学，把房子租赁到学校附近，然后好初中、好高中，再而三地“搬迁”，这体现了父母的良苦用心。但这只是学习环境的一部分，是外环境，其实发挥作用的是内环境——学习动机、学习精神。不要认为把孩子送到好学校就可以万事大吉了，其实不然，还要给他们创造学习的小气候，好环境。

现在一些家长往往也忽视孩子的学习环境和家庭环境，就是外环境。平时走访一些学生家庭，不难发现，环境对孩子的学习造成不同程度的影响。孩子年龄小，自制能力差，在学习的过程中往往很容易受外界因素的干扰，家长如果不注意，让孩子在不良的环境中学习，久而久之，就会形成学习分心，做事拖拉的坏习惯。孩子在家里难以专心学习，在课堂上也照样难以专心听课，这给孩子的学习和今后的生活质量都带来负面的影响。

根据心理调查材料证明，7—10岁儿童聚精会神地注意某一事物的平均时间为20分钟，10—12岁儿童为25分钟，12岁以后为30分钟，孩子容易受到无关刺激，吸引其被动的注意力，比如有些父母称自己的孩子作业不做，隔壁邻居唱的歌他却听会了。另外，孩子对新鲜的东西特别感兴趣，好奇和模仿心理，使得略有响声便会分散他做作业的注意力。你想想在家里，父母在与朋友泡茶聊天，旁边的电视里正在播放着电视节目，而孩子在一个角落昏暗的灯光下，一边做作业，一边看电视，一副心不在焉的样子；你听听，在窄小的餐厅里，父亲与朋友的喝酒猜拳声，时刻刺激着房间里学习的孩子的神经，弄得他心神不定，情绪受到影响，难以专心学习；你瞧瞧，冬天里有的孩子在房里学习，家长怕孩子受冷或怕受外界干扰，把门窗都关上，造成室内空气不流通，供氧量不足，引起疲倦，思维反应迟钝，影响学习效率；你说说，家长在孩子写作业的时候玩电脑、网上斗地主，兴致很高，这样的环境孩子能写进去吗？以上的现象现在家庭普遍存在。这样的家庭环境和氛围显然不利于孩子的学习。

由此可知，学习真正的环境是父母给他们造就提供的。我曾遇到这样一个家长，他说为了给孩子造就一个好环境，他们把电视搬到卧室里，不让孩子看电视，每次看电视他们都是关上卧室门的，让孩子在自己的房间里学习，开始很有效，后来有一次他们开开门发现孩子站在凳子上，从门上头的玻璃窗往里看电视，令他们很无奈。

怎样才能让孩子安心做作业呢？

一是给孩子一个属于自己的“小天地”。如果环境条件允许的话，空出一间房来作孩子的书房，让他根据自己的兴趣爱好精心设计自己的“小天地”。在不受干扰的环境里学习，他会更专心。

二是要在家庭中创造一个安静的良好的学习环境。孩子做作业时，父母不要在一旁忙忙碌碌，一会儿打扫卫生，一会儿煲电话粥，甚至看电视，这样会分散孩子的注意力，孩子做作业便会没心思。

三是要让孩子做作业时有良好的情绪。有些父母经常在孩子做作业时就没完没了地唠叨，或指责孩子做得不认真，或催孩子做得快些，或骂孩子今天为什么当“留校生”……这样会干扰孩子的情绪，分散孩子的注意力，使其不能安心做作业。

四是父母身教言教更重要。做父母的，最好能在孩子做作业时，也看看书，读读报，当你认真学习时，孩子自然会模仿你的学习精神，做作业的效率会提高，成绩也会大大进步。

五是还要对孩子的学习进行督导、检查、辅导。

（三）解惑——对孩子要知之为知之，不知为不知

孩子的成长过程就是对世界的认识过程，每天他都能碰到新鲜的事物，这些新鲜的事物会让他感兴趣。带着对未知世界的好奇，他会产生种种疑问向家长提出来，这是他进步的动力，为人父母者，当为孩子的提问击掌赞美，当十分谨慎地妥帖地回答孩子的提问。孩子的提问以及获得比较完好的答案是孩子成长的需要，这是给予孩子的精神食粮，对孩子的健康成长至关重要。自己能解决的就给孩子做好解答，自己解决不了的，要谦虚地让孩子请教邻居、教师、电脑网络等，不能呵斥孩子，在孩子面前装大。老师不是万能的，家长更不是万能的。知之为知之，不知为不知，是知也。这是和孩子一起成长的机会。

有个孩子这样问爸爸："天空为什么是蓝色的？"

看似十分简单的问题，却让爸爸觉得这个问题可是没法回答。他窘了半天，眼珠一转，这样对孩子说："天空是蓝色的，是因为画家太穷，买不起其他的颜色。"

孩子又问："为什么妈妈切洋葱要流泪呢？"

"因为切到手了。"

这又是爸爸的答案，说完还自鸣得意。你说这个父亲这样无厘头的回答是不是在教育孩子要滑头啊？

自己多学习，肯读书，善思考，就能解决孩子很多问题。甚至还要拜孩子为师，因为现在的孩子是站在父辈肩膀上成长的，他们的起点就高，孩子有时候学的知识，父母不一定都会、都懂。有人说，现在一个小学生的知识水平相当于中世纪一个农民的知识水平，一个初中毕业生的学识相当于一个古代秀才的学识是很有道理的。拜孩子为师不是父母没有尊严了，而是让孩子知道能者为师的道理。这不但不会让孩子看不起，还和孩子成为好朋友，成为学友，共同成长。

方方系列故事之六

“是你老公!”

“都说冰糖葫芦儿酸,酸里面它裹着甜;都说冰糖葫芦儿甜,可甜里面它裹着酸;糖葫芦好看它竹签儿穿,象征幸福和团圆。把幸福和团圆连成串,没有愁来没有烦……”这歌声广告一天到晚在熙来攘往的大街上响着,都快成噪音了,行人听了直皱眉头。刘芳一手牵着方方到这里逛,听到冯晓泉的歌声,方方是东张西望仿佛寻找什么。忽然看到卖糖葫芦的小店,他停下脚步,对妈妈说:“我想吃糖葫芦,我想吃糖葫芦。”刘芳看了一眼,说:“糖葫芦不卫生,里面有细菌,吃了会拉肚子。”

“不嘛不嘛,我就要吃。”方方站在那里不走。

刘芳一把扯过来,但是方方撑着不走。刘芳忽然看见不远处书摊前有一个熟悉的身影,抱起方方,说道:“方方你看那是谁?”

方方看了看那背影,又看看了妈妈,眼睛一转,笑着用手指指着妈妈的鼻子大声道:“是你老公!”刘芳感到周围有几个人扭头笑着看她,脸上立时如有两朵红云飘上了两颊,心里有一丝甜蜜,却暗暗骂道:臭小子!

方方挣脱妈妈的怀抱,跑向方才。“爸爸!”他一把抱住方才的腿。“哟,是你,你怎么来了?”方才吓了一跳,放下手里的杂志,惊讶地看着方方。

方方指了指妈妈。

方才看了一眼,躬身去抱方方。

“爸爸,我要吃糖葫芦!”

“好,儿子,我给你买!儿子想吃啥老爸都买”方才抱着方方去买糖葫芦。

“哎——”刘芳想制止也来不及了。

看着方方津津有味地嚼着糖葫芦,刘芳说:“让你爸爸吃一口。”方方将糖葫芦递向方才,方才笑着看了一眼方方,摇摇头。

刘芳悄声对方才说:“让你咬你就咬一口,我们可不惯他从小吃独食,不知道感恩父母。”

大庭广众之下，方才感到老婆的命令执行起来难为情。

方方不管不顾地又吃了起来。

“来，让妈妈咬一个！”刘芳蹲下身对方方说道。

“你不是说糖葫芦里有细菌，吃了会拉肚子吗？”方方说道。“这是我爸爸给我买的，酸酸甜甜真好吃！”

刘芳感觉自己的脸上火辣辣的，哭笑不得。

看着妈妈愣在那里，方方对她说：“想吃，让你老公给你买吧！”

四、和孩子是书友

作为父母，可曾思考过读书能给孩子带来什么？

过去，无数优秀人物用自己的成长经历做了验证；今天，100 多个国家以“让世界每个角落的每一个人都能读到书”的现实选择做了回答。

有这样诗意的语言：从“开卷有益”的古训，到“读万卷书，行万里路”的劝勉；从“热爱书吧，这是知识的源泉”的激情召唤，到“书是人类发出的最美妙的声音”的深情吟唱，人们相信，一切时代的精华尽在书中，书籍是人类共同的财富，是人类进步的阶梯，是时代的生命。读书不能改变人生的长度，但可以拓展人生的宽度，丰富一个人的有限人生。一本好书就像一艘航船带领我们从狭隘的小河驶向生活的广阔海洋，延展生命的有限疆域。在书中成长的孩子是聪慧的，是优秀的。

要让孩子在长大后成为与众不同的人，能考虑他人观点、心胸开阔、拥有和他人讨论伟大想法的能力，热爱阅读是一个必不可少的基础。苏霍姆林斯基说过：“一个不爱阅读的学生，就是一个潜在的差生。”这话虽然是给老师说的，但是对家长也同样是警示，能与书为伴，就可以保证他不学坏。可见，要想让孩子成人成才，阅读是他们必备的工作，也是需要融进他们血液的成分，成为他们人生自然需求的东西。经常阅读的孩子，理解力、悟性都特别强，就是以后孩子上高中、读大学学理科，阅读也对他们的分析力起着非常重要的作用。

以色列的孩子入学的第一课，就是用蜂蜜在干净的石板上写上希伯来字母和简单的《圣经》文句，孩子们一边朗读，一边舔掉石板上的蜂蜜。随后，老师会分给孩子们蛋糕、苹果和核桃——让孩子们一开始就感觉到学习的神圣和知识的“甜蜜”。犹太人的墓园也常放有书本，据说夜深人静的时候，死者会来看这些书的，意思是告诉孩子，生命结束有时，求知却无止境。要想让孩子爱读书、喜读书，最好的办法就是做孩子的书友。

（一）怎样和孩子做书友

和孩子是书友，就要亲子共读——父母和孩子一起读书，在孩子年幼还不识字时，需要父母引领，读书给他听，孩子就会对读书充满向往之情；当他识文断字时，和他共读一本书，共同诵读其中的优美篇章，同读一本适合他们年龄的书，读完交流看法、理解、感悟等，就会和孩子有共同的话题，共同的语言，就能与孩子有心灵上的共鸣，体会文字给他们带来的快乐。家长还可以与孩子表演书中的故事，孩子在不知不觉中就会迷上书，这样和孩子共度一段最好的时光。美国著名教育家吉姆认为，读书给孩子听的作用“仅次于拥抱”，在这种“拥抱”下，激发了孩子的阅读兴趣，丰富了孩子的情感，也密切了亲子关系。家里可以每周组织一次读书会，每个人轮流组织，轮到谁，谁就要给大家读一些好文章。前提是准备的人要提前阅读，从中挑选，这样，家里就有了良好的读书氛围。

外出的时候，最好带上一本书，在公园里，在郊外，在小溪边，在清新的空气里，伴着鸟语花香，孩子能坐在那里，读一读书，那该是多么惬意的事，拍一张这样的照片，那将是多么优美的画面。

每年暑假电视台都要给儿童准备影视大餐，可以让他们利用看名著改编的电视剧的时候，看看那些经典名著。如播电视连续剧《水浒传》时让他们提前看书，就会让一百零八将栩栩如生，在自己的思维空间里具体而丰满；如播电视剧《西游记》可让他们读读原著，感受吴承恩笔下的孙悟空的机智勇敢和反抗精神。现在又要重拍《三国演义》，就趁媒体热炒，让他们读读《三国演义》，让他们的人生长出许多智慧来。看动画片《舒克和贝塔》，再看这部童话，“图文对照”，会感觉文字的神奇，感觉童话世界的美好；看看《中华成语故事》，对成语就能理解得更深，就会使用好它们。

但是现在孩子的阅读有误区。现在不少小孩子特别爱看漫画类书籍，这类书籍有鲜艳的图片、简单的文字，轻松搞笑，比一般书更能吸引孩子。但过多读这类书籍，无形中会滋养儿童阅读浅表化和娱乐化的习惯，而对于那些需要融入自己思考的经典书，少年儿童却提不起兴趣。

究其原因,一是识字滞后发展,孩子没有读书的兴趣;二是影视生活和电脑游戏占去了孩子太多的课余时间;三是教学中教师讲课多,满堂灌,没有指导孩子读书,加之作业负担太重;四是成年人也大多不爱阅读,给了孩子耳濡目染的坏影响。

尤其有些家长仍受着应试教育的影响,急功近利,认为课外书是"闲书",不主张或不允许孩子看课外书,只支持孩子读"作文选"、"参考题解"、"辅导材料"等辅助教学用书,让孩子一味地钻在这类书里,一旦发现孩子在看课外书,或埋怨责骂,或把书没收,或把书撕毁,竭力反对孩子阅读,这是错误的做法。这种少儿阅读出现功利化现象就造成了孩子们的阅读能力、阅读习惯和阅读量低下。下面一个孩子写的文章《妈妈在家从来不让我看课外书》,算是一个佐证。

> 我是从小就喜欢看儿童文学之类的书,可自从升入初中后,我这个爱好就犯了妈妈的大忌。只要我带本儿童文学之类的书回家,一扭头,书就像长腿一样"跑"丢了。我知道是妈妈给搜走了,在妈妈的眼里,看课外书就是不务正业,她眼里的正业就是背英语、做数学题、看参考书。住校后,我就可以大大方方地看我喜爱的儿童文学,不用担心书会失踪。

本来读书能丰富孩子的内心世界,让他感到生活的美好,看世界也会多一些理性,多一些美丽。可是现在这些家长的做法则会让孩子感到生活灰暗和无助。作为父母当孩子的书友,要肩负着把孩子领到阅读之路上来的重任:一是让孩子喜欢阅读,二是教他们学会阅读,三是让读书成为他们的习惯。专家学者都一再强调阅读和写作是通往学习之门,没有养成读书看报习惯的中学生,进入大学后很可能无法理解大学课本。有计划地阅读有益于写作,而写作也有助于锻炼思维。

(二)如今孩子最喜欢哪些书

一家媒体报道说最近的一项儿童阅读调查结果显示,儿童最喜欢看的书籍名列前茅的是:外国经典儿童读物、中国经典儿童读物及科普读物。此项关于儿童阅读状况的问卷调查是在700余名家长及儿童中进行的。在儿童组的问卷中,当问及"你喜欢的图书"时,所回答的图书中,属于外国儿童文学经典的占

21%，属于中国儿童文学经典的占18%，属于中国现当代文学的占14%，属于外国现代儿童文学读物的仅8%左右。

从调查结果可以看出：中外儿童文学经典著作仍然是孩子们最喜欢的读物。科普读物也颇受小读者们的青睐。在孩子们喜欢的图书中，这几类图书累计已占到近60%的份额。

阅读古典名著、童话、经典著作，纯净孩子的精神世界，阅读经典无疑是正确的，“经”为经过、经历（许多时间、考验）；“典”为典范，经典的字面意思就是经过无数考验而流传下来的典范书籍，是人类书籍里真正的精品。阅读经典名著是课外阅读的最高境界，也是一个成熟的阅读者必须经历的一段生命历程。著名学者余秋雨先生认为，幼小的心灵纯净空廓，有经典名著奠基可以激发他们一生的文化向往，温暖他们的心灵，打开他们美好而又人道地感知世界，激发他们心中善良的、温柔的一面。对儿童而言，经典名著并不仅仅是中国的四大名著，也不仅仅是格林和安徒生的童话，它还包括当代甚至是当下一切人们喜爱和推崇的书籍。

（三）怎样的书才算好书呢

“用经典儿童文学为孩子的精神打底色，用优美的童话延长孩子的童年。”别林斯基曾说：“阅读一本不适合自己阅读的书，比不阅读还要坏。”有些青少年正是读了黄色淫秽的坏书而走上邪路的。但是，目前的图书市场良莠不齐，受利益的驱使，一些非法出版物和不健康的书刊屡禁不止。日本人写过一本书叫《完全自杀手册》，发行量很大，人如果看完几天内都会去尝试，还有含色情的“口袋书”等值得家长注意。可是在名目繁多的书海中，让尚未具备辨别能力的小孩子来挑选出适合自己阅读的课外书也实为难事，所以在孩子阅读的过程中，父母要不断教育孩子有选择地读书，过滤掉这些危害孩子健康成长的不健康读物。不光要多读书，更重要的是多读好书。

除了经典，我认为一本真正的好书，一定是愉悦性与教育性的统一，凡是有益于学生身心发展，并且被孩子们乐于接受的都应看作好书。

余承翰曾经是一个让家长、老师都非常头疼的“问题少年”，走了很多弯路，但在面临高考的紧要关头重返校园，做一回勤奋学子，并将自己的反思与经验以文字的形式记录下来，写成《17岁，我走路中央》一书，引起社会的强烈反响。这是一本来自本土高三少年的“自传”，是一部写给两代人的真诚之书，借由该书，家长朋友们可以走进当下青少年的内心世界，并从中得到许多关于家庭教育的忠告，青少年也可以从同龄人的文字中得到许多对自己成长大有裨益的新鲜思想、成功经验。在书中他提供了一套个人认为适合孩子成长的读书方案，可供家长朋友参考借鉴。

学前时期(1—6岁)：以插图类科普读物为主，推荐《世界动物大图集》、《地理博物馆》；以图画版童话故事为辅，推荐《安徒生童话》、《伊索寓言》；另外有两本书对孩子一生的成长会有很大助益，就是凝聚了儒家智慧的《三字经》和《弟子规》。

小学时期(6—12岁)：以缩写世界名著为主，一到四年级推荐《一年级大个子二年级小个子》、《小布头奇遇记》、《洋葱头历险记》、《舒克和贝塔》、《爱的教育》、《天方夜谭》、《钢铁是怎样炼成的》、《鲁滨孙漂流记》、《格列佛游记》、《童年》、《格林童话》、《昆虫记》、《十万个为什么》、《老人与海》、《简·爱》、《宝岛》、《圣经故事》；五、六年级推荐《巴黎圣母院》、《悲惨世界》、《飘》、《斯巴达克思》、《福尔摩斯》、《呼啸山庄》、《海底两万里》、《假如给我三天光明》、《尼尔斯骑鹅旅行记》；以诗歌散文为辅，推荐《唐诗三百首》以及冰心、巴金、徐志摩、普希金的作品。

漫画不是不可以看的，只要父母把关，也可以看看有名的漫画书，在幽默直观中感悟人生，如比利时埃尔热的《丁丁历险记》、中国张乐平的《三毛流浪记》、日本臼井仪人的《蜡笔小新》、德国卜劳恩的《父与子》、中国猫小乐的《阿衰》等，这就为以后他们自主择书，自由阅读打下坚实的基础。

可以让孩子在学校自费订阅一些不同阶段的报纸，读读《读者》、《青年文摘》、《特别关注》、《演讲与口才》等著名期刊。

附：家长要正确引导孩子阅读检测题

有这样10道题目，检测父母对孩子阅读的心态理念是否正确。你认为是正确的回答“对”，错误的回答“错”，测一测你的观念是否正确。

1. 学习教孩子读书，如同学习经商挣钱一样费心。(　)

2. 阅读时一目多行，对一般孩子来说是不可能的。(　)

3. 读书不是轻松的事情，必须吃苦，不要企图享受。(　)

4. 孩子不想读书，所以不会读书。( )

5. 孩子读书的兴趣变来变去，这样非常不好。( )

6. 在家教孩子读书，只是孩子在教室接受教育的延续。( )

7. 考试成绩好，才是孩子成长、有个好前途的关键，课外阅读只是一种补充而已。( )

8. 对崇拜歌星球星、不喜欢读书的孩子，一个好办法就是贬低他所崇拜的对象，转移他的注意力。( )

9. 为了使孩子全面发展，要尽量满足他买课外书的要求，多多益善。( )

10. 经常参与孩子的课外阅读是有必要的。( )

答案是1—9题为“错”，第10题为“对”。如果你能全部回答正确，你称得上是指导孩子读书的行家。否则，很遗憾，你在辅导孩子读书的理念和具体做法上，都存在一些问题。

笔者随机共挑选了30位年轻的家长测试这10道题目，结果，只有1位家长全部回答正确，多遗憾啊！

五、和孩子是学友

什么是学友？百度上是这样解释的：学友即在一起共同学习、读书的人，是指学习上的朋友；在同学中感情较深并建立了友谊的学生、学员对同伴的称呼。它不同于一般的同学，它的圈子是在学生和学员中，有学习情感交往的人。

很多实例证明了沉浸到学习中的孩子，能感觉到学习的快乐，体验到动脑筋带来的甜头；沉不下去的孩子，对学习感到枯燥、困难。要知道现在绝大多数孩子的智商处在一个档次，“天才”与“愚蠢者”只是极少数，真是悟性慢半拍的孩子，“笨鸟先行”，也“勤能补拙”。在孩子的学习上做父母的不能是看客，认为大人的任务是工作挣钱，孩子的任务就是学习；也不能是拉拉队员，对孩子的学习就是鼓与呼；更不能是牧羊人，让吆喝和鞭策伴着孩子的学习生活。做父母的蹲下身子和孩子一起学习吧，和孩子成为学友，简单易行，通过这一过程，其实就是告诉孩子，学习是一种幸福，学习是人生的信仰。

做孩子的学友就是关注孩子的学习,他们在学校就会很认真,很专心,那种把孩子送到学校在学习上觉得自己万事大吉的思想是不正确,也是不负责任的,因为孩子的学习既靠老师教,也靠父母督促,单靠一方面的力会失衡的。

我教的一个在小学很优秀的学生,他早其他孩子一年上学,上学自然很是吃力,他妈妈下很大功夫每晚陪他一起做作业,一起读课文,有问题请教老师,她感叹说,我的孩子上了个一年级,我也上了个一年级,真是不容易啊。孩子虽小后来还是上路了。

其实每天腾出十分钟、半个小时和孩子做学友,在指定时间内和孩子一起比赛背课文、背古诗,就会点燃孩子学习的激情,培养他们的竞争意识。例如五分钟背会《朝发白帝城》,十分钟会背《五彩池》课文里自己喜欢的段落,父母都能做到。当孩子做数学题的时候,他用一种算法,你用另一种算法,孩子对数学题会更有兴趣。

朋友是需要帮助的,不是代替思考的。现在有的孩子遇到问题就问,根本不想动脑子,这个倾向一定得注意,因为久而久之,他就会有依赖思想。对于学习上遇到的问题,既鼓励他们"不耻下问",也要鼓励他们"跳一跳摘桃子",而不是直接给答案,关键是告诉他们算理、方法而不是代替他们思考,代替他们做作业。有的孩子作业父母替做,甚至替写作文,这种做法是错误的,这不是爱孩子,是在毁孩子 ,试想孩子人生路上,做父母的能替孩子一辈子思考问题吗？看下面一个例子。

媒体报道茅盾文学奖得主麦家为生病的儿子代写了一篇作文,结果得到76分,是这位小学四年级学生的"史上最低分"。于是,许多批评家在媒体上向那位敢于给"大作家作文"判低分的小学教师质问:"茅盾文学奖得主的作文水平不及小学生?"

《成都商报》报道,麦家爆此"猛料"的初衷,是要呼吁改变小学作文教育的应试指向,要让学生"写性情作文","让孩子说想说的话"。呼吁作文教学"让孩子说想说的话",可说是挖到当代作文教育的病根上了,因为人云亦云、谎话连篇不仅是当代学生作文的通病,实际上也是当今成人文章的通病。一个作家难道不懂得文如其人,做文先做人吗？可悲的是,麦家身为作家,却不是言传身教,培养孩子诚实做人,而是"代儿子写作文",把弄虚作假作为“父爱”传授给儿子。

有人看了这个报道，说道：如果我是那位小学教师，我会给麦家这篇代儿子写的作文零分。我的评分理由是：第一，弄虚作假；第二，作文跑题；第三，童真全无，小学生儿子居然“写出”大作家父亲的文字。

当孩子学习上出现错误，一定让他分析错的原因，而不是批评、训斥，用“你不操心”等来“替”孩子开脱。其实数学式子题出错可以用马虎、不仔细、没有检查作为注脚，但是应用题、证明题等就不能以此为理由，要分析解题思路上的症结。

督促孩子预习，和孩子一起查找相关资料，就能拓宽孩子的视野；复习相互提问，“教学相长”，孩子就会巩固所学的知识。其实一直跟着孩子学习，就能发现知识链接、规律，就能发现孩子思维在哪儿打住了，帮他越过障碍，并为自己以后的辅导不走弯路打下基础。有的家长小学低年级不辅导，等孩子上高年级了，想辅导又辅导不了，关键是没有“跟踪学习”，因为孩子学习的知识是一环套一环的。找他人辅导自己的孩子，既花了钱，也浪费了孩子的时间，还是推脱责任的缘由，因为家长是孩子最好的辅导老师。

其实孩子能学会的知识，家长也能学会。在电子琴才进入中国的时候，我认识的一个家长，是一个效益一般的厂子的工人，他孩子跟着一个老师学电子琴，他就在旁边看，回来后，孩子弹，他也弹，孩子学会了，他也学会了。当孩子练琴的时候，他就在旁边听、看，能指出她指法的错误，指出她演奏时音的时值准不准，孩子就不敢懈怠，练得很认真，很早就“闻名”全校了，他后来曾和别人组成乐队参加过演出。你看，孩子把她父亲也带出名堂来了。

在做学友时莫忘“儿童不宜”。不少幼儿园、小学教师感慨：现在小孩子知道的事特别多，而好多又是他们本不该知道的。的确，由于信息时代的强大优势，一些孩子过早地接受了一些纯属“不宜”的负面信息。据报载，一家长为考验孩子的计算能力，竟出题：一位先生洗脚花了 200 元，桑拿用了 500 元，一共用了多少钱？如此“贴近生活”的循循善诱，不知将把孩子智力开发到何等地步？真是令人瞠目结舌。

孩子的心灵洁白如纸，一旦蒙受不良影响，将造成终身隐患。为了呵护童心，请“手下留情”。

方方系列故事之七

当 爸 爸

星期天，方才和刘芳决定带孩子方方到动物园里去玩。这可是方方最喜欢去的地方，为此他已经给妈妈说了几次，想去看看大猩猩，看看猴山的猴子，还有笨笨的企鹅。

这天早上，吃完早餐，刘芳给方方穿戴一新，方才穿好外套，穿上皮鞋，准备开门，刘芳要抱上方方走，方方却摇摇头，摆摆手。

刘芳不知道方方什么意思，就说："宝贝，怎么不走了呢？现在可是去动物园呢，你想去的地方。"

方才也疑惑不解，说："走啊，儿子，爸爸今天让你看猴子看个够，还让你和鸵鸟合个影。"说完，举起挂在脖子的相机，对准方方做出照相的姿势。

方方说："去动物园我有个条件。"

"条件？"方才觉得这个词从方方嘴里说出来，感到好笑，也感到惊讶，什么时候他知道了这个词。

"上动物园也是你想去的，我和你爸爸都答应了，你还提什么条件？"刘芳感到不理解。

"买糖葫芦？爸爸给你买两串！"方才知道方方爱吃糖葫芦，公园门口有卖糖葫芦的，单对准小孩子。

方方摇摇头。

"是不是想坐'飞机'？开开'小火车'？妈妈会让你尽兴的。"刘芳问道。儿童娱乐场有"旋转木马"、"阿拉伯飞毯"、"旋转飞机"、"猴子抬轿"、"疯狂老鼠"、"小火车"……孩子们看完动物，家长都要带他们到娱乐场玩一番。

方方说："不是！"

"那是什么？"刘芳和方才都问道。

方方伸手示意刘芳，对她要说说悄悄话。

刘芳把方方抱到餐桌上，方方小声对她说："让我爸爸喊我一声'爸爸’,我就去动物园。”

刘芳一听,“忒”的一声笑了,她对方才大声说道:“儿子让你喊一声‘爸爸’他就去动物园。”

“什么?”方才简直不相信自己的耳朵,这小兔崽子,怎么能有这样的想法呢?

“小兔崽子怎么能这样想呢?”方才有些恼怒。

“他是小兔崽子,你是什么?你是中兔崽子,你老爸是老兔崽子,我就是母兔子了,你这样骂人,推算一下,不是骂自己吗?怎能这样教育孩子呢?”刘芳脸上露出愠怒。

“对不起,对不起,我这是口不择言。”方才觉得这是小事,赶紧道歉。“照你的推算,我问他喊爸爸,他就是你丈夫,我是你们的儿子,这于情于理说不通啊。”

“这又不是真的,你喊他一声能少块肉?大丈夫能屈能伸,就这个小事都难住你了,你以后还怎么发展呢?在你领导面前,有多少时候都需要你夹起尾巴做人,给人家当孙子,问人家的孩子喊爸爸。”刘芳继续说道,“你说你做过这样的事没有?其实那些事比这事难多了你也做了,我想起来了,就说你上次给你们科长的儿子擦屁股的事,和咱孩子一般大,把屎拉在你们办公室,你第一个跑去给人家擦,谁知一用力,餐巾纸擦烂了,擦你一手粪便,你也没说臭……”

“别提了,中不中?”方才一提这个事就泄气,好像被攥着小辫子一样,难堪!

“一提这事你就蔫了吧,你就喊一个,又没有别人,又不坏你萝卜葱,你不像真的成了他的儿子?你还是他爸爸,这是永远的事。如果他让我问他喊妈妈,我就问他喊,只要他开心。可是他是男孩,不是女孩!以后他要当爸爸,又不是当妈妈,这是他的角色意识!”刘芳开导他道。

“儿子,我问你,是先有爸爸我呢,还是先有儿子你?”方才想出办法问道。

“在妈妈生了我以后,你才成了爸爸,当然是先有我!”方方理直气壮一本正经地说。

刘芳听了,笑得直不起腰。

方才听了也真是百口莫辩，哭笑不得，他转念一想，老婆都没当回事儿，我又何必呢？越描越黑，抓紧速度，喊一个就当逗他玩的。可是话到嘴边还是喊不出来。看着方方等待的样子，他真想给他一大耳刮子。转念一想，孩子毕竟还是孩子，他知道什么？于是他下定决心，排除万难，十分用力，好半天从嗓子眼里总算挤出一个词“爸爸”。

“你爸爸喊了了，走吧。”刘芳听后说道。

“我没听见！”方方说，“重喊！”

看着方才难为情的样子，刘芳说：“已经喊了，你就大声喊一下怕啥了！”

“好好，我就大声喊一下。”方才觉得这一会儿就像董存瑞舍身炸碉堡一样，猛地一拉导火索：“爸爸——”

“哎——，方才，儿子，我的宝贝蛋！”方方高兴地跳起来，“我当爸爸了，我当爸爸了！儿子，以后我要挣很多钱给你买好吃的，买好穿的，过年也给你压岁钱……”

方才耷拉着头，像斗败了的公鸡，满脸讪讪，感觉在老婆面前直不起腰，刘芳看着笑了，说道：“走，上动物园！”

“走！”方方让方才抱着走出家门。

六、和孩子是文友

做父母的都希望自己的孩子文采飞扬，写得一手锦绣文章。要想提高孩子的写作水平，需要家长参与，协同写作，做孩子对文学有共同爱好的友人，也就是文友。这需要从孩子写作文做起。作文是孩子语文综合能力的体现，叶圣陶老先生说过：“阅读是吸收，写作是倾吐。”一个人的水平如何，关键是他的内涵如何，而体现他内涵的是他“肚里有没有墨水”，有“墨水”并表达出来，这样的人才能称为“才子”。我们都希望自己的孩子成为才子，需要从孩子写第一篇作文就开始关注他。

父母和孩子在一起写作文对孩子作文水平的提高具有重要意义。这里所说的“写作文”不仅仅是拿起笔在纸上写，更多的是和孩子共同参与生活体验。

首先，父母要多给孩子提供动手实践的机会。美国一家研究机构曾经推荐，10岁以前的孩子应该做好“捏泥团，采集青蛙卵，制作香水，在院子挖个洞穴，用手和脚作画，参加一次探险，在院子里露营，做一个风筝，种菜”等32件事，并且告诫父母一定要让孩子多做，因为只有丰富的生活经历才能孕育出丰富的想象力和创造力，为写作积累素材。这个建议的核心是要让孩子参与生活，在生活中写“大作文”。有这样一个报道《儿子作文乱虚构，母亲阅卷被吓晕》的例子，这就说明孩子的生活经验单一，写起作文胡编乱造，净是“纸上谈兵”。

长春某小学女教师在批阅试卷时，看到自己的亲生儿子作文的第一句话“我母亲在我3岁那年就去世了……”时，晕倒在阅卷场。

几日前，她作为阅卷老师无意中批改到自己儿子的试卷（试卷为密封卷，由于自己非常熟悉儿子的字体而认出了孩子的试卷），而且作文题目为《记我身边一位最难忘的人》。她非常兴奋，因为考前她为在该校四年级读书的儿子辅导了类似的作文。

当她满怀信心，开始阅读儿子的作文时，就被第一句话“我母亲在我3岁那年就去世了……”惊呆了，然后，她便感到体力不支，晕倒在地。

之后，记者找到这位小学生，他却不以为然地告诉记者：文章的开头、结尾都是他背下来的，甚至文中还有许多语句，都是从某本作文选“借鉴”来的。

其次，也就是我们通常所说的狭义写作。父母要和孩子一起写作，一起讨论，组织结构，斟酌字句，从而逐步提高孩子遣词造句的能力，激发孩子写作的兴趣，感觉作文就是写自己的经历、思想。做孩子的文友可从以下几方面做起。

让孩子写作前说一说怎样构思，怎样写，就能促进孩子掌握表达的方法，这是孩子写作水平提高的重要手段。我记得自己上小学的时候，写一次劳动的作文，不知道怎么写，父亲告诉我既要写劳动场面，也要具体写一个人的劳动情景——干活的动作、说的什么话、他会怎么想等。我写完以后，老师当范文在班里念，自己当时的高兴劲就不用说了，也记住了写活动的基本方法——点面结合，由概括到具体，并且屡试不爽。我现在出版有长篇小说，著有四五本书，这里面有老师的功劳，老爸的启蒙更是功不可没。

让他们读自己的作文给父母听，这是提高他们修改能力的好途径。做父母的听听他们的习作，给他们提提意见，就能提高他们遣词造句的水平，他们就会修改自己的作品。唐代诗人白居易字乐天，自号香山居士，是杜甫之后，唐朝的又一杰出的现实主义诗人，是唐代诗人中作品最多的一个。他做诗有一个特点，那就是每做一首必先"读于老妇听"，只有街边的老婆婆听懂了才能通过，否则就要改。也因缘于此，白居易的诗作在民间流传颇多。

现在可以利用互联网，和孩子共同写博客，写日记，写童话，也会使孩子感受生活的美好，是引导他们正确使用网络的手段，他们的写作水平就会在写的过程中提高。

要鼓励孩子的习作发表——让他们当着客人的面诵读自己的好作品，鼓励孩子向有关报纸杂志投稿等。如果发表，把这样的喜讯告诉自己的亲朋好友，共同分享孩子成功的快乐，这样孩子就会从写作中找到自信，学会表达，他们的写作兴趣会很高，对他们写作水平提高会很有帮助，从而为自主表达打下良好的基础。

我们看看下面孩子的一篇文章《为什么我的家长不相信我?》所反映的反面例子。

平时，我很尊敬我的父母，因为他们疼我、爱我、关心我。可是有一件事使我彻底改变了对他们的看法。我甚至想到过如果填测验表时，在"你所尊敬的人"那一栏，把他们排在最后一位。

我爱写作文，昨天，我写了一篇《妈妈的生日》，因为还没有修改，所以毛病很多。爸爸却急着要看我的作文。出于尊敬，我让爸爸看了，爸爸给我挑出了许多毛病。

第二天，下了一场雪。我十分喜欢冬天，当然就更喜欢雪，所以触景生情，在中午回家的时候凭借我的灵感写了一篇作文，题目为《雪》。文中我运用了丰富的词汇，恰当的比喻和联想，把它和我以前的作文相比，总觉得进步了很多。我把这可喜的成绩告诉了爸爸，并把我的作文给爸爸读了一遍。我原以为，写一篇好作文家长是会很高兴的，可没想到，爸爸竟不顾我的自尊心，狠狠地训了我一顿，还打了我一记耳光。

"你的作文水平我知道，昨天写的作文我又不是没看过，跑到这来蒙我,你以为你爸我是三岁小孩呀！什么都相信你?”

他的一席话,使我的心凉了半截,他在我心中的地位也一落千丈。我简直不敢相信这是真的,便不由自主地落下泪来。

爸爸非但不安慰我,还骂得更凶了,说:“你委屈啥？你以为你委屈我就可怜你呀！想美事……”

到这会儿了,我也只好为自己申辩:“我没抄!”

爸爸说:“什么？你没抄,你没抄是我抄的呀？好吧,你给我背一遍,背下来了我就说你不是抄的！自己写的作文总不会忘记吧?”

我无话可讲。爸爸说:“你背呀！你背呀！哼,滚,我不想看见你!”

这下,我的心全凉了,这番话,如锤头一般狠狠地砸在我的心上,在我的心灵上留下了永久的创伤。我万万没有想到,爸爸竟会说出这番话。

我真不明白,为什么家长不相信我们,为什么他们要挫伤我们的心呢?

方方系列故事之八

教　骂　人

方才网上斗地主,本来打算这一轮打完就退出,可是当“地主”“报警后”,胜算在握,最后却“挨了一炸”,心里甚是不爽,随口骂了一句:“大那个蛋。”

接刘芳指令的方方正屁颠屁颠跑来喊方才吃饭,听爸爸这样一说,学道:“大那个蛋,快吃饭。”方才听了哭笑不得。

刘芳一听,被雷翻了,重复道:“大那个蛋,快吃饭。”方才听老婆这么一说,感觉在孩子面前有失尊严,有些懊恼了:“你大那个蛋!”

刘芳一听,有些不快,回敬道:“你大那个蛋。”

方方不管他们,又道:“你大那个蛋,快吃饭!”两人一听,都又乐了,“家庭之火”熄灭了,赶紧吃饭。

吃饭时,刘芳问方才为什么骂人,方才说:“TMD,最后‘挨一炸’,倒霉！随口来了一句。”

方方耍酷道:“TMD,倒霉!”稚嫩的声音,让方才、刘芳两个人只想喷饭,他们感觉太有趣了。

吃完饭,忽然电话响了,方方大声喊道:“TMD,电话。”方才示意方方看谁的电话,只听方方拿起电话,说道:“大那个蛋,谁呀?”

刘芳一听,笑得直不起腰。方才却感到不好意思,一把夺过电话,问道:“喂,哪位?”

只听电话那边一阵呵斥:“谁,你大那个蛋,老子的声音也听不出来了。看你们把方方都教成什么样了!”原来是方方的爷爷,老爷子发火了。方才一脸窘相,忙不迭地说好话。

刘芳见此情景,知道是方方爷爷的电话,笑得眼泪都流出来了。

放下电话,方才恶狠狠地说:“大那个蛋,以后你不准说了。”

“好,我以后不说你大那个蛋,只说 TMD。”方方看着方才说道。

“TMD 以后也不准说,听见没有小屁孩?”方才瞪着方方。

“听见了,老屁孩!”方方说着跑向刘芳。

看着方才愠怒的样子,刘芳笑道:“其实孩子会骂人不是什么坏事,你看邻居小柳家的孩子是个‘老面蛋’,听别人说句坏话,脸红得跟扇过一样。别的小孩骂他了,不会还嘴,只会说我没骂你,你骂我干什么?给人一副软弱可欺的印象。再看同是我们小区里,郑耀文的儿子,可不得了,敢和大人对骂,上一次他把章明家的花盆碰倒了,章明老婆骂他,日你妈,抢着死去哩!你猜他怎么着?他一点也不示弱,回敬道,我日你奶!我碰倒你花盆了,怎么着吧?满嘴污言秽语,要多难听有多难听。呵呵,回击得章明老婆一蹦三丈高!他可只有十来岁啊。你看你的口头禅相比较还不算是骂人的话。”

“是啊,现实生活中这些现象总不能以吃亏为荣!该骂还是骂,不会骂人的人不是一个成熟的人,但是得分一分场合,在家里,在老师跟前不能骂人。”方才听了老婆一席话,为刚才教训儿子倒有些懊悔了,生怕孩子以后不会骂人了。

“文明礼貌我们还得讲,谦谦君子彬彬有礼的形象固然重要,但是我们没有理由不让孩子不会骂人,尤其是男孩子,骂人显得他是男子汉!再说孩子一上学他基本上不骂人,有老师管着,他不敢随便骂人。”刘芳道,“长大他自会有分寸。”

“谁招惹他了，欺负他了，骂人也是自卫武器。对付粗俗之人，需要以牙还牙，以暴制暴。骂人也是他们人生的经历，没有这样的经历，他们的人生是不完整的！”方才道。

过了两天，方才和刘芳正看电视，忽然听到：“他大那个蛋，我的雷欧奥特曼到哪里了？”原来方方正翻箱倒柜找他的玩具。两人听了，相视一笑。

七、和孩子是工友

十来岁的孩子不会系鞋带、系扣子，不会整理文具，甚至还要和父母睡在一张床上，这样的事例比比皆是，十分常见，这在一个安全、舒适的小圈子里生活相对容易。但是离开这个环境，离开家庭的怀抱，他们将寸步难行。

有位家长说，我女儿住校，每个周末都拿回一大包脏衣服，连内衣、袜子都要带回家让我给洗；如果孩子哪个周末不回家，我就得把干净衣服给她送去。孩子学习紧张，住宿条件也有限，所以我觉得帮孩子洗衣服是我的职责，但孩子的爸爸却觉得这是溺爱孩子，经常出面制止，惹得孩子哭鼻子。对此，我很烦恼。

作为家长要明白，想让孩子具有全球视野，一流城市优秀的领导者、成功者，而学术成绩优秀但生活技能很差的学生是不够格的，是淘汰品，因此一定要让孩子学会自力更生。

教育家苏霍姆林斯基断定，一个不爱劳动的，不知汗水和疲劳是什么的孩子是不可能全面成长的。他著有一本《给儿子的信》，书中的22封信都是写给他远在外省寄宿学校念书的儿子的，他在信中叮嘱最多的不是生活起居，甚至也不是读书，却是劳动。在信中，他说：“孩子，你要永远铭记在心：通过艰苦劳动获得欢乐，是培养良心的强大力量。”

哈佛大学曾对456名孩子跟踪研究了20年，这些孩子被分为两类，爱做家务的和不爱做家务的。20年后，他们失业比例是1∶15，犯罪比例是1∶10，爱做家务的人比不爱做的收入高20%。而且，爱做家务的孩子成年后离婚率低，心理也很健康。大量事实表明，不论知识水平、家庭背景、经济收入如何，种族肤色如何，凡是从小喜欢做家务、热爱劳动的人到了中年后往往特别能干，工作成就大，生活也很美满。凡是从小就好吃懒做、不爱劳动的人，长大了多不能吃苦，独立自谋能力差，工作成绩平平。

我国学生不会做家务的已司空见惯。前不久，一份关于各国中小学生每日劳动时间的统计显示：美国 72 分钟，泰国 66 分钟，韩国 42 分钟，法国 36 分钟，英国 30 分钟，中国只有 12 分钟。我国城镇中小学生大约有 50% 不参加或每天只参加 10 分钟的家务劳动，大多数独生子女从未做过或者很少做。

何以至此？是孩子太懒、家长娇惯还是另有原因？我们应该如何看待孩子做家务？家务劳动是让孩子受累的苦差事还是他们体验幸福感的一种方式？父母该怎样引导，才能让孩子乐于做家务呢？

我们应该像抓“早期智力开发”一样来抓早期劳动教育。

孩子四五岁时，是做家务的最佳培养期。这个年龄的孩子喜欢模仿，看到家长整理房间、洗衣服、洗菜做饭，会产生神秘感和浓厚兴趣，很愿意参与其中。如果这时父母趁热打铁，让孩子当小帮手，学习洗内衣、袜子等，随着年龄的增长，孩子就可以循序渐进地帮家长做更多的事，像洗碗、扫地、叠衣服、叠被子等等。时间长了，孩子自然就把做家务当成自己生活的一部分。

但是，不少家长不理解孩子的这种生理需要，认为孩子小，不能干这些事，或者担心他笨手笨脚，伤着自己或弄脏了衣服，这样不仅严重地挫伤孩子做家务的积极性，还容易使孩子产生误解，家务活与我无关。久而久之，家长觉得该让孩子做些力所能及的家务时，孩子却因为活动范围的扩大，以及关注的事情越来越多，对家务更没兴趣了。

因此，父母从孩提起就应该为孩子创造一种环境和条件，对孩子进行早期劳动训练，让孩子做力所能及的事情，让孩子生成一双勤劳的手，使其终身受益。

下面这是从前我写的一篇家教文章，现在看还是有一定积极意义的，有参考价值，就收到此书里，以飨家长朋友，希望能够引起家长朋友足够的重视——不能忽视孩子在成长过程中必不可少的非常重要的最基本的生活技能和自我管理技能。

劳动给孩子的优势

少年时代养成的劳动习惯，恰似一笔资本，它会使今后人生的各个阶段都有所收益。家庭是学校劳动教育的大后方，家长能根据孩子的年龄特点、身体特点和学校提出的具体要求，给予劳动锻炼的机会，督促和指导孩子参加必要的劳动实践，将会给孩子自身带来许多优势。

一、劳动有助于孩子优秀品德的形成。

必要的家务劳动能使孩子体会到劳动的甘苦、劳动的滋味，设身处地替父母着想，珍惜父母的辛勤成果，养成勤俭节约，心中有他人的好品质。“望子成龙”的前提是“使子成人”。别林斯基说：“使自己的孩子成为人这最神圣的义务，落在父母身上，只是落在父母身上。”做家长的只有清楚地认识到这一点，对孩子进行劳动教育，培养其优秀品质，才会使民族进步的使命、家业兴旺的希望不致落空。

二、劳动有助于孩子智力的发展

劳动本身就是看、问、听、记、学、思、做的综合反映，经常劳动的孩子，他的观察能力、思考能力、记忆能力都能得到很好的开发。詹天佑能成为杰出的爱国工程师是从儿时勤动手开始的；安徒生就是有儿时卖火柴的辛酸感受，才会有惊世骇俗的名篇《卖火柴的小女孩》；刑芬若没有光脚背柴的童年，举重世界冠军会与她无缘。有句成语叫“心灵手巧”，如今说来是手巧促心灵。科学家的研究表明，爱动手也爱动脑，其智力水平高于不爱动手的孩子，因为动手能促进大脑的发育。有学生写作文把洗碗的过程写成是“一洗一洗”洗好的，表达能力如此，劳动实践能力可见一斑了。

三、劳动有助于孩子非智力因素的培养。

现在家庭教育一般都忽视劳动教育，担心劳动会耽误学习，就包揽了本属于孩子应有的那份劳动，等同于剥夺孩子劳动的权利，使孩子八九岁不会去蛋壳，十二三岁父母还要为其端水洗脚等，使责任感、兴趣、习惯、毅力等非智力因素和孩子保持距离。其实非智力因素需要从劳动中获得。例如，孩子会炒鸡蛋，写作文“第一次……时”，他就不觉得作文难，顺理成章写成功，不仅激发了其写作兴趣，而且激发了其劳动的兴趣，现在日本、美国等发达国家在孩子们野营时,不给现成的食物,而让孩子们带着生食品,让他们吃自己做的食物,以锻炼他们战胜困难的毅力,因为劳动具有人生的奠基作用。

四、劳动能使孩子与父母心理上平等。

"小皇帝"、"小公主"称谓的由来就可以说明不能劳动、没劳动机会已经造成孩子心理上与父母的不平等性,认为劳动是父母的义务,与自己毫不相关,自己该享受,由此导致孩子心理的畸形发展。家长若善于运用"心理换位法"设身处地为孩子着想,从他们的年龄特征、心理特征出发,做到真正理解、尊重孩子,如此方会取得教育孩子的主动权,使自己正直严谨的工作、生活作风,熏陶渐染着自己的孩子,使他们从小养成诚实勤恳、坚韧不拔的心理品质。

此外,劳动还可丰富孩子的课余生活,从"学校上课——家庭做作业"两点一线上解脱出来,改变单调乏味的生活。

父母本身对做家务的态度要端正,勿让孩子从父母的言行、举止察觉出做家务是件令人讨厌的事情。此外,夫妻俩对家务的分工要妥善安排,免得孩子产生"做家务是女孩的事情"的错误观念,应让孩子有正确认识,"家"是属于每个人的,所以屋里的每一件事,大家都有义务去做。

当然,劳动技巧是需要教的,家长要有足够的耐心手把手教,还不能独立劳动的时候,就合作起来。当孩子会做家务的时候,就让他独立起来。大人收拾大人的房间,叠自己的被子;孩子收拾自己的房间,叠自己的被子,他就慢慢走向了独立。让他当一次家,买菜、做饭、买日用品,让他知道"不当家不知道柴米油盐贵"。下面这篇文章是家长为培养孩子的劳动意识教儿子种蒜苗写的一篇文章,值得家长朋友读一读。

冬天,我那6岁的儿子最爱吃的蔬菜就是蒜苗:蒜苗炒鸡蛋、蒜苗炒肉、蒜苗猪肉水饺……说也奇怪,怎么吃也吃不厌,如有几天不买蒜苗,他就催促:"爸妈,我好想吃蒜苗炒鸡蛋。"

我想,儿子既然爱吃蒜苗,也该让他懂得一些关于蒜苗的知识,有一天中午,刚吃完蒜苗炒肉,我问他:"儿子,你知道蒜苗是怎么来的吗?"儿子回答:“从菜市场买来的。”我又问:“菜市场的蒜苗又是哪来的?”儿子说:“幼儿园老师说过,粮食和蔬菜是农民伯伯用汗水浇出来的。”我给他讲了栽种蒜苗的整个过程,说:“我们也来种蒜苗怎么样?”儿子皱眉说:“我们家住楼房,没有土地,往哪种呀?”我说:“我们可以在花盆里栽种。”儿子一听,眉开眼笑,从阳台上搬来闲置的4个花盆,然后一头一头地剥蒜瓣,而后我教他把蒜瓣儿密密麻麻地插入土中,浇足水,放在暖气片上的窗台上。

几天后,蒜苗拱出土层,绿油油的长得很壮。儿子很关心他种的蒜苗,每天早晨醒来,第一眼就是要看蒜苗又长高了多少。他那眼神,那专注的神态,除了看动画片外是从来没有过的。他问我:“我种的蒜苗怎么是绿色的呀?”我告诉他,绿色是阳光照射的缘故,所以叫蒜苗,而蒜黄生长在阴暗的地方,因为没有阳光照射,才是黄色的。

一天夜晚,天气很冷,又赶上暖气锅炉发生故障,房间温度已降至零度。儿子担心地问:“蒜苗要冻坏的,这可怎么办?”我说,蒜苗耐寒,但冷了也不利于生长。我找来几个塑料袋套在花盆上,又用剪刀在塑料袋上铰开一个洞,并告诉他,蒜苗也是有生命的,和人一样也需要呼吸。

20天后,蒜苗长到一尺多高了,我对儿子说:“我们家的蒜苗可以收获了,今天中午就用你种的蒜苗包饺子。”儿子用剪刀小心翼翼地一根一根将蒜苗剪下来,扎成捆,又找出弹簧秤一称,竟有一公斤多呢!

儿子将水灵灵的“果实”抱在胸前,格外激动地说:“这蒜苗长得多好!我真舍不得吃它。”

我为孩子懂得珍惜劳动果实而高兴。

八、和孩子是棋友

现在国际上有一种比赛活动,属非奥运会项目,开始称为智力运动,包括国际象棋、桥牌、围棋、国际跳棋、象棋等比赛,现在可以这样说,智力运动“源于体力而驾驭体力”,伴随着人类文明的出现和发展演化成一种高级的文化资产,成为人类智慧的精彩演绎和完美结晶。智力运动作为一种娱乐休闲活动,在世界各国都有其深厚的历史渊源。《孟子·告子上》记载,战国时期就有:“弈秋,通国之善弈者也。”可见两千多年前，智力运动在中国已经相当普及。

这些项目作为家长或多或少都参与过，都能体会到看似轻松的对局却蕴含着无穷的变化和人类文化的精髓。让孩子投身智力运动，能够达到启迪智慧、陶冶情操、追求身心和谐的完美意境。

棋类最能体现人与人之间的平等。作为博弈对方，也就是甲乙双方，可以称为对手，开始的资源是一样的，也是公开透明的，对局的时候靠的是实力，靠的是智慧，不是靠的地位、权威来进行的。你厉害吧，你是家长吧，在棋盘上厉害吗？想让我服你，除非你赢了我。其实孩子也能把你击败，今天击不败你，有明天，明天不行有后天。

说到这里，不用多说，让孩子学会棋类，可以开发孩子智力。我记得我刚上初一的时候，教我们数学的老师叫水普慈，是个数学名师，“文革”时候被打倒过，恢复工作以后，成为我们的数学老师，课余常问同学们谁会下象棋，他对家长们说，有空让孩子下下象棋，因为会下象棋的孩子都聪明，都能学好数学。这话是很有道理的。作为父母，让孩子学一学这些，不一定让孩子去争取所谓的世界冠军，但是孩子的智力可以得到开发，心绪少些浮躁。就说中国象棋吧，象征着一段历史，每下一次都不会和前面的套路相同，不是十局九不同，而是十局十不同，也就是说没有完全相同的两盘棋，每局都会有新的走法。经常下不但让你胸有全局，而且渐渐你会高瞻远瞩——下一步，想到后面的两步、三步，判断对方会有什么反应等。当然，胜负不是最重要的，关键就看哪一步可以力挽狂澜，就看哪一步可以妙手回春，这个过程给人带来无穷的乐趣。

有的家长说，我不会围棋，怎么办？但是你可以让孩子跟别人学，学来以后，教你，这样孩子就会有更深的思考。有些内容简单，如跳棋，家长一看就会，就可以和孩子对弈，即使有的项目自己不会，但是可以和孩子同时学，看谁更用心，看谁的进步大，这样就会和孩子成为棋友。何况独生子女有了棋艺，平时没人切磋，水平是很难提高的。

有时学习之余，和孩子下两盘，国际象棋不行，就来围棋，围棋不行就来象棋，象棋不行就来跳棋，跳棋不行了就来军棋，也会使孩子换换脑筋，不让孩子死读书，读死书，就会让孩子体会生活的快乐。

方方系列故事之九

爱　谁

“方方长得像我！”“方方长得像我！”方才和刘芳在卧室里幸福地争执着，“方方有我身上很多优点：帅气、聪明、稳重……”方才沾沾自喜道。“方方人见人爱，花见花开，车见车爆胎，智慧的化身，人间的天使……”刘芳有些洋洋自得。

“到底是夸方方还是自夸呢？酸！你过时了，让外人听见不笑掉大牙？”“我在自己屋里夸，夸自己也好，夸儿子也好，开心最好！我有资本。又没说给别人听，你少咸吃萝卜淡操心。不想听了滚出去！”

“什么资本，还不是‘地肥种子好’？还不是你怀孕的时候，我给你照顾得好，你心情好，孩子取的是咱俩的优点？”

“呸，你好吃懒做，睡觉不爱脱衣裳，上床不洗脚；吃饭啧啧响，好像饿三晌；当众不是挖耳就是抠鼻孔，墙上到处抹鼻精；裤子拉链老是忘拉上，好像对外要开放；内衣常穿反，省水能多穿几天。领导吃菜你转桌，领导来牌你自摸……”

“好了，好了，人家的一点毛病你记得清，你说得还一套一套，人有缺点才会有优点，没有优点也不会有缺点，这就是辩证法的对立统一。孩子是我的，他的血管里流淌着我的性格，我的脾气，我的优点，他是我生命的延续，他就是我！”

“开玩笑，你要知道，他是我的心头肉，他离我的心最近，最懂我的心，他最爱我。”刘芳说道。

“笑话，我平时亲方方胜过世上任何人，他在我心里排第一，在你之前，我相信我在儿子心目中也排第一。”方才几乎要拍着胸脯，对天发誓一般。

“那好吧，我们假装吵一架，看看方方跟谁一帮儿。”刘芳提议道。

“好，我们现在就试试，看儿子跟谁走得近。”方才踌躇满志地答应道，似乎稳操胜券。两人商量一番，如此这般这般。

“爸爸、妈妈你们在干什么？”方方正看着动画片，忽听一阵争吵声从卧室里传出,就放下遥控器,赶紧跑到卧室里,看到的场面令他吃了一惊。“爸爸、妈妈你们在干什么?”

“小宝,你先出去,妈妈正和爸爸吵架呢。”刘芳说道。

“宝宝,你妈不像话,她经常下班不急着回家给咱们做饭,做的饭也不好吃,不是咸了,就是淡了,在家工作不认真,敷衍了事,不是个称职的妈妈。”方才满脸怒气,叉着腰说道。

“胡说,我整天忙完工作还要买菜,还有做饭,你还挑肥拣瘦。”刘芳满腹委屈。

“你的职责就是为我和宝宝服务,服务好是你人生的宗旨! 男人都是做大事业的,女人就应该做饭。”

“呸,我不是这个家的带资保姆,凭什么你不做饭,要我做饭。”

方方看看爸爸,又看看妈妈;看看妈妈,又看看爸爸,想说但是又说不出口,一副欲言又止、手足无措的样子。

“你不做饭,谁做饭? 嗯——”方才大怒。

“谁愿意做谁做,我从今以后不做了!”刘芳不甘示弱。

“你做也得做,不做也得做,不信你还翻天了呢!”方才挥挥拳头,一副武力镇压的样子。

“咋,你还想打人啊。你打个试试!”刘芳高声高调,马上要声嘶力竭了。

“打你了,你看看我就打你了,你看我怎么不敢打你!”方才跳过去,只听“啪”的一声响,刘芳抱着脸哭了起来。方才好像还不解气,又推了一把,刘芳一个趔趄,坐在床上,但是她很快起来,对准方才又掐又打,撕抓起来。

“不可理喻!”方才挣扎着,把刘芳推倒在床上,自己气咻咻地坐在客厅里方方的小塑料凳子上。

刘芳在床上哭着骂着。

“哎哟——”只听方才一声痛苦的叫喊,刘芳赶紧跑出卧室一看,大吃一惊:方方拿着夹煤的火钳正瞪着眼睛看着方才。一股鲜血流了方才一脸——方方跑到厨房里,拿起火钳突然狠狠地砸在了爸爸的头上。

“你怎么打爸爸呢?”刘芳责问方方道。

“他欺负你，我为你报仇。”方方说得斩钉截铁，但是他不解地看着母亲，刚才她受爸爸的欺负，又是哭又是闹，怎么没有眼泪呢？“我是男子汉，我要保护你。”

刘芳又好笑又好气又心疼地说：“你这样保护妈妈，不要爸爸了？”方方抿着嘴，不置可否。

方才却说道：“唉，想不到，想不到，会是这样一个结果。”身心都是痛苦万状。

“怎么给孩子解释呢？”刘芳给方才用酒洗脸——家里没有酒精，她把上次招待客人剩的半瓶酒拿来给他擦伤口。

“别解释了，别解释了，以后可别当着方方的面吵架了。”方才看了一眼又开始看动画片的方方无奈地说道。

“我们这样做，他会以暴制暴。”刘芳说道，这次演出很逼真，但是结果出乎他们的意料。他们也不再说方方爱谁了，这可是方方四岁的事。

九、做孩子的画友

因为现在的孩子是看着图画书、动画片长大的，所以孩子在成长过程中，都有涂鸦的经历。

其实他们对世界认识、心中情感的最早书面表达也就是画画，就是信手涂鸦，这是他们的表达方式之一，其余还有语言、文字、音乐等表达方式。他们喜欢在家里的墙壁上、院子里的墙壁上用脏手、用小脚丫，或拿起大人的笔、大人给自己的彩笔进行涂画，画个小人，画只小狗，画朵小花等，或是自己的铅笔、圆珠笔等歪歪扭扭地写上“特惠热卖妈妈”等，这些内容或是新奇，或是表现，或是恶作剧，或是幽默，不管画得像不像，十分幼稚，甚至是拙笨，在大人看来似乎都接受不了，花几万甚至十多万装修的墙让他们涂得不像样子，于是就呵斥他们，甚至是拳脚相加，使他们“守规矩”，不乱涂乱画，虽然屋内装修得到保全，但是多一条家规就会扼杀他们想象的一片天，甚至是“谋杀”了一位天才画家，为以后他们的叛逆留下了伏笔。要知道顾虑太多，平坦的路他也会走得哆哆嗦嗦。

其实游戏性的涂鸦是儿童自己的创意，折射的是他们真实的内心世界；而凡是以成人意志为主导的简笔画、卡通画和临摹画等，都不能流露出儿童内心世界的秘密。有一个小女孩画卡通很棒，卡通人物，线条、颜色都正常，但她画的所有人物都是没耳朵的。有专家分析说，这样画说明她心理上有些抗拒家长命令式的话语。而人物又是侧面像，一定程度上还表明孩子不够自信。这个看似简单的事情，提醒家长看到这样的画要注意和孩子平等交流，才能让孩子精神上获得力量。

做孩子的画友！作为父母要早早帮他们认识色彩，给他们买好画纸，准备好画笔，准备好小本子，无论是孩子在家里，在学校，或者和父母旅游，都可以用联想法加场景去记录场景的片断，而这种记录，就是珍贵的视觉日记，让他明白，身边的一切都是创作的源泉，没有美术基础也可以自由画画。这是孩子成为“艺术家”的重要训练方法。

不让孩子在客厅或爸爸办公室墙上画画，你可以在墙上挂上大幅画纸，让孩子创作。这时的孩子会充分发挥想象，尽情挥洒、涂画，使房间看起来就像一座真正的画廊，画前父母可以问问他想画什么，小动物、花草树木、故事里的人物等都可以画，鼓励他们画好，画后问问画的什么，看看他们对想象力的表达。征得他们同意，也可以帮他们修改。把他们的每一幅画都注上时间保存好，适时给他们举办“家庭画展”，欣赏支持孩子，鼓舞孩子，他们就会从简单到复杂，从写实到抽象丰富自己的表达，对于个人成长又多了一条情绪宣泄、思想表达的途径，有可能培养出一位画家，有可能是中国的毕加索，也有可能是又一位齐白石，还有可能是一幅画能拍卖一千多万的黄永玉呢。

做父母的也可以和孩子合作画画，比赛画画，当孩子的模特，教他们怎样取景，买来画册进行欣赏，比较中国画和西方画。把家里装修的初衷告诉孩子，这也是艺术熏陶，使他们感受生活之美，感受美的生活对自己、对家庭有多么重要。

方方系列故事之十

遇见强手

“在幼儿园谁欺负你你打他。”方才经常在对方方入园前进行培训，

"有理不怕死，无理死不怕。东风吹，战鼓擂，当今社会谁怕谁？"

刘芳每次送儿子都要说："要记着听老师的话。"

一天，他们接方方到家，方方有点闷闷不乐。

刘芳看出来了，就问方方今天有什么不高兴的事，问半天，方方才嗫嚅道："妈妈，刘明奇今天睡觉把他的臭袜子扔到我的被子上。"

"什么？你对老师说了吗？"

"老师说，睡觉的时候不准说话，不准告状。"

方方幼儿园是"寝办合一"，睡觉时候学习桌挪过去，摞着的床摆一溜在地上。

"如果他再扔，你告诉老师。"刘芳说。

又一天下午放学，方方说刘明奇睡觉时把臭袜子又扔到他被子上了。

刘芳说："人恶人怕天不怕，人善人欺天不欺，但把冷眼观螃蟹，看它横行到几时。告诉老师，离他远一点。"

"躲避会是办法？是螃蟹把它钳子折断！揍他，把他打怕了，他就老实了。"方才一听，手直痒痒，"不要啥事都要想着警察，有时候按制度规则办事不一定能办好。所以自己的事还是自己办，儿子，遇到这样的事不能只想着有老师会处理的，一次行，两次、三次呢？"

"我听老师说，这个家伙人高马大，有多动症，手狂气，方方不是他对手。"刘芳说道。

"你不会把他的臭袜子扔回去？"方才为儿子的善良感到无奈。

"扔过去就要打架了。"

"儿子，我再说一遍，你可要记清了，什么事都不要只想着老师，你要学会自己处理，如果他再扔你床上，你给他扔到垃圾桶里。"方才提高了声调说，"对待君子得有君子的手段，对付无赖得用无赖的手段。"

"好！"方方虽然没有全听懂爸爸话的意思，但是对爸爸的这个办法觉得很有趣，很自然地长出了一口气。

又过了两天，方方的老师告诉接儿子的刘芳说："今天，你儿子可忒胆大了，说是要小便，竟然把刘明奇的袜子扔到了厕所里，让这家伙哭了一个中午，大家都没有睡好。"

"是吗？方方竟敢做出这样的事？回去我一定好好收拾收拾他。"刘芳接到儿子，大拇指伸向他，方方那高兴劲儿像凯旋的将军。

十、与孩子是勤俭室友

一次到一位朋友家里，我问他八岁的掌上明珠琳琳，你知道你爸爸挣的钱从哪里来的吗？琳琳骄傲地告诉我，我爸爸的钱是银行给的！想什么时候取就什么时候取！哈，这个答案让我的嘴张得很大，半天合不拢，好像银行是她们家开的。据调查，现在的孩子认为父母的钱都是银行发的，想取多少取多少的不在少数。

毋庸赘言，不管穷家还是富家都把孩子看得很重，都以让他们吃得好，穿得好，用得好当作对孩子的爱。可是这些在蜜罐里长大的孩子根本就不知道父辈的艰苦，不珍惜家长的劳动成果，从小就表现出“一掷千金”、“挥金如土”的“豪迈气概”，铺张浪费的现象越来越严重。

中国有句俗语叫富不过三代，这就是因为父辈没有对下一代进行勤俭节约教育。艰辛创业的父辈，他们不想让自己的孩子再过自己不堪回首的过去，对他们是有求必应，于是不知道金钱都是血汗和智慧换来的后代，花钱如流水，敢铤而走险，敢赌，因此上一代创造的财富就是金山银山也不够他们挥霍。国内相当一部分先富起来的人，不断闹出大搞奢侈之风的丑闻，他们忘记了老祖宗的古训——历览前贤国与家，成有勤俭败由奢！这句话是说勤俭节约意味着成功，铺张浪费意味着失败。这是唐代著名诗人李商隐在总结唐朝盛世走向衰败的历史教训时写下的警世名言。

艰苦朴素、勤俭节约是我们人类社会的美德。古今中外，无论是发达国家，还是发展中国家，都将艰苦朴素作为一种美德发扬光大。联合国专门把10月31日设立为世界“勤俭日”，也就是提醒并要求人们在新世纪仍然要坚持艰苦朴素、勤俭节约的美德。我们看德国总理出国访问是怎么勤俭节约的。

2009年8月28日，德国总理安格拉·默克尔结束了在南京的访问，住的是索菲特银河大酒店的普通套房，并且坚持和一般客人一样去7楼锦绣西餐厅吃自助早餐。吃早饭时,意外发生了:默克尔在拿食物时,一不小心把麦片面包掉在地上,她不让赶过来的餐饮经理帮忙,而是自己将面包捡起。一个细节,一个国家领导人再次给我们做出了节俭、朴实生活的好榜样。

默克尔虽是国家领导人,却把节俭生活作风原原本本地示范给了我们。她住的面积只有70多平方米的普通套房。一晚售价不到1800元,只有总统套房的1/20!按照我们大部分人惯有的逻辑,总统套房由国家首脑入住当然是最合适的,堂堂一国的总理,应该不会在乎区区几万元。报道中提到,德国方面预订酒店的人员在看了普通套房后,连声说"条件已经足够好了",而默克尔自己对入住普通套房也没什么异议。由此看来,默克尔总理出访入住普通房间已经成习惯。

"谁知盘中餐,粒粒皆辛苦。"自古以来,勤俭节约就是我们中华民族的传统美德。从前在农村,春节经常看到这样一副对联"勤是摇钱树,俭是聚宝盆",说的道理很形象。

亚洲首富李嘉诚很注意对儿子的早期教育,他严格要求儿子艰苦朴素、不讲排场,要他们注意树立自己事业上的信誉,恪守承诺,而且他要儿子为别人着想、不贪图小利、勤劳肯干、务实奉献。

李嘉诚并不认为名牌的货品一定是高成本制造出来,更不认为名牌可以提高个人的身份和地位。

他认为,几百元的日本表,只要耐用准时,同几万元的贵价表并无分别,多花钱就是浪费,所以,他现在戴的仍然是几百元的日本手表。

他还告诉朋友,他现在穿的皮鞋,已经穿了七年,仍然没有抛弃,他还说,他穿的皮鞋,其实是塑胶面料的假皮,外表乌亮,不必经常搽鞋油,也可洁亮如新。漆胶面鞋比较焗脚,李嘉诚就选大一号的鞋,解决焗脚的问题。实用始终是李嘉诚的消费原则。

李嘉诚添了一个男孙,有人问他如何庆祝,李嘉诚并没有豪华庆祝,他说:"只是在家里加两碟庆祝。"体现了知悭识俭,自奉节约的美德。

孩子“穷养”非常重要,尤其是男孩子,古人云“穷养男,富养女”就很有道理。所谓的“穷养”就是教育孩子要勤俭节约,家长要有这方面的意识、这方面的思想,要言传身教,做好榜样。小钱不知省,大钱将滥花。吃饭挑肥拣瘦,不想在家吃饭,光想下馆子,衣服一季几套,车没开两年就要换,这种浪费的意念会在孩子幼小的心灵里生根发芽。要知道长江后浪推前浪,一代更比一代强,他们铺张浪费会更胜父辈一筹。就是无论家境多好,家长都要“劳其筋骨”,让他们从小就明白赚钱的艰辛,让他们体验什么叫报酬,钱不是弯腰拾来的,不能伸手就有钱花。让他们懂得要生活得好,就必须努力读书、发奋图强。

教育是需要把握机会的,就和孩子一起做勤俭的室友吧,让孩子知道自己的工作,了解自己的辛苦,感受挣钱的不易,让他们知道勤俭节约是一种感恩。该在孩子面前装穷就装穷,尤其不能把自己大把赚钱的事当着孩子的面炫耀,要让他们知道有钱没钱一样可以过得幸福。给他们讲勤俭节约的故事,让他们记一些勤俭节约的名言。

让他们管好自己的零花钱、压岁钱,聚沙成塔,崇尚节约,而不是一律“没收”,这也是平等的表现,让他们用这些钱买书,买文具,这也是培养他们独立的意志品格。

就是孩子自己没有“小金库”,他们伸手要钱,只要“消费”合理就及时给他们钱。回来后要让他报账,“亲兄弟明算账”,该回收的回收,该让他存起来的,就的存到储蓄罐里存起来,明明白白消费,防止“贪污”现象的滋生。

教育孩子勤俭节约还是一种爱心表现——把旧报纸、作业本等卖掉,帮家庭贫困的同学,把旧图书捐给边远山区没有课外书读物的小朋友,这也是勤俭节约。

方方系列故事之十一

六 一 礼 物

“妈妈,今年六一你可以陪我去公园吗?”“宝宝,妈妈很忙,六一让爷爷奶奶陪你去,好不好?”刘芳忽然想到快到六一了。

方方听妈妈这么一说,不再吱声了。虽然,刘芳很想陪儿子过六一,可是六一星期五，不是周末，怎么能陪儿子呢？方才这一段时间也经常加班，也顾不上陪方方，方方只能由他爷爷奶奶帮着带。

方方奶奶对刘芳说："六一节，你请一天假，陪陪方方吧。"

刘芳一听，连忙说："您说得倒轻松，请一天假，多少钱呀？现在我鼓足了劲儿，努力地工作，只想经济情况改善了，才能让方方有好的生活条件，将来才能够拥有幸福。"方方奶奶听后，叹了口气："钻到钱眼儿里去了！幸福到哪里了？幼儿园老师打电话到家里来了，你知道孩子在幼儿园许了什么愿望吗？他说了，他最大的愿望，就是希望妈妈陪陪他。"

再看方方，一个人在一边孤独地玩着玩具。自从上幼儿园后，这孩子现在不是一个人玩玩具，就是一个人看动画片。刘芳想起一个情景：她问方方："宝宝，你在幼儿园开不开心啊？""妈妈不接我放学，我就不开心。"她在心里却对自己说，孩子的话只是说着玩的，他这么小，又懂得什么呢？

回顾了这一幕，刘芳心里一颤，于是她走过去，蹲下身来，轻声问方方："宝宝，六一想要什么礼物？'赛车'还是'变形金刚'？"方方搂着刘芳的脖子说："妈妈，我想要你六一陪陪我，咱们俩一起去公园，你再给我买一个大大的棉花糖。"

刘芳一听，心里一颤，紧紧地抱着方方，对他说："妈妈六一一定陪你去公园，爸爸也一起陪你去，好不好？"方方脸上洋溢着幸福，开心地说："好呀，爸爸妈妈要陪我去公园，陪我去草地上玩游戏喽！"

于是刘芳给方才打电话，叫他早点回家。一家人商量着去公园的行程。看着方方的笑脸，他们感觉到，孩子最需要的就是父母的陪伴，陪伴是孩子节日最好的礼物。刘芳对方才说："孩子的童年只有一次，我们不要因为自己的忙碌，给孩子的童年留下遗憾。"方才点点头说："以后不管多忙，都尽量抽时间陪陪他。"

十一、做孩子的琴友

家长朋友，你知道什么叫知音吗？你是孩子的知音吗？

知音的原意是指能听得懂对方的音乐表达，后来遂以"知音"比喻对自己非常了解的人，是知己朋友。

作为父母应当是孩子的知音，知子莫如父，知女莫若母，父母是孩子知音的最佳选择。回归“知音”本意，如果孩子凭自己的爱好或凭父母的引导，喜欢上弹钢琴，喜欢上吹奏萨克斯，喜欢上拉二胡，喜欢上弹吉他，孩子弹奏的曲子家长听得懂，这才能成为孩子的知音，对孩子的“专业”发展实现“专业引领”，成为“内行领导”。也就是说作为家长，孩子学习器乐，自己也要懂得一二或者学会个皮毛，这样孩子才会进步。让孩子学乐器的父母现在还有一个理由：美国堪萨斯大学研究人员的一项研究发现，小时候曾经练过钢琴、笛子、单簧管等乐器的老人在智力测试中成绩高于其他老人。乐器练习的时间越长，这种收益就越大。研究人员指出，学习乐器是一种挑战认知的练习，会使大脑更好地应对由于衰老导致的智力等减退问题。也就是说，小时学乐器，大脑终生受益。

我们都知道外行领导内行不行，为什么不行呢？因为外行很容易犯不懂装懂、瞎指挥的毛病，外行管内行，只会越管越忙。

有的家庭省吃俭用花一万多买了架钢琴，每月花很多学费找名师让孩子学，最终钢琴成为家里的装饰品，家长只会感叹自己的孩子不是这块料，感慨自己不懂音乐，五音不全，孩子继承的基因里缺少这根筋。其实家长不懂音乐不能算是理由，关键孩子在老师那里一周学习两小时，其余需要全在家练习，他练习得好坏，家长听不出来，只听得“咚咚”作响，看着孩子每天在家都练了。在孩子学琴的起始阶段，作为家长要成为孩子的“同学”，简单的东西孩子能学会，家长也能学会，只有家长成为“内行”，对孩子“教学相长”，“真人面前不说假话”，孩子才会学好琴、练好琴。

在这一点上我也有教训。我的大儿子李灏舸原来跟着一个社会办的萨克斯班学萨克斯，我都是在星期日把他送到学习的地方，并负责接回，平时也没注意，并且陪他参加了他们的考级——事先规定两个曲目，每个曲目都是吹奏十来个小节就行了，也还没有觉得什么不对，甚至觉得他很棒。后来小学五年级在学校庆六一节目独奏表演中，竟然出现吹错、断音的问题。我是懂音乐的，学了三年，找了两个老师还吹成这样，我很是生气，下来后，当了一次“狼爸”，狠狠地尅了他一顿，也触及了他的灵魂，使他认识到“问题很严重”。我反思自己一下，发现他学萨克斯一是没有了解老师是怎么要求的，二是平时也没有督促，三是他练习的时候没有注意他吹奏的音准、音高、时值等问题。真是白白浪费了三年工夫，让我懊悔不已。后来老师再教他的时候，我坐在旁边看着、听着、记着，辅导老师教他的时候也等于教我。回家再练习的时候，我也读读谱，给他打节奏，让他把关键的地方反复吹奏，他的进步才快起来。后来他练琴只要我坐在那里陪他，他都会认真，很长的乐曲不看谱都能很快演奏下来。

当然，孩子适合不适合学琴、学音乐，还是先做好判断，可以减少盲目。"老鹰飞得高，兔子跑得快，每个孩子的强项不同，作为孩子的父母要善于发现孩子的天赋密码。"譬如让孩子学钢琴可以从下面观察孩子是否合适学：一是孩子注意力是否能集中至少10—20分钟，二是听到旋律优美的音乐时，孩子是否翩翩起舞，或者随着音乐哼唱，三是看到别人弹琴是否模仿，四是家里有没有陪练。如果这些基本条件能够达到，可以让孩子学钢琴。

琴瑟和谐。作为家长，如果听得懂孩子的演奏，打节拍为孩子伴奏，为孩子伴唱，或者能和孩子一起合奏——弹钢琴四手联弹，孩子拉二胡你吹笛子，孩子练习就不会感到单调、枯燥，你不但会成为孩子学琴上的知音，也会成为他生活上的知音——有着"相同的节奏唱着同样的歌"走四方！

方方系列故事之十二

歪 儿 子

方才亲叔的准女婿施恩从部队回来探亲，方花带着施恩一起看望方才的爸妈。

屋里只有方方和奶奶在屋里，见到他俩，方花很亲热地给施恩介绍两个人，介绍方方时说："这是我侄儿子。"方方瞪着眼睛看着施恩不言语。施恩一把抱住方方显示亲热，方花拿出好吃的，说道："这是你叔叔买的！叫叔叔。"方方喊声："叔叔！"也不客气地拿起旺旺仙贝就吃。

来了客人当然要做点好吃的，方方奶奶就和方花下楼去中心市场买菜去了，临走方方奶奶对方方说："方方，做个小主人，招待好客人啊。"方方玩着积塑没说话。

屋里剩下施恩和方方，施恩看了一会儿电视，觉得没意思，就去逗方方。

“方方,我的侄儿子!”施恩抚了抚方方的头发说道。

“歪儿子!”方方歪头看了一眼施恩。

“侄儿子!”施恩一听笑了,又逗方方。

“歪儿子!”方方爽快地纠正。

“为什么是歪儿子?”施恩感到莫名其妙。

“因为我不是你直儿子嘛。”方方解释道。

“好好,歪儿子。”施恩想了想,说:“这样吧,你喊我一声姑父,我给你一元钱。”他想当姑父,不想当叔叔。当然这要靠婚礼来解决,可是他现在想找找当姑父的感觉。

方方眼睛骨碌碌地转了转,说道:“你把钱拿出来。”

施恩拿出一元钱,笑着说:“你喊吧,歪儿子。”

“骨头!”方方故意道。

“不对,是姑父!”施恩认为方方没听清。

“姑父!”

“哎,歪儿子,给一元钱。”施恩讲诚信把钱给了方方,“你再喊一声,我还给你一元钱。”施恩此时感到当上姑父的感觉比当叔叔的感觉舒服多了。

“姑父!”方方一元钱到手了,又问,“你还有没有钱了。”

施恩一掏口袋,没一元零钱了,掏出一张 5 元的,说:“你喊五声,我给你五元钱。”

方方不同意,说:“你那是一张钱,只能喊一声。”他还不知道 5 元钱与 1 元钱的区别,只感到颜色不同,纸张大了一点。

“好好,一张一声。”施恩答应道,他知道钱最后还是自己的,“你喊。”

“姑父!”一张五元钱到手了。

“姑父!”一张十元钱到手了。

“姑父!”一张五十元钱到手了。

钱没有了,施恩继续逗方方,掏出口袋里的钢笔。

“姑父!”施恩的手表也交到了方方手里。

他再掏口袋时,除了脏兮兮的破手绢已无他物,可是方方还笑吟吟地看着他。

“你没东西了吧?”方方判断道。

“嗯,等你小姑回来,我问她要钱给你。”

“这样吧,你问我喊一声姑父,我给你一张钱!”

“什么?”施恩一听目瞪口呆,这臭小子,怎么还逗我呢?竟让我问他喊姑父!即使屋里没有他人,他脸上也感到窘得像炝锅鲤鱼,期期艾艾:“这……”

十二、和孩子是驴友

一看到“驴友”,有的家长心里会不痛快,虽然驴子能驮能背,吃苦耐劳,但是毕竟是畜生,李老师把父母与子女的关系这样比喻是不是骂人的?其实“驴友”一词源自网络,“驴友”最初由新浪旅游论坛传出,“驴”是旅游的“旅”的谐音,泛指参加旅游、自助游的朋友。看到这里,你会明白,我这里说的就是“旅友”了。

现在国人最具代表性,让人宠辱皆忘的娱乐项目莫过于旅游。旅游对于修身养性、开阔视野、增长知识、锻炼身体起到很好的作用。但是家长不想陪孩子旅游,理由有很多:工作太忙,没时间陪孩子出去玩;带孩子太麻烦,担心孩子不适应外面的环境;孩子太小,什么都不懂,等孩子大一些再说。笔者却认为,虽然孩子还小,但父母应该尽可能多地陪孩子一起旅游。其实,在一起旅游的过程中,父母和孩子的收获远比我们想象的多!

和孩子一起旅游,孩子会非常高兴的,结伴而游不管是自助游、还是随旅行社,就是旅友的关系。怎样让旅游增进父母与孩子的情感,发挥旅游的作用,这里面有很多学问。记得前两年我们带着孩子到杭州旅游,孩子十来岁了,到飞来峰给他们讲飞来峰他们竟然木然,在灵隐寺门口说什么也不进去,对济公的故事、康熙题的匾统统不理,对冷泉亭内的对联“泉自几时冷起,峰从何处飞来”也了无兴趣,弟兄俩倒是对导游的蓝色小旗十分感兴趣,一会儿你拿来挥一挥,一会儿我夺过来举一举,十分开心,乐此不疲。让我和他们妈妈感觉游兴大减——我们此行的目的,就是让他们见识见识。回家后我就总结这次旅游失败的教训:旅游前期工作没有做好!如果在旅游前让他们了解了解济公的故事,看看济公的电视剧，让他们知道康熙给灵隐寺题匾的趣闻，给他们读读王安石的诗《登飞来峰》——“飞来峰上千寻塔，闻说鸡鸣见日升。不畏浮云遮望眼，只缘身在最高层”，他们肯定对此行充满了期待，收获会满载而归的。后来在初中他们学习王安石这首诗时，我对他俩说，我们曾经站在飞来峰的山脚下啊，他们说一点印象也没有，只是知道曾经站在灵隐寺门口，让我遗憾不已。

不过现在旅游有个特点，有人总结就是“上车睡觉，下车尿尿，到了景点忙拍照，回去一问啥也不知道”，作为家长一定要避免这种无效旅游在孩子身上出现。

旅游带给孩子的，不只是沿途的风景、各种新鲜的人和事，还有孩子想象力的自由驰骋、认知范畴的对外延伸、和父母共同探索未知世界的愉悦体验。因此父母应该经常抽时间带孩子去旅游，在旅游中加深和孩子之间的亲密情感，也让孩子的身心在旅游中得到成长和发展。

带孩子出去旅游要做到：一是去的地方让孩子感兴趣，一家人走之前查询、查找旅游目的地的资料如气候、风土人情、有关传说等，互相交流交流，看看在中国版图上的位置，会增加孩子对旅游的兴趣，开阔他们的视野，增加他们的知识，学以致用。小学课本上有很多课文《南京长江大桥》、《长城》、《人民大会堂》、《五彩池》、《三峡之秋》、泰山上的《挑山工》等，通过实地旅游参观，让他们感受文字的魅力，感受想象与实际的差别，使他们学会观察，体会写文章材料的取舍。兴趣是最好的老师，有了前期的工作，孩子就不会跑空腿的；二是说好孩子要不怕苦不怕累，孩子小了还要告诉他爬山也要自己爬，不能让家长背，让家长抱，紧跟大人不掉队，锻炼自己的意志，学会独立。三是切记出去不要提什么写作上的条件，外出就是让孩子在轻松中认识世界，触发感受的，切莫告诉孩子出去就给他提供作文素材了，让他拿上笔记本，到一个地方记录一个地方的景色，这会让孩子心里添堵，不但对旅游缺少兴趣，对写作也再无感觉。所谓的触景生情，是孩子有这种经历，适时的时候自然就会表达出来，就会写成游记，写成日记，写成课堂作文，写成博文的。

下面这篇文章《爬天都峰》说的就是一个小朋友旅游的事。

假日里，爸爸带我去黄山，爬天都峰。

我站在天都峰脚下抬头望：啊，峰顶这么高，在云彩上面哩！我爬得上去吗？再看看笔陡的石级，石级边上的铁链，似乎是从天上挂下来的，真叫人发颤！

忽然听到背后有人叫我："小朋友，你也来爬天都峰？"

我回头一看，是一位白发苍苍的老爷爷，年纪比我爷爷还大哩！我不再犹豫，点点头，仰起脸，问："老爷爷，您也来爬天都峰？"

老爷爷也点点头："对，咱们一起爬吧！"

我奋力向峰顶爬去，一会儿攀着铁链上，一会儿手脚并用向上爬，像小猴子一样……

爬呀爬，我和老爷爷，还有爸爸，终于都爬上了天都峰顶。

在鲫鱼背前，爸爸给我和老爷爷照了一张相，留作纪念。老爷爷拉拉我的小辫子，笑呵呵地说："谢谢你啦，小朋友。要不是你的勇气鼓舞我，我还下不了决心哩！现在居然爬上来了！"

"不，老爷爷，我是看您也要爬天都峰，才有勇气向上爬的！我应该谢谢您！"

爸爸听了，笑着说："你们这一老一小真有意思，都会从别人身上汲取力量！"

如果有的地方家长去过，有意再带孩子去，家长还要做导游，当向导，孩子身上就会有无穷的动力，满心的向往。

此外，路上尽量不让孩子听到荤笑话，荤谜素猜等内容，以免污染孩子视听；让孩子把礼貌用语好好派上用场，注意讲究卫生等。

方方系列故事之十三

吻

星期天，刘芳带方方到公园里玩，公园里很热闹。情侣也特别多。他们大部分都依偎在人工湖上的廊桥上。

方才感叹道，"这里真是动物园啊！"

方方说："这明明是公园嘛，怎么是动物园？"

刘芳不解地看了一眼方才，方才得意地解释：“这里鸳鸯多啊。”

刘芳还是没弄明白：“哪来的鸳鸯。”

“你们看，这情侣不是鸳鸯吗？”

刘芳这才恍然大悟。

“什么是鸳鸯？”方方听了，疑惑不解地问。

“鸳鸯是一对鸟儿。”刘芳说。

方方站在人工湖的桥上看半天说：“我怎么没看见一只鸟儿呢？”

方才这才意识到自己的幽默儿子不会理解。他说：“从前这里有很多鸟儿，都飞走了。”

刘芳白了一下方才，“看你怎样收场，耍啥小聪明呢？什么话都当着儿子的面说。”

方方道：“都飞走了？一只也没有了？我要看看鸳鸯，我要看看鸳鸯。”

“好好，我们一会儿到动物园里看鸟儿。”方才赶紧说道，生怕这家伙再闹出笑话来，让自己难堪。

他们赶紧离开人工湖，往一个假山走去。

突然间，他们听到方方说：“快看，狗咬架呢。”

方才和刘芳站在那里，往方方指的方向一看，只见一对青年男女拥抱着，双臂都揽着对方，正在亲吻着。

“胡说，怎能说是狗咬架呢？’刘芳感到不可思议。

“奶奶说的，这叫两只狗咬架。“方方说道。

“现在这些年轻人不分场地表示亲热，太开放了，也不害臊。”刘芳不满地说道。

方才一把抱起方方说：“你落伍了，赶不上这个时髦，不然你也会这样做了。”

“没意思。你后悔出生得早了吧。”刘芳笑他。

“这里真成动物园了。”方才说着亲了一口方方，方方躲避着说：“你咬我一口。”

刘芳说：“这不叫狗咬架，这叫亲吻。”

“什么叫亲吻？”方方问道。

“就是亲近的人表示亲热互相亲一口。”方才说。

“大人亲小孩，小孩亲大人，或者亲密关系的人亲人，都是亲脸，亲嘴的是夫妻，或者谈恋爱的人，亲的部位不同，表示的关系不同。”刘芳觉得这要给孩子说清楚，不是回避的事儿。

“那你亲我爸爸是亲哪？”方方问。

“亲嘴，当然也亲脸。”刘芳说。

“那你只亲我脸儿？”

“那当然，你是我的宝贝儿子嘛。”

方方这才满意。

后来，刘芳问自己的婆婆“狗咬架”是怎么一回事儿。

方方奶奶说：“现在电视里亲热的镜头太多，我觉得不能让小孩子看，我哄方方看电视，每当这样的镜头一出现，我就蒙着他的眼，他开始还听话，后来我再蒙他的眼睛，他都挣脱了。反而盯着看，还问我这是啥，我只好说这是‘狗咬架’，不好看，不要看！”说完时哈哈一笑。

方才听了也是一笑，刘芳听后微微一笑。但是她想说你这老太太怎么这样教孙子呢？可是她说不出口。

十三、和孩子是玩友

大人还玩？大人也爱玩，这几年街道上出现的成人玩具店都是外国人根据人都爱玩这一天性来当生意做的。有人认为，大人的玩主要就是打麻将、斗地主、下象棋等等，其实大人也可以有别的玩具来玩，如超级搞怪、益智休闲、魔术等方面的玩具。从这个意义上说，家长朋友作为孩子的玩伴、玩友当属正常，是都有童心的表现。只不过小孩子的玩具简单些罢了，虽然简单，可是有的玩具大人还不一定玩得转。

提醒家长，对于年幼的孩子来说，他的生活就是游戏，也就是玩，游戏就是生活的全部。因为玩是孩子的天性、本质，是他们快乐的基础，游戏里有思维、探究、投入与行动技能，不会玩，孩子的想象力、创造性就基本上处在低级状态。如果孩子丧失可爱与天性，就成为废孩子了。小学低年级和幼儿园的区别是，幼儿园是玩中学，小学是学中玩。当然，不能认为玩只是小孩子的事情，只要他想玩，爱怎样玩就怎样玩。家中就这一个孩子，让他一个人玩，他会寂寞，会孤独，就会闹着让大人陪他一起玩，一起“过家家”，作为家长千万不能推脱，要参与其中和孩子一起玩。

还记得我们儿时的游戏吗——踢毽子、跳格子、翻三角、抽陀螺、掷沙包、推铁环……这些日渐消失的游戏不仅可以增强体魄、增进同伴友谊，还可以密切亲子间的关系。家长们不妨陪着孩子，玩玩那些我们小时候的游戏，享受愉快的亲子时光。

我们常见孩子做作业时拿个小玩具，作业也写不好，玩也没玩好，这样的例子很多。多数家长认为，一分耕耘一分收获，要想取得好成绩，就得在功课上花费更多的时间和精力，所以，他们最怕孩子在游戏中荒废了学业，他们时刻告诫孩子，废寝忘食、夜以继日才是最佳的学习状态，因此很多家长怕孩子玩，限制他们玩，他们只好偷偷摸摸玩了，玩和学成了一对矛盾。所以对待他们的玩和学习，我主张让孩子玩就是玩，学习就是学习，劳逸结合，文武之道一张一弛，学习时集中精力写好作业，学习空隙就玩个痛痛快快。

有位朋友家有一上初中的女儿，自小学起过周末，竟没出过家门。她妈妈颇为自得地说女儿为做作业已养成足不出户的习惯。她说也曾考虑让孩子出去“放风”，“到外面撒点野”，但是一听到成绩稍微有点下降就心里紧张，干脆把孩子关在家里安全。她的观点就是在家做作业总比在外面玩强。一位老教师听到这种情况，感叹道，无论是补课还是加班写作业，效果很有限，“副作用”倒是不少。“我教了40年书，真诚地劝家长周末让孩子好好玩，会玩的学生成绩多半不会差。”这位老教师说。其实很多家长也知道这个道理，但是过不去心里的坎。“人家的孩子在补课、写作业，我的孩子要是在玩，这不亏了。”除了成绩，让人更担心的是，学生若是不能到自然界中感受泥土气息，不能到人群中感受生活的酸甜苦辣，他的成长将会有很大缺失。一位大学辅导员告诉我，她的学生到食堂吃饭，有一些人竟然分不清土豆与红薯、葱与韭菜的区别。同时，我也发现现在很多学生的迷茫与空虚，也与他们长时间地呆在“空中楼阁”，不食人间烟火有关系。因而希望家长放弃“我这是为孩子好”的生硬理由，把玩的权利还给学生。每个人的成长中，都应该体验到放风筝、出游踏青、戏水、甚至上树捅马蜂窝等等。套用一句网络语言，有时候对学生来说“神马都是浮云，快乐才是根本”。

和孩子玩，家长要放下架子。“俯首甘为孺子牛”的故事值得我们重温一下。“孺子牛”是《左传·哀公六年》中记载的一个典故：齐景公有个庶子名叫荼，齐景公非常疼爱他。有一次齐景公和荼在一起嬉戏，齐景公作为一国之君竟然口里衔根绳子，让荼牵着走。不料儿子不小心跌倒，把齐景公的牙齿拉折了。齐景公临死前遗命立荼为国君。堂堂一国国君都能这样做，作为家长和孩子一起游戏也不在话下。和孩子一起玩，会让孩子和父母的心相通起来，促进孩子的智力等很多方面的发展。一位朋友看到他姐夫跟他5岁的儿子玩打苍蝇的游戏，他觉得这样做有失父母的威严，但是他姐夫说：“如今的父母，本来和孩子呆在一起的时间就不多，父母要在有限的时间内，放下架子，把自己‘变小’，和孩子一起游戏，让孩子觉得你是他的玩伴，开心无比，跟你会亲近很多，这样才能很快融入他的生活。”

游戏的种类很多，玩的内容也是丰富多彩的，家长可以从书中找，也可以上网搜索。我们都很熟悉的“捉迷藏”可以全家人一起玩。把家里容易碰碎的东西从桌子上取下来，放在一个安全的地方。然后用“石头—剪子—布”决定：谁第一个输就给谁蒙上眼睛，开始捉迷藏。捉的时候，其他的人要笑着、叫着、喊着这个孩子的名字，让他去抓那个人，要给他一些提示。如果孩子抓到了，被抓的人继续捉。别以为这个游戏很简单，但是家人一起做，感觉完全不同，它对增进亲子间的感情交流很有帮助。孩子体重不太重的话，还可以玩“骑大马”。父母要放下架子，爸爸妈妈要轮番做“马”，有了身体皮肤的切近接触，孩子跟父母的距离一下就拉近了，而不是把他带到公园，让他骑木马，想转几圈就转几圈。这样当孩子觉得父母跟朋友似的亲密，他有什么问题都会大胆说出来，我们就会对孩子的思想了如指掌。我们要珍惜孩子玩的能力，多给他们玩的机会学会玩并且玩好，和他们一起玩，生命不息游戏不止，生命长青，好玩至上，这样他们就会自得其乐。张伯苓说，只有会玩的人，才能把书读好。

话说过来，虽然游戏与玩伴随人的一生，但是随着孩子的渐渐长大，游戏和玩就会慢慢退居成业余爱好了。

著名作家肖复兴在这方面有过经验教训。他的儿子名叫肖铁。肖铁读初一时，酷爱打乒乓球，整天泡在乒乓球室，老师都管不了。肖复兴出面干涉，劝儿子改邪归正，还奚落道："再怎么打，恐怕也成不了瓦尔德内尔、王涛。"肖铁反唇相讥："照您的说法，学校还修这么多乒乓球台干什么？"肖复兴严厉地说："你玩野了心，就收不回来了。到时候成绩下降，后悔就来不及啦！"肖铁不服气，说道："不打球的学生成绩不一定好，打球的学生成绩不一定不好。只要把握好学与玩的分寸，学习成绩照样可以很好！"肖铁这句话包含孔子思想，但因为押了韵，听上去像贫嘴，于是肖复兴大怒，对儿子施以老拳，并严禁儿子带乒乓球拍上学。

肖铁暗中较劲，期中考试拿了个全班第2名、年级第6名的成绩单回家，算是给作家老爸上了一课。得意的肖铁在日记里写道："不会玩的人就不会学习。不要听信家长'玩疯了会耽误学习'那样的话。世界因玩而得到发展。有允许玩的童年，才会有潇洒的青春。"肖复兴读了这篇日记，深有感触。或许那一刻，他想到了孔子的教导。

肖铁是那种"玩时拼命玩，学时拼命学"的学生，成绩始终很好。上高三前的那个暑假，他听说老爸要随作家采风团去大西北，顿时心驰神往，闹着要跟着去。此时的肖复兴，已经对儿子的贪玩和学习心里有数了，欣然同意。此举遭到肖铁妈妈的反对。她忧心忡忡地说："孩子考大学是一生中的大事，别大意失荆州。"肖复兴主意已定，对儿子说："老爸相信你能把落下的功课补回来。这趟西北之行，权当你高考前的一次放松吧。"老爸的信任，让肖铁感动不已。

肖铁没有让老爸失望。第二年高考，他以北京市文科第2名的成绩考上北京大学。

没人能说清旅行对高考有什么具体的帮助，但肖复兴的回忆不失为一个启迪。肖铁在旅行中一直在笔记本上写着些什么。肖复兴瞟上几眼，全是这个17岁男孩对大西北风物的观感：粗犷、神秘、倾盆大雨、颠簸、古代边陲、秦时明月汉时关，这些历史的、人生的、英雄主义的词汇，对肖铁来说是一次内心激荡旅行。征服高考不算什么，后来肖铁又以优异成绩被美国威斯康星大学录取，后来获得博士学位。

方方系列故事之十四

龟兔赛跑

方才出差,刘芳加班,方方爷爷接方方从幼儿园回家。方才电话打了过来,方方接过电话便问:“爸爸你在哪里?”

“爸爸在西安。”

“不对,爸爸在电话里。”

“那好啊,亲爸爸一下吧。”

“啧”方方亲了电话一口,旋即哭了起来。

“爸爸藏在这个小洞里了。我要找妈妈,我要找妈妈。”

这一下可让方方爷爷奶奶慌了手脚。

方方爷爷想了一下,抱着方方讲起了“龟兔赛跑”的故事:“从前啊,有一只小兔子可漂亮了,两只耳朵竖前来,蹦蹦跳跳真可爱,它和一只爬得慢腾腾的小乌龟约好,要进行长跑比赛……”

“小乌龟什么样?”方方越听越有趣,眼角虽有晶莹的泪珠,但是因为听了故事,注意力得到转移,便问道。

方方爷爷放下方方,躬下身子,学着驼背的样子,说:“身上有一个凸起的圆圆的大壳,走起路来,可慢了。”

方方看着爷爷表演的样子,忽然突发奇想,说道:“爷爷当乌龟,奶奶当兔子比赛!”

方方奶奶一听怔了一下,说:“听你爷爷讲故事,我给你做好吃的。”

“不行,不行,爷爷当乌龟,奶奶当兔子比赛!我要看比赛!”

虽没有别人,但是两位老人仍然面红耳赤,怎肯答应。

方方见自己的要求没有人答应,捶胸顿足,号啕大哭,让两人束手无策。

没办法,方方爷爷喊老伴道:“来吧,表演一下吧,为了宝贝孙子,当当乌龟也没什么。”方方奶奶没法,只好站过来,双手举过头顶,装作兔子又蹦又跳,方方爷爷找来靠垫放在背上,在地上爬行。

方方站在一旁,一会喊“爷爷加油”,一会儿又喊“奶奶醒醒,乌龟要超过你了”，高兴异常。

两个老人表演得很是逼真。

十四、和孩子是球友

有空和孩子打打球吗？当我问起家长朋友，很多家长会摇头的。和孩子一起打打乒乓球，打打篮球，打打羽毛球，打打网球，很多家长会说没有场地。打网球、打篮球有场地限制，打羽毛球有场地限制吗？家里能放下麻将桌，难道放不下一个能折叠的二分之一的乒乓球案子吗？

我这里说和孩子是球友，不一定都是打球，而是和孩子一起锻炼，让孩子从小有一个健康的身体。

我们大人都知道，如果没有一个健康的身体，很多生活梦想都只能是梦想。健康的身体，健康向上的思想会让人的生命处于最佳状态。当然孩子小时候还认识不到这一点。怎样做才能让孩子有一个健康的观念，有进行锻炼的意志？

身为父母要首先在生活细节中培养和发扬健康的观念，让孩子进行科学、健康的体育锻炼，这会影响他的一生。体育锻炼的意义不仅仅是身体的需要，它不但能强身健体，而且能增强意志，锻炼人的毅力。

其次教孩子锻炼的方法。家长自己会打乒乓球，会打羽毛球，善于游泳，喜欢爬山，这都是家长当教练的资本，孩子跟着家长学，进步会很快。对于家长不擅长的体育项目，如打网球、短跑、体操等，可以让孩子拜在名师下，跟着学习，这学习的过程也是锻炼。一起和孩子看看奥运会，看看世界杯、欧洲杯足球比赛，看看乒乓球世界锦标赛，看看 NBA、CBA 比赛，家长懂得了可以当当解说员，不懂得比赛规则就查阅相关资料，给孩子介绍介绍梅西、姚明、李娜、林书豪、中国女排等，当地有比较大的比赛活动带着孩子现场体会一下，都会让孩子思维活跃起来，喜欢上锻炼，学会锻炼的方法。

再次做孩子体育运动的陪练。我们都知道，谁经常跟高手过招，谁的进步就快，不要对孩子起步的运动不屑一顾，孩子学什么运动开始都需要家长作陪，能当陪练的就陪，陪不了的就当观众，当拉拉队队员，这样孩子对锻炼充满了兴趣，你也能看着孩子的进步而开心。教育之道是一张一弛，脑力劳动和体力劳动必须交替进行，只有科学地开发，不违背客观规律，生命才会发挥最大的潜力。和孩子一起滑雪、一起骑车、一起打球……这些活动不但能增进孩子的健康，更能让孩子笑口常开，并且在活动中增进亲子关系。好的身体状况和运动技能，使孩子学习起来精力充沛。

下面我介绍几种适合家庭不需要场地的体育锻炼项目：

（一）跳绳

孩子跳绳更聪明。跳绳时，人的上肢摆动，下肢弹跳，腹、胸、背等肌群都有节奏地配合活动，呼吸加深，全身进行综合控制。古老的经络学说和现代的解剖学、生理学都告诉我们，人体各部位在大脑皮层都有相应的机能定位，十指和十趾都与脑神经相连。不断刺激手足的穴位，可以增强脑神经的活力，从而极大地开发人的智力。

儿童的身体和大脑正处于发育时期，跳绳可以锻炼儿童全身肢体的灵活性和协调性，并提高其神经系统的兴奋性，对发展学生的智力和体力都很有好处。当然，跳绳的时间和节奏要根据各自的体质量力而行，循序渐进。

（二）踢毽子

踢毽子是一种古老的民间运动，它既能达到锻炼身体、愉悦心情的效果，又不受场地、人员、年龄的限制，还无需花费钱财，故而受到人们的广泛喜爱，传之不衰。

踢毽子是全身心的健康运动，不仅有利于心、肺功能的提高，而且还有促进消化和新陈代谢的作用，对成长中孩子大脑的思维、眼睛的视觉、腰腿的转动屈伸功能起到有效的锻炼，增强机体的活力和战胜困难、抵抗疾病的能力。

（三）滚球

也就是滚篮球或软排球。孩子站在一个地方，父亲或母亲站在另一个地方，互相朝对方滚球。这是孩子小时候锻炼协调能力、培养力气，促进其智力发展的方法，使他们喜欢球类运动的入门启蒙运动。孩子滚球的时候，父母也要用手滚，切忌用脚踢给孩子，因为这是不礼貌和不平等的早期影响。

(四)骑自行车

骑自行车的好处请你读读一个小学生的小论文吧。

论骑自行车的好处

摘要:根据《美国新闻与世界报道》披露,美国有2000万人用骑自行车健身,而且参加的人数越来越多,1987年比1986年增加了30%,1988年又比1987年增加了36%。法、德、比利时、瑞典等国,还以骑自行车“一日游”的时髦体育旅游消遣活动,吸引了成千上万的人踊跃参加。

关键词:健康、环保、低碳、节省

引文:当汽车进入百姓家的时候,都市达人们却开始倡导单车运动来放慢生活的节奏,因为那飞驰的生活让我们错过了路边的风景,多骑单车有利于身体健康,单车不仅减肥,还可以降低大气中的污染,还自然以清新。

1. 健康

由于自行车运动的特殊要求,手臂和躯干多为静力性的工作,两腿多为动力性的工作,在血液重新分配时,下肢的血液供给量较多,心率的变化也依据踏蹬动作的速度和地势的起伏而不同。身体内部急需补充养料和排出废料,所以心跳往往比平时增加2~3倍。如此反复练习,就能使心肌发达,心脏变大,心肌收缩有力,血管壁的弹性增强。从而使肺通气量增大,肺活量增加,肺的呼吸功能提高。

骑自行车时,由于周期性的有氧运动,使锻炼者消耗较多的热量,可收到显著的减肥效果。

骑自行车使得血液循环加速,大脑摄入更多的氧气,因此你吸进了更多的新鲜空气。骑过一阵子之后,你会觉得头脑更清晰。

2. 环保、低碳

为提倡节能环保,全世界有越来越多的人将骑自行车作为日常交通工具或休闲度假活动之一,相对于汽车,自行车无二氧化碳排放,可以提高大气环境质量;没有机油、汽油等渗漏现象发生,不用大量的水进行清洗,从而可以节约城市用水,不会污染地表水环境;自行车的铃声很小,不会产生汽笛的噪音，对于人类声环境不会产生破坏。

3. 节省

买一辆汽车的钱，买自行车 N 辆。想想看，如果你早上下楼买早点发现自行车丢了，没事，中午去买过一辆就是，若是汽车，恐怕就不能这么简单了；省地。自行车停在哪里都行，只占一点地方，却要为汽车准备一个大停车场；最重要的是省油。

当然，小孩子骑自行车，在十二岁以前，最好有父母亲的相伴相随，是孩子的车友。其他还有步行、跑步机上跑步等都适合父母和孩子一起锻炼。

方方系列故事之十五

“自酿啤酒”

方才有一个嗜好就是喜欢喝啤酒，每年自春夏之交开始，他每天晚上都要喝上一两瓶，大口喝着泛着一层层泡沫、黄爽爽的啤酒的样子，让方方觉得啤酒一定特别好喝。他想象着啤酒的味道，像糖水一样甜甜的，像可乐一样带气的。爸爸喝啤酒，他在一旁眼都看直了，口水也不自觉地悄悄流了出来，他赶紧使劲咽下，再用小手抹一下。

有一天，他问刘芳：“妈妈，啤酒是什么？”

刘芳正看着韩剧，听方方这么一问，略作思忖，其实她讨厌老公喝啤酒，并且希望方方以后改门风，方方长大不吸烟不喝酒，于是她对方方说：“啤酒是尿！”

方方听到妈妈说啤酒就是尿时，先是一愣，后来是非常高兴，简直要跳起来，就像哥伦布发现了新大陆——尿？自己不就有嘛！

待了一会儿，他看刘芳又在专心致志地看电视了，就进到自己的小房间里，在尿盆里撒了一盆“啤酒”。可是他不知道，刘芳虽然看着电视，心还在他身上，可以说是一只眼睛看电视，一只眼睛看方方。特别是看到方方进到自己屋里，悄悄地关上门，忽然心里一怔：这个孩子经常不关自己的房间门的，今天怎么了？

刘芳想到这儿，感觉不对劲，立刻冲进了方方的小房间，看见儿子端起尿盆就要喝“啤酒”，一把夺了过来，说道：“干什么呀？小祖宗？”，赶紧到卫生间倒到马桶内。

方方则是一边大哭一边喊道：“妈妈坏，妈妈坏，不让我喝啤酒！”

“尿怎么会是啤酒呢？”刘芳高声嚷道。

“你说的啤酒就是尿嘛。”方方不依不饶。

“妈妈说错了，妈妈不想你长大后成为一个酒鬼。”刘芳这才感觉对孩子说话不能随便，“走，妈妈到外面给你买一瓶饮料。”

“不嘛，我就要喝啤酒。”

“小孩子不能喝啤酒，也不能喝白酒，不然以后会变成傻子呢。”刘芳做了一个鬼脸，方方才止住哭闹：“爸爸喝酒，没有变傻啊。”

刘芳感觉给孩子说不清，胡乱冒了一句：“大人喝了没事，小孩子是不能喝的。”

“那你给我买饮料。”方方说。

“好好。”刘芳只好关起电视，带着方方朝楼下走去。

十五、和孩子是歌友

现在年轻的家长都会唱歌，因为到 KTV 里唱几支歌休闲是现代人的时尚，晚上、周末 KTV 里经常是人满为患。

唱歌对人的健康发展有着重要的作用，有研究证明，唱一首歌等于慢跑一百米，是减肥健身减压的理想选择。唱歌可以调节人的心绪，促进心肺功能，提高思维效率，其作用像催化剂一样，能极大地增强学习效率。唱歌还可以发泄郁闷之气，振奋精神，使人心情舒畅。何况古人云，拳不离手，曲不离口。

可是孩子会唱什么歌你知道吗？你所知道就是你儿时的《小螺号》、《好爸爸坏爸爸》、《数鸭子》、《哪吒之歌》、《聪明的一休》等老套的经典儿歌现在的孩子还在学，等他们上学了，知道他们开有音乐课，对他们唱什么歌更是不管不问。

我记得我们儿子小时候从育新幼儿园回来，嘴里念念有词：“娃儿们（男孩）

娃儿们玩，妮儿们（女孩）妮儿们玩，娃儿们拿个盒子枪，妮儿们吓得掉茅缸。”这歌谣我们没有教他们，是别的孩子说的时候他们记着的。我当时分析肯定不是他们父母教的，是他们父母的父母教的。“这也是文化传承啊”，真让人无奈。这是童谣的负面故事。

曾有家长在报上撰文，反映一些胡编乱造、内容不健康的儿歌正在一些小朋友中流唱。有一天，一位小朋友在大人面前唱了一首用流行歌曲《忘情水》曲调改的“儿歌”：“给我一杯敌敌畏，死了我也无所谓………”在场者无不惊骇。一种由唐诗或歌谣改编的怪诞歌谣在一些小学中流行，诸如“日照香炉生紫烟，李白来到烤鸭店。口水流下三千尺，一摸口袋没有钱”，“小明放学不回家，约了小姐泡酒吧……”等类的词句在小学生中传唱。这种现象让家长担心老师忧。

针对这些现象，一位教授说，以前在大、中专院校内就曾风行过“学习苦、学习累、学习还得缴学费，不如混个黑社会，有吃有喝有地位……”这些所谓的“校园民谣”。造成这种现象的原因是多方面的，首先是孩子们的好奇心强，但缺乏鉴别能力，遇到新鲜事物一股脑儿地接受；其次这类“歌谣”包括社会上流行的情歌《因为爱情》、《伤不起》等易于上口好记忆。

优秀儿歌为什么不能在儿童中流唱？有关人士吐露玄机，一是没地方发表。儿童刊物在全国虽有不少，但大多登的是一些卡通画，能刊登儿歌的刊物极少。二是没人谱曲。作曲家虽然不少，但是有几个愿意为儿歌谱曲的？三是没人制作出版。音像制作出版部门的精力在于流行歌曲、流行歌手，谁有心思投资和推广儿歌？所以社会上现在流行什么，孩子就唱什么，孩子们的传唱与社会同步。有一年我们五小举办庆六一联欢会，六年级的学生梁林雪在舞台上演唱凤凰传奇的成名曲《自由飞翔》，刚唱一句，台下的孩子都跟着唱，简直就是大合唱，让人很震撼。为此，虽然音乐界、教育界一些人士大声疾呼：请把眼光放远些，让好儿歌尽快走向我们的少年儿童！但是“曲高和寡”，怎么办？

除了家长要注意自己平时的一言一行，家庭还要变得更加富有吸引力，和学校一道提高学生乐学的教学模式，净化社会环境，还孩子们一个纯洁的心灵空间，和孩子一起做歌友是一个不错的选择。

为孩子创编歌谣。如“系鞋带，小事儿；扣纽扣，小事儿；叠被子，小事儿；擦桌子，小事儿。现在做好小事儿，长大做好大事儿。”对孩子的成长就很有益处。

流行歌曲里不见得都差，也有很多值得传唱的励志歌曲，如新老西游记的主题曲《敢问路在何方》，还有《隐形的翅膀》、《爱拼才会赢》、《中国娃》、《水手》、《真心英雄》、《我的未来不是梦》等，古诗词改变的歌曲《明月几时有》、《滚滚长江东逝水》、《静夜思》等，让他们学学可以振奋他们的精神，也可以增加内涵。父母和孩子可以一起听，一起学唱，尤其作为家长让孩子当观众，给孩子表演唱，他会和父母成为真正的歌友，这样能过滤哀伤的歌《男人哭吧哭吧不是罪》、《菊花台》、《特别的爱给特别的你》……远离寂寞的歌《朝思暮想》、《睡不着》、《伤不起》……因为久在这些歌里徘徊，孩子会变得忧郁敏感，还要屏蔽有些像《香水有毒》、《那一夜》等涉黄的歌，让孩子的情感快乐健康起来，两代人就会唱着相同的歌，会不寂寞地走向共同的目标。

方方系列故事之十六

找 玩 伴

“整日让方方一个人在家玩也不是办法。”刘芳说，“他的东西也特别吝啬，从来舍不得拿出来与人分享，别的孩子喊他‘小气鬼’，我听了感觉面子上无光。”

“和郑东东玩，你嫌他妈有洁癖；和张茜茜玩，你说人家是女孩；和刘玉林玩，你嫌人家脏。方方经常自己玩，就孤僻了，东西当然舍不得别人摸一下。好了，还是你陪他玩最合适，你是他的‘妈拉’女友。”方才调侃刘芳。

“我陪他怎么了？你就不该陪陪了？独生子女，就得父母陪他玩。”刘芳停了一下，说，“父母和他们有代沟，再说也不可能陪他一辈子啊，他得找小朋友，找小伙伴玩，让他从小学会合作，这是他生存的一项基本技能，在未来社会中发展的一个法宝。”

“现在明白了？现在明白也不晚！方方马上就上小学了，不就有小伙伴了吗？”方才说。

“上小学结识小伙伴是必需的，在我们小区邻居家找小伙伴玩也是必需的。我现在感到这是个重要任务，再也不能嫌这个脏，嫌那个坏的，不能老想着跟着好的学好的，跟着坏的学坏的。人上一百形形色色，得让他从小会和各种人打交道。”方才觉得刘芳想通了，这一会儿是高瞻远瞩，侃侃而谈。

“一人拾柴火不旺，众人拾柴火焰高；一根稻草抛不过墙，一根木头架不起梁。”方才摇头晃脑地说道，“互相帮助，合作愉快。”

“一花独放不是春，百花齐放春满园。”刘芳笑道。

两人意见统一了，也就摸索出了教育的门道。

刘芳到大统百货给方方买来一个变形金刚，告诉方方：“方方，你拿着这个玩具和郑东东玩，他肯定会很高兴。说不准，他也会把他的玩具拿出来给你玩，这样你不就能玩两种玩具吗？”

方方听了，懂事地点点头。他拿着变形金刚去找郑东东玩，郑东东又把他最好的魔方拿来给方方玩，两个孩子玩得都很开心。郑东东的妈妈说，两个人玩得热火朝天，你教我玩变形金刚，我教你魔方，现在两个人还将魔方玩出来了新花样。

后来，刘芳又买来一大包积木，让方方邀请郑东东、张茜茜和刘玉林来玩，几个人忙得不亦乐乎，一玩一大晌过去了，刘芳安心地包了一顿饺子，大家伙儿吃得喷喷香。

很快，方方“小气鬼”的绰号被风刮走了。

十六、和孩子是战友

看到这个标题，你心里会暗自发笑，你让我和孩子成为战友去和谁战斗？生活中难道还有敌人？

难道生活中没有敌人？生活中的确有敌人，那就是安全隐患！对孩子成长、生命威胁最大的就是安全问题了，对家长来说可以是“内忧”“外患”。面对这样的“挑战”，全指望家长的保护是不可能的，当然安全问题是大人和孩子一起面对的事情，只有让孩子和自己一起作战，成为战友，才能战胜“敌人”。不要总想着大人是孩子的保护伞，有时候孩子也是父母危难时的救命稻草。下面就是一个“战友”事例。

寒冬一个凌晨2点左右，七八名手持菜刀的歹徒翻墙跳进天津市农民王某家中，王某肩部被砍重伤，当时鲜血直流。歹徒见得不到什么好处，便将王某和他11岁的儿子王振稳劫持到早已等候在外面的两辆轿车上。小振稳开始被眼前这一幕吓呆了，而当歹徒将他推搡出门时，他机智地将放在桌子上的手机藏在了口袋中。

车开到沧州附近时已经是早晨6点，王某的伤口一直在不停地流血，身体越来越虚弱。看到这种情景，歹徒们也慌了手脚，情急之下就将王某和小振稳扔在了公路边上。小振稳推醒了躺在地上身受重伤的爸爸："爸爸，你一定坚持住，咱们能回家。这些坏人也跑不了，我已经把这两辆车的车号都记下来了。"临危不乱的小振稳在公路上拦住了一辆出租汽车，向司机说明情况后让司机送他们父子俩到沧州长途汽车站。在汽车上，小振稳用手机给家人打了电话，告诉他们到天津西站等候，他和爸爸已经脱险，马上坐车前往西站。上午10点左右，小振稳带着重伤的爸爸到达天津西站。附近群众目睹了行踪奇怪的父子俩，拨打"110"报警。"110"民警和"120"的医务人员将他们送入医院。

在医院的病房内，王某刚送入医院时已经生命垂危，如果不是送来的及时，后果很难预料。

所谓的"内忧"就是"潜伏"在家里的安全隐患。例如小孩子会自己跑时，总喜欢用手指往电源插座里伸，家长如果不及时发现、制止、教育就会出大事；家用电器如电扇的扇叶、洗衣机的脱水桶等在工作的时候是高速运转的，不能用手或者其他物品去触摸，孩子总想把手伸进去；孩子一人在家，突然有人要来检查沼气使用情况，孩子该怎么办？

"外患"则有户外活动安全问题，交通安全问题，消防安全问题，社会生活安全问题，网络与信息安全问题，自然灾害问题，公共卫生安全问题等，可以说孩子出门的安全隐患就是外患。有一六年级女孩，骑自行车被一骑摩托车的男子挂倒，摔在地上只是哭，那男子见状溜之大吉。她妈妈是两天后才知道，非常生气，就问女儿为什么回家不说这个事，为什么不记着挂倒她那辆摩托的车号呢？女孩吞吞吐吐地说，怕妈妈训斥她，回来不敢说。她妈妈对她要求严，但是学习上的，她没想到女儿还会遇到这样的问题，她懊悔不已，要求孩子过严，会让孩子前怕狼后怕虎，遇事总想到的是家庭的责罚，而不是对出现的安全问题有应对方法。

作为家长在日常生活中应该逐渐教会孩子，当遭遇不测而父母不在身边时，如何让自己转危为安；现场讲解一些基本的自救、预防及紧急应对的手段方法，减少事故发生，切实保障孩子在一个平安的环境中健康成长。要经常教育孩子不玩火，防触电，不要让他们单独外出，不要独自在河边玩耍。为了确保孩子的安全，父母平常要举行家庭防火演习；沿儿女常走的途径，向他们指出什么地方可以去求救，什么地方必须躲开，如小巷和无人的空地等；如果被摩托、汽车撞着要记着车号，能紧急救援等，使他们不仅有保护自己的意识和勇气，也有保护自己的智慧和方法。

生活是美好的，但是生活也是复杂的。社会很复杂，"人上一百，形形色色"。安全事故不断出现，青少年包括学校教师都是弱势群体，现在很多实例都是小朋友用血的代价、生命的代价换来的，都在警示着我们。报复社会及其他原因的犯罪分子都盯着弱势群体，尤其盯着不谙世故的小孩子，他们千方百计地接近孩子，以达到他们不可告人的目的。因此要教育孩子不和陌生人搭话，不随便进入别人家庭，来过的客人，大人不在家也不要开门，接送孩子要固定专人，一般是孩子的父母、祖父母、外祖父母等，要让孩子知道，同事来接也是不能同意的，包括父母的"铁哥们"、"铁姐们"。下面这个外国故事会让人惊诧，亲外婆竟是"狼外婆"！

那年夏天，良赞警方接到线报说：有人打算把自己的亲骨肉出卖给人体器官贩子！

出于谨慎考虑，加上线报甚至还指名道姓点出想卖自己亲骨肉人的名字，所以警方决定调派警力展开秘密侦查。果然，便衣警察很快就打听到正在良赞一家商店当售货员的奈娜正在四处打听人体器官贩子。为了弄清事实真相，负责办案的良赞便衣警察借来了名贵的衣服和一辆四轮驱动豪华轿车，装成一个跟"人体器官黑手党"有干系的中间人跟奈娜挂上了钩。良赞警察局局长在解释时说："我们最初也想连人体器官贩子一起抓，但由于我们的警力实在太吃紧，根本没有足够的人员监视她的一举一动，而且这么一来的话恐怕得花上好几个月的时间，加上她随时可能把外孙带到莫斯科卖掉，我们实在担心这孩子遭不测，所以才最终决定派自己人扮成人体器官贩子引诱他们上当。”

在接下来好几个星期里，奈娜急不可耐地和“人体器官贩子”伊戈尔碰过好几次面。伊戈尔当即表示对她的外孙很感兴趣，愿意开价32000美元买下她的外孙。奈娜一口回绝了这个价钱，声称伊戈尔至少要出这个价钱的两倍，也就是64000美元她才考虑。经过一番激烈的讨价还价之后，伊戈尔同意成交。

教育孩子出现火灾不能救援，因为不是自己能做的事。自己都不会游泳，怎能跳到河里救人呢？遇见坏人要首先想到保护自己，斗坏人，那是以卵击石。澳大利亚就有这样的案例可资借鉴，如果当歹徒手持枪械逼着商场的收银员缴钱的时候，你是和他搏斗还是主动配合把钱给他？一个收银员还主动请示歹徒是否可以拿个塑料袋把钱装起来。这种做法在澳大利亚是肯定的。西方人把生命权看得高于一切，在歹徒面前，你弱他强，何况超市还有很多人在购买东西，你和他争执，不但你受伤，甚至会送命，而且还会有很多无辜的人会搭上命。抢劫时，歹徒神经高度紧张，任何刺激他的言语、行动都会让他做出过激行为。钱再多，也没有生命有价值，中国古人说“留得青山在，不怕没柴烧”。我们家长教育孩子在歹徒面前要学会保护自己，不能逞一时之勇，何况自己不是警察，不然的话，害己误人，退让不是懦弱，是寻找机会救自己，抓歹徒。下面这位家长做的就有些冒险：

武汉居民投诉黑网吧允许幼童“包夜”。辖区的工商所接到举报连续两次突击检查，但对方大门紧闭，没有任何动静，工商人员无功而返。该所的刘副所长想出了个办法，“舍不得孩子套不出狼”，让自己上小学的儿子与同学混进网吧“潜伏”。当天晚上，小“卧底”显身手，与父亲里应外合，一起端掉这个仅四台电脑的黑网吧。当时《长江日报》对此有过积极的报道。

但是，有人看了此报道不禁问道，让自己的孩子当“卧底”，表演“无间道”，固然有值得肯定的地方，父亲凭什么让自己的孩子去“卧底”？做父亲的难道有权置孩子于危险之中？尽管面对的是危险系数很小的黑网吧，但谁也不能保证不出意外，万一经营者是个穷凶极恶的人呢？万一他恼羞成怒呢？如果孩子出现意外，后果谁来负责？孩子不是父亲的私有财产，孩子更没有义务成为父亲的卧底。

下面是“战友”安全的《二十二条军规》，希望父母与孩子都能遵守。

1. 让孩子记住家庭住址，父母的姓名、工作单位、电话号码，并会使用电话、手机，知道“110”、“120”、“119”这些号码都有什么用。

2. 不要在别人尤其是在公共场合炫耀自己家有多富有，父母在何部门任职，家里有什么档次车，不要公开对他人说自己家里近期的外出旅游计划，不要向陌生人透露父母的姓名、单位及手机号码，也不要说自己的家庭地址。

3. 孩子独自一人在家，要求他要锁好院门、防盗门，有人敲门千万不要急于开门，从猫眼里看，隔门问清楚是谁。如果是陌生人，不管他以推销员、维修工、保安等身份要求开门，还是说是父母的朋友、同事，都不要开门，隔着门告知他有事和自己父母联系，请他离开。如果他坚持不肯离去，坚持要进入室内，要关好门窗，可以声称要打电话报警，说自己的父母很快就到家了，或者到阳台、窗口高声呼喊，向邻居、行人呼喊，迫其离去。

4. 遇到坏人进自己家里或纠缠自己要斗智斗勇，不要硬拼，尽量用电话报警或告知自己的父母，注意说清自己的详细地址；记住坏人的身高、外貌、声音特征，车辆牌号、车型、颜色等。遇到交通事故更要如此做，还要拨打“120”求救。

5. 外出走失的时候先在原地等一会儿，不要慌张，一要到附近的商店请服务员帮忙，告诉他们自己走失了，请他们帮忙广播或与警察联系；二是到附近有电话的地方向电话主人说清楚缘由，然后打电话给父母或打“110”请求帮助。千万不要随便跟随别人去找父母。

6. 培养孩子良好的卫生习惯，饭前便后要洗手，不吃过期霉变的食品，不购买路边临时摊贩的食物，不接受陌生人给的饮料、食品、礼品，父母不在身边，认识的人给的食品也不要轻易当场饮用。

7. 接送孩子上学放学，要专人，提前告知孩子如果自己不能接送，哪些人会来替，除此之外谁来接、找自己都不能跟他走。

8. 每年和孩子在家里演习怎样防火，怎样防震，会打开和关上家里所有门窗。

9. 安全使用沼气、煤气。认真阅读燃气具的使用说明书，按要求规范操作，点火时要坚持“火等气”原则，即先将火源凑近灶具然后再开启气阀。使用中不能长时间离开，并且使用完毕要关闭总阀门，切断气源。

10. 遇到陌生人问路，指明方向路程即可，切记不要为其领路，更不要搭乘陌生人的车辆。

11. 十二岁以下，不要独自骑自行车外出。十二岁后骑自行车不攀附机动车辆，不与同伴追逐、几人并行，不骑车带人，遵守交通规则。

12. 要到哪里去玩，一定要让爸爸妈妈知道，不要独自去空空的大楼玩耍，远离建筑工地，不要独自在河边玩耍，无大人陪护也不能和小朋友一起到河边戏水、游泳。女孩子晚上不要独自出门，夜晚外出活动在偏僻的地方行走时应有大人陪伴或多人行走，不要穿过于暴露的服装。

13. 注意极端天气。雷雨天气不要在空旷的野外停留，不要在大树下避雨，不能看电视、打手机、玩游戏。沙尘暴、台风、冰雹等来临不要乱跑，要躲在牢固的房屋内。

14. 尽量少带孩子到医院玩，不要带孩子给病人检查身体，不带孩子看护病人，防止传染病的发生，远离辐射源。

15. 不玩弄小动物尸体，远离死禽类等动物，提高预防禽流感意识。

16. 过马路时要看指示灯行走，不翻越护栏，不横穿马路；学会避让机动车辆，不与机动车辆抢行；不在马路边玩耍、嬉戏，不把马路当运动场。

17. 当遇到校园及周边不良少年的骚扰、辱骂、敲诈勒索甚至殴打后，要立即告诉家长和老师。

18. 乘坐机动车辆尤其自家私车，不要带入易燃易爆的物品，乘车时不要把头、手、胳膊伸出窗外，以免被来往的车辆或路边树木刮伤，不要向窗外抛洒杂物，以免伤及他人。

19. 不去舞厅、迪厅、网吧等场所，不喝酒不吸烟。

20. 上网时不在网上留下自己真实的姓名、住址、班级、照片等资料，千万不要在父母不知道的情况下与来历不明的网友会面。

21. 让孩子了解一些有关毒品的知识，教育孩子不听信任何人的教唆、引诱，坚决地拒绝尝试吸食毒品。

22. 在野外被蛇等动物咬伤要立即自救或互救，千万不要惊慌、奔跑，那样会加快毒素的吸收和扩散。要立即处理伤口，用清水冲洗，在伤口附近缚扎，并迅速送往医院救治，被狗咬伤的要在24小时内注射狂犬疫苗和破伤风抗毒素。

十七、做孩子的商友

财商是一个人判断金钱的敏锐性，以及对财富形成的了解。快乐赚钱，打理钱财是一种重要的生产能力。在美国这一观点得到了普遍认可：六七岁时教他如何花零用钱，十岁给他设立独立的个人账户，一起制定储蓄和消费目标。十三岁，带他做些简单的投资，让他们从获取收入的过程中，了解财富的流转规律。孩子在金钱方面表现出特殊的兴趣，如果不加以引导，他会走上邪路。帮他们树立正确的金钱观、人生观，这就需要父母和孩子成为商友，也就是除了引导，就是支持帮助而不是替代，才能培养他们的商业意识。

来到了美国，你才知道什么是商业社会。商业社会并不需要人人言商、人人当商人，但人人都应该有商业意识，美国人说钱的时候不会脸红，这种"好"习惯是从小培养出来的。有一个朋友谈他在美国的感受，让人听了不胜欷歔，感到匪夷所思，我们国人可是"粪土当年万户侯"，羞于谈钱的。下面的故事都是他的经历，相信读后会对我们有所启迪。

我的美国友人约翰告诉过我他第一次上"市场学"这门课的情况。上第一堂课时，教授就给了他们一个作业，题目是"想想如何把外边卖不掉的东西推销给你的父母"。

我儿子刚上学不久，他告诉我，他们班上有同学买卖东西。我觉得这不太像话，问他老师知不知道。他说老师知道。只要是下课卖，老师不干涉，而且老师还买过他们的巧克力之类。

美国人有时候会有意识地训练孩子卖东西或有商品意识。记得有一次，我看到一个大约不到十岁的孩子摆了一个地摊，卖他自己收集到的棒球纪念卡。这个孩子衣着非常整洁，而且都是名牌，一看就知道是有钱家的孩子。看到孩子有些羞涩和无助,我被他的神情吸引了。我几乎从来不看棒球,当然也不集这些纪念卡,可是我愿意和这个小朋友说说话。跟孩子刚搭上腔,没想到站在不远处的孩子爸爸出现了。孩子的爸爸西装革履,他误以为我是个买主,对我殷勤备至,非常内行地给我介绍。当知道我不买时,孩子爸爸的目光非常忧伤。于是我买了几张,我看见孩子的小脸笑得像一朵张开的花,他爸爸对我的感激也是非语言能表。

再看看我们中国寻常家庭孩子的商品意识,可以说都是自学成才的,小时候没人引导,在钱上走了不少弯路,长大后“摸门当窗户”,理财最常见的办法就是把节余的钱存到银行里,隔一段拿出来存折,看看不断上涨的数字,心里美滋滋的,也便有了底气。下面的这个报道《小学生雇人写作业,两年竟欠债一万元》,在很多学校都出现过,可见和孩子成为商友的重要性。

一小学生“雇”同学帮自己写作业竟“欠”下了万元巨款。债务双方僵持不下时,一名学生“女侠”出面摆平,敲诈走这名小学生3400元现金。近日发生在济南某小学的这起连环敲诈案令人瞠目结舌。

家住济南天桥区的个体户冯某近来发现自己上小学的女儿非常怕去上学。4月15日早晨,冯某准备拿钱去进货,发现抽屉内的3400元现金不翼而飞,联想到女儿最近的反常表现,冯某怀疑是她拿走了,经再三追问,女儿终于道出了实情——

两年前,女儿提出要同班同学文某、陶某帮助自己写作业,每次支付她们1元钱。第一学期,她隔三差五地交给文、陶二人50元、100元。今年4月,文、陶二人称两年来连本带息共欠她们10000元。小冯既不敢告诉老师,又不敢告诉家长,而是找到高年级的大姐乔某(13岁)。乔某出面调解,要小冯一次性支付3400元了结此事。冯某最后到派出所报案了结。

五六岁的孩子大都不知道家里的积蓄是有限的,钱是爸妈辛苦工作挣来的,而这个年龄段正是给孩子灌输金钱观的最佳时机。如果孩子在童年就懂得明智地消费和节制购买欲,将来很可能成为一个更有耐心、更有计划性的人。有心的父母不妨从以下几方面着手,和孩子是朋友,就能培养出懂得合理消费的孩子。

告诉孩子钱的来处。调查显示，从总体上看中国孩子每月的零用钱平均74元，高收入家庭则高达136元，除此之外，孩子还有大额一次性收入，如节日礼金、红包等，全部加起来也是一笔不小的财富。许多孩子的节日礼金很大一部分会被父母没收，或者孩子自己胡乱地用掉。在银行给他开设账户，要让孩子知道ATM机并不是印钞机，想要就有。这样对孩子解释也许更好：ATM机就像你的储蓄罐，你要先把钱存进去，想用的时候才有钱可拿。如果里面的钱用光了，你就得努力工作把钱挣来，再放进去，这样才有钱用。要让孩子懂得家里的钱是有限的，不能想买什么就买什么。买东西前，先考虑清楚是不是应该买，有没有必要买。

玩玩花钱游戏。可以画一张图表，列上各类生活用品和孩子喜欢的食品、玩具，标上价钱，贴在冰箱上或者贴在孩子房间的墙壁上，让他了解钱物和价值。帮助孩子学习钱币的知识，经常跟他玩兑钱、找钱游戏。比如，玩超市购物游戏，一家人分别扮演顾客、店员，在铅笔、橡皮、皮球、玩具熊上贴上价格标签，然后给他一些钱，让他决定取舍，看这些钱能买什么。

定期给孩子一个"消费日"。在你规定的"消费日"里，可以带孩子去超市，允许他把储存罐里的钱带上，买他想要的东西，教他合理花钱。如果孩子花光了所带的钱，却还想要买其他东西，告诉他只能等下个"消费日"再来买。

如果孩子想买价格比较高的东西，可以帮他做一个预算，算算他一个星期能存多少钱，要存多久才能够买下来。如果孩子要将下次的钱提前用掉，家长可以提醒他，如果这样的话，下一个"消费日"就取消。

给孩子机会挣钱。让孩子知道通过劳动是可以增加收入的。罗列孩子乐意做家务活和你愿意支付的费用，让孩子通过劳动来挣钱，譬如你给他两元钱买袋盐，剩下三角钱可以作为报酬等，但绝不能让孩子养成不给钱就不帮家里做事、一做家务就要钱的毛病，要让孩子懂得为家庭做"贡献"是理所应当的，因为这个家是父母和孩子共同拥有的。

可以让孩子卖自己过期的报刊、家里的纸箱子为自己筹款，让孩子的压岁钱在银行开户存起来，够一段时间算算利息是多少。

学会算账。和孩子一起到超市买东西，了解"买一送一"、"打八折"等，这也是数学知识的实际运用，付钱时，请孩子帮忙计算总数，让他把钱交到收银员手中,等待找零。

让孩子当一次家,算算三口之家一个月收入是多少,水电煤、衣服、电话费等支出多少,剩余多少,让他体谅生活的不易等。

甚至给他买一个小账本,用于记明细账,可以给他买一个模拟股票游戏,让他自己买股票。

作为商友平时还要“约法三章”。第一,不能滥用金钱奖励,对孩子说这次考100分奖一百块钱。如果孩子得了60分,你是不是该给孩子六十元钱?第二,捐助慈善机构、帮助失学儿童等鼓励孩子要用自己的零花钱,不要伸手问父母要钱。第三,孩子开学准备的文具、书皮都要自己买,父母可以陪同。

方方系列故事之十七

方 方 穿 衣

方方七八岁了,到现在还不会穿衣服,其实并非方方不想自己穿衣服,而是刘芳舍不得让他自己穿。她曾对方才说,给方方穿衣服,她心里很是受用,一是就这一个孩子,给他能穿几年衣服呢,二是给方方穿衣服,能把她的疼爱释放在给方方穿衣服的过程中。疼爱孩子可不是整天抱着孩子亲不够,重要是融在平时的吃饭穿衣当中。

方方不会穿衣服,就甭说做家务了,刷碗、拖地、洗衣服,就更不会沾上边。

方方爱吃饺子,刘芳每个周六都要给他包饺子吃。有一次,刘芳正在包饺子,方方写完作业,也要凑过来包。刘芳说:“不能包,写作业去!”方方说他作业写完了,刘芳说:“写完了,看电视去,或者看书去,就是玩去也行,方方将来要成大事,不能干这些不值一提的小事儿。”方方只好快快而去。

后来,张老师让同学们写一篇干家务事的作文,方方写了一篇包饺子的作文,其中写饺子是“一弄一弄一弄”包成的,张老师在批改时,思量了半天,无法下笔。一问方方,他说没包过饺子,缺少生活实践。张老师就让方方将这篇作文带给方方家长阅读,刘芳这才意识到不让孩子干家务活儿的严重性了。他们决定从穿衣开始,让方方干家务活儿。

第二天早上,刘芳喊方方起床,让方方自己穿衣,方方穿了半天,竟将裤子穿反了,上衣扣子也给扣错了位,让刘芳又好笑又好气又心疼地给他重穿衣服。

第三天早上,方方自己不穿了,说自己不会穿衣服。方才想出了办法,说:"方方如果自己穿衣,奖励一元钱。"果然,很见效,方方很快学会了自己穿衣。

方才很是得意,为了鼓励方方自己做家务,与刘芳商量了个奖励办法,规定刷碗一次5毛,叠一次被子5毛,拖地一次1元,洗衣服2元,洗菜2元,方方每做完作业,就干家务劳动,方才妈看了直乐。很快方方就成了"百元户"。

这一天,方方爷爷奶奶来了方方家,方方就让他爷爷替他拖地,让奶奶替洗碗,并让妈妈发工资。刘芳说:"爷爷奶奶替干,不算。"

方方就撅起小嘴,赌了一会儿气,说:"你不给算了,我给爷爷5毛钱。"爷爷奶奶哪能要啊,反给方方10元钱。

又一个早上,方方早上赖在被窝里不起床,刘芳说上学晚了也不行,方方说让妈妈给穿衣服。刘芳只好给他穿衣服,穿完衣,方方大方地掏出一元钱,递在妈妈面前说:"给,劳务费。"妈妈感到很不自在,不要钱。方方就气恼地说:"不要,再给脱了。"刘芳没有办法,只好接过一元钱。方方又让方才替他洗衣服,一件2元钱,方才也得接着。

有一天,方方说:"爸爸,你替写作业,一次5元。"爸爸听后狠狠揍了方方一顿。

从此,干家务领工资的事就取消了。不过,方方有时也替爸妈干点家务。

十八、做孩子故事之友

有家长朋友问了,做孩子故事之友不就是给孩子讲故事吗?你只答对了一半,做孩子的故事之友,家长不但要亲自给孩子讲故事,陪孩子听故事,而且要编故事,还要听孩子讲故事,听孩子创编的故事。现在条件发达了,有的家长充分利用现代化的条件,用录音机让孩子听故事,用电视让孩子看动画故事,用电脑让孩子听儿歌,自己忙别的事情去了,我认为这样做是不可取的,至少不能代替父母对孩子讲故事。

著名的美国作家马克·吐温有三个女儿,他对她们舐犊情深,慈爱百般,整个家庭充满了温馨。从女儿懂事的那天起,他就让她们围坐四周,给她们讲故事,故事的内容常常是由女儿们自己选择,由马克·吐温即兴创编的。虽说马克·吐温是个大作家,但是对这件事,他从不敷衍,十分当真。

做孩子故事之友可以从下面两方面入手。

一是故事启蒙。培养孩子良好的品质,让孩子认识世界,培养孩子的语言表达能力,一点一滴地增长知识,故事启蒙非常重要。很多父母做得很棒,尤其晚上,孩子在母亲怀中听着故事,带着美好的想象进入梦中。给孩子讲的故事可以从书中来,父母要先看一遍或几遍,熟悉故事内容,做到"成竹在胸",再给孩子讲,讲的时候语气亲切自然,语调抑扬顿挫,最好用普通话讲,还要对故事中不同的角色进行模仿,这样孩子才爱听你的故事。如果你讲得嗑嗑巴巴,前言不搭后语,孩子也听不明白,你讲还不如不讲,还不如读给孩子听呢。

二是创编故事。父母创编故事,是培养他们辨别生活中的真善美、假丑恶的有效途径,要贴近孩子实际生活,可结合父母对孩子未来之路的寄托进行创编,起到引导作用。让孩子创编故事,是家长了解孩子的一个小窗口,透过这个窗口,家长可以分享孩子的成长趣事,了解孩子的成长变化,感受孩子在某个成长时段的喜忧心境。

有一个年轻的商人,在一个大城市经商的时候,违犯了法律,锒铛入狱。在狱中,他静下心来,感觉自己整日在商海里弄潮,欠自己小女儿很多,以后还有几年才能出狱,对孩子亏欠的就更多了,怎么弥补呢?思来想去,于是他决定给孩子写故事写童话,来弥补对孩子的爱。他在狱中一有空就写,写得情真意切,故事生动,每当他妻子带着女儿来看他的时候,他都把这些故事讲给孩子听,讲不完的让他妻子拿回家读给孩子听,孩子在他的故事里成长,乐观豁达,爱学习,得以快乐成长,他出狱后把这些童话故事整理出版,经过媒体报道,在当地很是畅销,他也因此成为一名作家。

讲故事需要安静的环境，培养孩子倾听的习惯，讲完故事后允许孩子提问，并且可以让孩子对故事续编，加工利用。

德国著名诗人歌德的母亲，在歌德童年的时候，常常给他讲半个故事，即将一篇美丽的童话，一篇动人的故事，一首抒情长诗，讲到或念到一半，留下后一半，让歌德自己接着讲。这时候，小歌德凭着自己对前半个故事的理解和对后半个故事的想象，将母亲未讲完的故事继续编下去。歌德所以成才，长大以后创作出著名历史剧《葛兹·冯·伯里欣根》、诗剧《普罗米修斯》、小说《少年维特之烦恼》、长诗《浮士德》，这当然是由于他的天赋和勤奋，同时和母亲从小在文学上对他进行"半个故事"的教育也是分不开的。

歌德母亲的"半个故事"的教育，是让小歌德沿着前半个故事的创作思维，进行合理的发挥和想象，编制出一个完满的故事，这启发了歌德的想象力，开发了他的创造性，对他以后从事文学创作起着重要的作用。其实，在其他诸多方面，也可以提倡对孩子的"半个故事"的教育。

方方系列故事之十八

拾金不昧奖

"哎哎——我的剃须刀哪里去了？"方才洗把脸，一看镜子，胡子拉碴的，有两天没刮胡子了，想着今天上级来检查，说什么也得把脸刮得锃亮才行，不能给上级领导留下邋遢、不修边幅的印象，就找起了剃须刀。床头柜、老婆的梳妆柜扒了个遍也没见剃须刀的踪影。

看看表，时间不早了，方才更加着急。

刘芳又帮着他找了一遍，可是哪里有剃须刀的踪影。

"这样吧，找把剪刀算了。"方才说道。

"找剪刀干什么？"刘芳满腹狐疑。

"用剪子剪。"方才不耐烦道。

"好好。但是剪不净。"

“拿来吧,废话多。”

“给,别剪着肉了。”

看着方才对着镜子,用剪子剪的样子,刘芳只想笑。

“来,帮帮忙,把我下巴下面的胡子剪一剪。”方才虽恼,但是还得用老婆。

“剃须刀哪里去了?你帮我再找找,飞利浦的,一千多块呢。”方才扬着下巴颏,嘟囔道。

“你的东西乱放,自找苦吃。”刘芳小心地剪着,说着。

可是屋里找了两遍了也没见剃须刀的踪影。

怎么回事儿?方方拿了?可是这东西他用不着啊,晚上,看着孩子准备写作业,两人小声分析道,这两天家里也没有来客人啊,再说现在人们讲卫生,不会使用别人的剃须刀,因为剃须刀容易裹藏细菌,传染疾病。这让两个人纳闷啊。

“妈妈,我今天丢了一支铅笔。”方方说道。

“不会吧,怎么丢了一支铅笔?”刘芳安慰道,“丢了算了,今晚上让你爸爸给你用刮铅刨刮好五支铅笔,够你明天一天用的。你赶紧写作业,别想别的。”

“这个小家伙怎么搞的,三天两头丢东西,前两天橡皮丢了,今天铅笔丢了,丢三拉四的,看不好自己的门。”方才在厨房里对刘芳说。

“今年刚上小学,还是小,不会是谁给他偷走了吧?别责怪孩子,给他心理造成压力。”刘芳说。

“好好!”方才答应道。

第二天晚上放学,方方打开文具盒,说道:“妈妈妈妈,我今天丢了三支铅笔,那两支也使秃了,赶紧给我拿一支铅笔削削。”

什么?丢了三支铅笔!刘芳大为诧异,只觉得一股怒火从心头冒出。这家伙怎么搞的?她马上想到学校问问老师,怎么搞的,教室里有小偷,孩子一次就丢了三支铅笔!可是转念一想,这三支铅笔值几个钱,不能让老师小瞧了自己。“咋整的,丢了三支铅笔,昨天丢了一支,今天又丢了,你的文具盒放哪里了?”

“不会是有人和你搞恶作剧吧?”方才道。

“啥是恶作剧?”方方天真地问道。

“就是开过头玩笑。”方才感觉无法解释。

“你什么时候发现铅笔丢了?”刘芳压着火问道。

“第二堂下课,我上厕所,在教室外面玩一会儿,上课发现这几支铅笔丢了。”方方感到有一点难堪。

“明天我找老师问一问。”刘芳说,“我得查个究竟。”

“算了算了,几支铅笔值几个钱?”方才说道,“不能让老师感到我们小家子气。”

“那你保证方方明天不丢东西。”刘芳瞪了方才一眼。

“保证不丢东西?”方才说,“我哪能有这个本事。”

“没有这个本事就别说了。”

“再等两天再说,不能趁热打铁,小点声。”

……

又过了两天,方方又丢了橡皮,刘芳觉得批评方方也不是办法,就到学校找老师。在教室前她堆着满脸笑容,对老师说开学有一阵子了,今天来想了解孩子的学习情况,班主任张燕说欢迎家长的到来,家校沟通很重要。还说方方这孩子很乖,很讨人喜欢,就是有点胆小。张燕老师还说:“这孩子心灵可好了,你们教育有方,拾金不昧,前几天还拾个电动剃须刀呢。”

什么什么?刘芳脑袋一下子就大了。

张燕老师说:“班里办了一个光荣榜:‘比一比,我最棒!’上面有‘遵守纪律奖’、‘热爱劳动奖’、‘发言积极奖’、‘拾金不昧奖’等,谁哪一项表现好了,就奖励一朵小红花。学生们都很积极,不说别的,拾金不昧的同学越来越多,你看放作业的桌子下面,一箱子孩子拾到的文具、生活用品,还有手表、手机呢,也没有人认领。”

刘芳朝那里一看,果然大半箱子东西。但是她知道不能把方方拿剃须刀的事告诉老师。

趁下课,她看到光荣榜上方方“遵守纪律奖”、“学习进步奖”栏上的小红花不少,“拾金不昧奖”上也有五朵小红花,可是她觉得上面的花特别刺眼。

晚上,刘芳和方才嘀咕了半天,然后把方方叫到了跟前:“方方,你爸爸的电动剃须刀你放到哪里了？说实话不挨揍！”

方方看了看他们，知道妈妈今天见了老师，就说：“我交给老师了，我见好多同学都得了小红花，老师表扬他们，我也想得小红花，在教室里、校园里找了半天也没找到一个铅笔，就想交一个铅笔太小，我要交一个大家伙，让老师好好表扬表扬我，就把爸爸的电动剃须刀交上去了。”

“啊！”方才觉得方方这样做匪夷所思。

“你那几朵小红花呢怎么得来的？”

“有妈妈的发卡、头花，我的一角钱，还有还有……我想不起来了。”

刘芳一听，原想着发卡、头花不值钱找不到就算了，原来都是自己的儿子拿到老师那里换表扬去了。

“你想不起来，你是不是拿同学的铅笔交给老师了？”刘芳觉得拿自己家里的东西还说得过去，如果拿别人的东西就是偷了，性质恶劣。

“没有，没有，我不敢。”看着妈妈声色俱厉的样子，他害怕了。

“你那三支铅笔是不是给老师换表扬了？”

“不是，是真丢了。”方方理直气不壮。

“你要记住，做好事受表扬，不能拿别人的东西，也不能拿自己家的东西交给老师让老师来表扬，不然我就不要你了。要做个诚实的孩子！”刘芳说。

“记住没有？”方才大声嚷道。

“记住了！”方方看看爸爸凶神恶煞的样子，“哇”的一声哭了起来，哭得很是伤心。

刘芳瞪了方才一眼，方才也瞪了刘芳一眼。

刘芳说：“好了，知道自己错了就是好孩子，写作业去吧。”

十九、做赏识孩子的铁友

有的家长朋友一听到赏识孩子，就会顺嘴说道，不就是表扬孩子吗？我会！你真的会吗？你会，但是孩子听了你的表扬，反应作用持久吗？要知道表扬孩子也是一种学问。会表扬了，说一句都管用，不会表扬了，说十句作用也不大。

为什么我说家长要做赏识孩子的好友，就是当家长的要站在朋友的角度，才会看到孩子身上有很多优点，做的很多事都不错，你才会赏识自己的孩子，这时候你的赞扬和鼓励都是真诚的，孩子得到这样的表扬就变成了激励、肯定、鞭策了。

要知道鼓励和表扬是孩子成长过程中所需要的一种精神营养，更是一种强化良好行为习惯的好方法。大人都喜欢听好听的，孩子当然更爱听好话，喜欢被人称赞，而且在人们对他的评价中认识自己。教育家陈鹤琴教授曾说过："无论什么人，受激励而改造是很容易的，受责罚而改过是比较难的。"消极批评只会使孩子灰心丧气，所以家长对孩子要以积极鼓励表扬为主。老师和家长是孩子最可信赖的人，在他们心中有着至高无上的权威，经常找孩子的优点进行肯定，可以说就是孩子的指路明灯，有时仅仅一个赞美的眼神，就是他们久旱心田的甘霖。

下面的这个故事就很能说明问题。

英国作家查理斯出身贫寒，他自幼酷爱文学，也写了不少文章，可惜一直只字未获发表。一日，查理斯出去散步，待他想记录下一天的心情时，才发觉包里的习作本丢了。焦急的查理斯顺着原路往回找，突然发现一个老太太手里正拿着自己的本子，就连忙上前说："这本子是我掉的，您能还给我吗？""哦，是吗？里面都是什么呀？"查理斯不好意思地说："都是我写的一些文章。"老太太笑了，递还给他："我刚才看了，文章真的不错。知道吗，我能预测别人的未来，你今后一定会是个作家。"然而查理斯却并没有将这句话放在心上。他知道，自己没有那个天赋；他也知道，对于贫苦的父母来说，早日工作挣钱对他才是最重要的。

中学一毕业，他就四处寻找工作，当酒店招待，做推销员，干修理工。令他沮丧的是，他总是运气不好，每次都因为一点小事被辞退。后来，在亲戚的帮助下，他进了一家公司做文员，虽然薪金不高，但好歹还算体面。可惜好景不长，公司又倒闭了。山穷水尽的时候，查理斯突然想起老太太那句神秘的话，难道自己真的适合当一名作家？他暗自思忖。最后，他下定决心开始构思小说。

创作过程十分艰辛，但他一想起老太太的话，就会增添无穷的动力。

终于，他以自己为原型，把这些年遇到的世态炎凉，把穷人的无奈和富人的空虚用一个个故事表现了出来。小说一发表，立刻受到众多读者的青睐。成名后的查理斯找到老太太的后人，感激她当年的指点迷津。老太太的女儿瞪大了眼睛："我的母亲根本不识字！"

赏识教育创始人周弘老师曾是一个普通的父亲，他用20年的生命探索出的赏识教育，不仅把双耳全聋的女儿周婷婷培养成留美硕士，而且改变了成千上万孩子和家庭的命运，国内外近千家媒体争相报道他创造的教育奇迹。他创立的赏识教育被称为"中国家庭教育第一品牌"，他被誉为"赏识老爸"、"中国第一位觉醒的父亲"、"第一位发现孩子没有错的教育家"，是全球第六届热爱生命奖得主，他就是把孩子从小用大拇指"竖"起来的。

著名心理学家罗森塔尔有一句名言："一个孩子经常被说成什么样，经常被看成什么样，经常被怎样的对待，不久的将来将变成现实。"他说这样的话是有理由的，因为他曾做过一个著名的实验。

上世纪60年代的一天，罗森塔尔和助手们来到一所小学，说要进行7项实验。他们从一至六年级各选了3个班，对这18个班的学生进行了"未来发展趋势测验"。之后，罗森塔尔以赞许的口吻将一份"最有发展前途者"的名单交给了校长和相关老师，并叮嘱他们务必要保密，以免影响实验的正确性。其实，罗森塔尔撒了一个"权威性谎言"，因为名单上的学生是随便挑选出来的。8个月后，罗森塔尔和助手们对那18个班级的学生进行复试，结果奇迹出现了：凡是上了名单的学生，个个成绩有了较大的进步，且性格活泼开朗，自信心强，求知欲旺盛，更乐于和别人打交道。

显然，罗森塔尔的"权威性预测"发挥了作用。这个"预测"其实也就是个"谎言"，对老师产生了暗示，让老师对名单上的学生的能力有更多的积极评价，使学生变得更加自尊、自爱、自信、自强，家长知道了给予更多的关注，从而使各方面得到了异乎寻常的进步。后来，人们把这种现象称之为"罗森塔尔效应"。

可见，鼓励、赞美孩子，培养他们的自信，不光对孩子的学习，也对他们多方面能力的发展有较大影响，父母的期望将在很大程度上决定孩子的未来，期望值越高，未来就可能越美好。

当然，谎言说上一千遍有可能就会被当作真理。一个小朋友在上小学二三年级的时候,有时不听家长的话,做些调皮捣蛋的事,惹他妈妈生气,他妈妈就骂他:“你早晚要进监狱,你早晚要进监狱。”这话不幸成为谶语,结果就是这个孩子初中没毕业就进了少管所。如果他妈妈经常说:“你能行,以后不是进清华就是进北大。”也许这个孩子的发展就是另一种结局。

我们都希望自己的孩子是个天才,甚至都认为自己的孩子棒,“刺猬说自己的孩子光,鸵鸟说自己的孩子高,屎壳郎说自己的孩子香”,但是援尺自量,我们的孩子比别人的孩子优势不见得明显,因为天才毕竟是少数,绝大多数孩子的智商相当,作为家长也应当认识到自己的孩子所具备的条件并不比别人差多少,一个人的学习、生活条件以及个人的一些先天条件会存有差异,这些差异绝非是一个人与成功无缘的不可逾越的鸿沟。我们不能只看到自己孩子的缺点、不足,用自己孩子的缺点去和别人的优点比,这样做等于放大自己的缺点,这样大人孩子都会失去自信,要帮助孩子学会调节差异,扬长避短,排除万难,通过赏识培养他们不拘条件、不畏世俗,顽强拼搏、自强不息的精神意志。下面这个故事就很说明问题:

古时候,老员外有三个儿子,他们都很笨,老员外很是发愁,担心家业会败在他们手中。老员外思来想去,他决定请当地一个很有名的老秀才来教他的三个儿子。

老秀才说:“我得考考你的三个儿子,通过考试我才能收下他们。”老员外听了,心里暗暗叫苦。

第一个上场的是大儿子。考试的内容是对对联,老秀才出的上联是:东边一棵树。大儿子急得头上冒出了汗,也想不出该对个什么下联,嘴里一个劲地唠叨:“东边一棵树,东边一棵树……”老员外在一旁只想发火,一会儿,老秀才才说话:“此子记性不错,可教也,我收下。”

第二个出场的是二儿子。老秀才出的还是那道题:东边一棵树。二儿子进考场之前已经听哥哥说过题目,张口就对:“西边一棵树。”气得老员外目瞪口呆。老秀才说:“此子改了方向,以西对东,对得贴切,可教也,收了。”

最后是三儿子。老秀才仍然是那个题目:东边一棵树。三儿子想了半天,也没有想出好的下联来,不由得大哭起来。老员外觉得他太丢人了。

谁知道,老秀才说道:“此子有羞耻感,可教也,收了。”

老秀才收了老员外的三个儿子,并把他们教育成有用之人。

世上没有失败的孩子,只有失败的老师、家长。每个孩子都有他的长处,关键在于大人们,善不善于发现和放大孩子身上的优点。

当然就是夸赞孩子也是大有文章可做、值得推敲的。

美国康州科尔布鲁克联合学校伊丽莎白老师有两个孩子,一个9岁,另一个只有5岁。我们大人围坐在客厅聊天,两个小家伙则在地上摆弄着玩具,不一会儿就建起了一座“兵工厂”。看着两个可爱的孩子,我对伊丽莎白说:“您这两个孩子真聪明!”不曾想,我话一出口,伊丽莎白就把食指放在嘴巴中间,悄声提醒我,千万不要让他们听见。我怀疑刚才的话被伊丽莎白误会了,于是再一次重申,自己刚才是在夸奖他们聪明,并没有别的意思。谁知道听我这么一说,伊丽莎白马上拉着我就走进了卧室。她告诉我,相对于夸她的孩子聪明,她更喜欢别人夸他们能干。

我更加纳闷了,聪明和能干有什么区别吗?面对我的疑惑,伊丽莎白解释道:“长期表扬孩子聪明,会使他们觉得事情很容易做,碰上困难问题会不自然地想到躲避。比如,考试时遇到自己不会做的试题,往往会想,连我这么聪明的人都做不出来,那一定是老师弄错了。”

伊丽莎白的话,不由得让我想起自己的儿子。平日里,当儿子完成了一项任务之后,我总会夸他聪明。听了我的赞扬,小家伙会非常高兴。可是有一次,儿子在一次考试中,数学只考了70分,面对我的责问,儿子难过地说了一句:“妈妈,我是不是很笨?”当时,我不知道儿子为什么这么说。现在一想,造成这种局面的原因,可能就是我经常挂在嘴边的“聪明”二字。正想到这里,伊丽莎白挎着我的胳膊来到客厅,两个孩子还在摆弄着玩具。忽然,他们费尽心思搭建的城堡一下子倒塌了。伊丽莎白蹲下身子,一边帮着他们收拾,一边对他们说:“看,因为你们刚才粗心大意,所以失败了,妈妈相信,只要你们再细致一点,一定会成功的……”听自己的母亲这么一说,两个孩子更加用心了。

仔细想想,对孩子的夸奖还真是大有学问。那些被称赞为聪明的孩子往往变得过于注重最后的结果,一旦遇到挫折就彻底灰心丧气,甚至怀疑自己的智商,极易产生自暴自弃的心理。而那些被夸奖努力和刻苦的孩子,则更富有持久的上进心和学习兴趣。心理学家认为,智力及能力是可以通过刻苦学习而提高的,从而孩子会更愿意承担风险和富有挑战性的学习任务。看来,以后再夸奖孩子时,我们的确有必要用“努力”来取代“聪明”了。

的确,过多夸孩子聪明,往往会让他们形成一种错觉:某件事做得好、取得了成功,该归功于自己的聪明;而某件事做错了、失败了,是因为自己不聪明。这导致孩子忽视努力的重要性,在失败面前感到无能为力。

一天,一位爷爷发现孙子的情绪很低落,耷拉着脑袋,两眼还饱含泪珠,经再三盘问得知,孙子把大象的鼻子画歪了,美术老师当堂指出,惹得同学们哄堂大笑。孙子感到非常委屈,他问爷爷:“爷爷,你不是总夸我顶聪明的吗?为什么今天我不聪明了呢?”经孙子这么一问,爷爷有点不知怎样回答,深思后他觉得:孩子连这样一点小挫折也受不了,显然是平时经常夸他聪明,让他认为自己事事都会成功,也只能成功。

从此以后,爷爷将往昔“赞扬性”的教育转变为“鼓舞性”的激励,把“你真聪明”转变为“你真努力”。当孙子堆砌积木成功时,爷爷告诉他这是努力的结果;而积木翻倒了,爷爷又会鼓励他:“只要再努力一次,你肯定会成功的。”爷爷的这种转变收到了很好的效果。再遇到挫折的时候,孙子不仅不会垂头丧气,而且还会说:“因为我不够努力,只要再努力一下,就会成功的!”听到这样的话,爷爷心里美滋滋的,这不正是这个老先生追求的目标吗?

二十、做孩子的诤友

2011 年年初,一本关于育儿的自传《虎妈战歌》轰动美国,引发一场关于教育思想理念的热议,也引起中国民众的广泛关注。这是一本回忆录,是美籍华人蔡美儿回忆自己如何以中国式“棍棒教育”,管教自己的两个女儿,不许女儿出去约会或在外过夜，不许她们看电视、玩电子游戏或参与手工之类的垃圾活动。有一次，她女儿在一次数学竞赛中拿了第二名，排在一位韩国孩子后面，蔡美儿骂女儿垃圾，逼迫女儿每晚做2000道数学速算题，直到她重新拿回第一为止。还有一次，两个女儿送给她的生日贺卡质量欠佳，蔡美儿拒绝接受，要求女儿重做新卡。再有一次，她威胁女儿，假如不能完美演奏好一段音乐的话，她就要烧毁女儿的所有毛绒玩具。

结果，蔡美儿的两个女儿门门功课都得A，而且在一系列音乐比赛中获胜。

无独有偶，2011年年末，中国出现一位“狼爸”，他扛着鸡毛掸子，手拿藤条，愣是将3个孩子“打”进北大。“每天一顿骂孩子进北大”、“要科学地打孩子”，他的这些“狼式教育”在网上广为流传。

一时间，“虎妈”离场，“狼爸”登台，有人认为这是虐童，不值得提倡，但也有人赞成支持，关于家庭教育的争论在网上再次上演：究竟该以棍棒式的传统东方管教为主，还是要以西方式的沟通鼓励为主？

我要说的是，作为家长一定要明白，赏识不是教育的万能灵药。过分地滥用赏识，一味地表扬、鼓励有时会适得其反。因为一方面会使学生丧失对生活中挫折的警惕性，难以做出正确的应激反应；另一方面会使学生远离社会实际，进而导致对个人与社会、权力、责任的误解，减缓他们融入社会的步伐。没有批评的教育是不完整的教育。对孩子教育中出现问题进行适度的教育惩戒与赏识教育的根本目的是一致的，都是为了达到人性的完善和身心的和谐发展。人非圣贤，孰能无错，成人尚如此，何况小孩子。孩子的成长过程，其实就是一个不断改正错误，不断进步的过程，他们的思想都是在跌跌撞撞中选择方向的。在这个过程里，成年人自然要不断纠正孩子的错误。纠正错误的方法有很多，但惩戒是其中必须有的一种。通过惩戒，可以增强孩子对不良行为的认识，加深孩子对所犯错误的印象。而且，惩戒还可以使孩子更加懂得规则、制度、约束的重要性。

惩戒，警醒混沌者的一瓢凉水，其魅力犹如树木成材前的剪枝过程，犹如庄稼成熟前的喷药措施，它可以促使学生在适当的惩罚过程中规范自我，促进其健康成长。惩戒虽然对一个人的成长具有重要意义，但父母要明白的是，惩戒仅仅是教育的辅助手段，在有些错误行为不断出现时，父母方可以使用。要坚持原则，科学惩戒，这是因为，惩戒毕竟不是正面教育方式，过多或不当地使用惩戒,会使得孩子产生一系列不良反应。例如,有的孩子因为过度惩戒而产生逆反心理;有的孩子因为不当的惩戒方式变得说谎或逃跑;还有的孩子会因此产生攻击性倾向,把自己所接受的惩戒发泄在别的人身上。因此在惩戒的同时应当向孩子传递“虽然爸爸妈妈会因为你的糟糕表现而感到生气,但是我们还是爱你的”的信息。

虽然适当的惩戒有时是必要的,但是家长不要错误地认为惩戒就是打孩子。打孩子是错误的行为,因为常挨打、挨骂的小孩不但身心受创,智商也会比其他幸福孩子低——这样的孩子会出现“拼或逃”的反应机制,这种好斗或逃避心理会冲击孩子的创造力与想象力,而创造力、想象力都会影响一个人的智商,并且打屁股等体罚使孩子与父母的关系越来越疏远,还会造成不安全性问题,更多的强颜欢笑、内心忧郁的孩子,他们内心的创伤可能需要一辈子修补,说到这里,作为家长应当明白,“虎妈”、“狼爸”的成功不值得羡慕。美国麻省理工学院的一位面试专家,面试过许多到美国考试的中国学生。他认为,对于亚裔学生的教育奇迹尤其是每一个中国家庭创造的教育奇迹,都要耐心地等待后续篇章的展示。言外之意是拭目以待这种成功能持续不会太久。在美国16到24岁的亚裔女性中,华人的自杀率最高,其中麻省理工学院的亚裔本科学生自杀率是全美大学平均自杀率的三倍。究其根源,是在一种高压模式下和应试教育环境中形成的人格,承受着严重的抑郁和自杀念头的折磨,他们感到自己毫无价值,没有能力处理好生活的压力、现实问题或者人际关系,他们的性格内向,不善与人交流,又不愿求救心理医生,因而患有心理疾病的概率比较高。

说到这里,我想对家长朋友说,批评孩子有必要,在这上面就当孩子的诤友吧。诤友就是能够直言规劝的朋友。所谓“诤友”,就是勇于当面指出缺点错误,敢于为“头脑发热”的朋友“泼冷水”的人,帮助自己的朋友。

孩子犯错了,家长要冷处理,“热处理”会烫手的,因为这样会“两败俱伤”,大人气得“肝胆俱裂”,孩子吓得“抱头鼠窜”。要向孩子说明惩戒的原因,有点“挥泪斩马谡”的味道,不是爸妈喜欢惩戒,而是你的问题让我们不能不让你上点心,做点“小手术”。惩戒前后要一致,说到做到,这样孩子会心服口服,达到教育的目的。

惩戒不要“翻箱倒柜”、“数罪并罚”。“攒够堆儿了再说”,虽然有时是父母的一种手段,但是这种“记账式”说法会让他觉得自己“罪大恶极”,是一种恐怖行为,孩子听后觉得无路可走,死路一条,是非常危险的。对孩子的问题处理要及时,等问题变成了脓包再说已经晚了。其实我们很多人有这样的经历,每次出错时,心里忐忑不安,父母虽然不惩戒,但是要我记着,以后再收拾我,我后怕不已。数落孩子的时候,以前他犯的错误本来他已忘了,再让他"复习"一遍,会增加他的心理负担。

切忌"冷战"。有的家长因为孩子的成绩不理想采取连续几天对其不理不睬的对策,殊不知这种消极的惩戒方式会给孩子留下深深的心灵创伤,其危害可能远远高于人们的估计。因为这是父母不自觉的心理控制,这种控制是一种强迫性的控制行为,能导致孩子感到自己的人格尊严遭到剥夺,孩子的自我评价可能会因此降到最低,认为父母不爱我了,这样会使他们罹患抑郁症。

此外对于孩子某些不良行为,家长可通过施予孩子不愉快的非语言刺激,来减少和控制孩子不良行为的频率,比如:目光注视(以冷峻的目光较长时间地注视孩子)、距离控制(逼近或远离孩子)、轻微的惩戒(拿走孩子喜爱的物品),这样会使孩子对自己的错误行为产生内疚和羞愧,从而减少和消除不良行为发生的次数。

不能想着孩子是自己的就口无遮拦,随便说话,说狠话。不要说出"你真笨"、"都怨你"、"你不好"、"你很傻"、"笨得像头猪"、"榆木脑袋"等否定性的话语,这样会给孩子带来伤害。

附:马克吐温的家规

美国著名作家马克·吐温将女儿们看作是自己的朋友,与她们之间始终保持着一种平等、友爱和相互尊重的关系。马克·吐温从不摆出一副做长辈的架子,从不训斥女儿,但是,他也并不姑息女儿的过失。一次,他的大女儿苏西打了小女儿克拉拉,尽管苏西主动向妈妈认了错,但是按马克·吐温制定的家规,她必须受到惩罚。受惩罚的方式由苏西自己提出,她选择了自己最不愿意受到的惩罚,即不与全家人一起坐大车到一家农庄去度假。马克·吐温后来在回忆这件事时说:"并不是我让苏西做这件事的,可想起可怜的苏西失去了郊游的机会,至今仍让我感到痛苦,即便在26年后的今天。"马克·吐温将女儿看成是自己的朋友,给予女儿的是全身心的爱和接纳,给女儿创造的是友好和民主的家庭生活气氛。诚如心理学家诺尔蒂在其诗中所写的:"……如果孩子生活在互相承认和友好的环境中,他就学会在这个世界上去寻找爱情……"马克·吐温的女儿在未成年时就对自己的父亲充满了爱和尊敬,对整个世界和人生充满了爱,这种爱正是马克·吐温在女儿幼年时所种下的。

对孩子说"不"的诀窍

怎样对孩子说"不"? 这个看似简单的问题却时常令父母们大伤脑筋。孩子从一降生,一天天长大,开始学会说话和表达意愿了,不停地要这要那。父母们总是千方百计地满足他们的要求,如果不满足,就哭闹不休。要什么给什么,他要星星,你能上天给他摘下来吗?

心理学家认为,对小孩的需要应有所限制,不行就是不行,再哭再闹也没用。大人的态度不要变来变去。如果孩子明确知道什么可以要,什么不可以要,他们就会感到平静和安全。况且限制是现实世界的一部分,孩子生活在这个世界上就必须学会正确接受各种限制。

要让孩子知道什么可以做,什么不可以做,首先大人要付诸行动。不能碰的东西要放在小孩够不到的地方。而且要向孩子讲明,为什么不能碰。如果看到孩子正在摆弄你心爱的手机,你可以通过转移他注意力的方法,拿个小玩具或别的新奇的东西把它换过来。对年龄尚小的孩子来讲,此法屡试不爽。

你也不妨在某一次放纵一下孩子,让他尝尝淘气的后果。为什么不能碰妈妈的针或是熨斗? 小孩子没有被扎过或是被烫过,自然理解不了。有了一次的经验后,他才会认真地把大人的劝告放在心上。

家长在说"不"的时候态度要坚决,否则孩子马上会感觉到你犹豫不决,更加要按自己的意见去做。比如,孩子上学问你要钱买冷饮吃,你不同意就是不同意,不要说,只要你上课好好听讲,就给你钱,你这样说就是让他学习以吃冷饮为目的的,孩子能学好吗? 只有以坚决的、不容置疑的口气予以否定,孩子才会听从大人的意见。

如果孩子大吵大闹,千万不要姑息。即使非常小的孩子,也要慢慢教他学会尊重家庭其他成员的意见。爸爸想看足球，儿子想看动画片，他们完全可以达成妥协，看会儿动画片，再看足球。做爸爸的也不能完全无视孩子的意见。

无论是溺爱，还是专制，都是父母不想理解自己孩子的表现。相反，适当的限制或宽容会让孩子在生活中学到知识和懂得尊重他人，受益匪浅。

家长惩戒孩子要注意七个原则

1. 对事不对人，让孩子清楚地知道他做错了什么才受惩戒，并告诉他正确的行为；

2. 选择合适的惩戒方式，以提升教育效果；

3. 惩戒孩子要审慎，不能造成身心伤害，切忌在盛怒之下惩戒孩子；

4. 惩戒孩子不可采取杀鸡吓猴、报复、翻旧账、连带（一人犯错，其他人也跟着受罚）等方式；

5. 不在公开场合惩戒孩子，照顾到孩子的自尊心；

6. 惩戒后要适当安抚，告诉孩子父母真心爱他，希望他能学好；

7. 如果孩子能改过，应该立即赞美，让他感受到父母之爱的惩戒才有意义和效果。

二十一、做孩子的收藏之友

当孩子爱上收藏，一会儿要钱买各种各样的飞机模型，一会儿大人喝酒又要酒盒里的打火机，还问亲戚索要旅游的门票等，做父母的不要大惊小怪，更不能因为以收藏耽搁学习为理由，不让孩子收藏。常言道，堵不如疏，做父母的要让他会收藏，善于收藏，他就会从收藏中学会分类，学会知识，学会欣赏，提高自己的内涵和内在素质，可以说，有收藏爱好的孩子一人在家不寂寞，因为收藏品会使他快乐。20 世纪七八十年代，因生活水平不高，那时的孩子收藏的东西单调，不过是糖纸、烟盒罢了，收藏连环画、邮票那简直是奢侈品了。收藏邮票只能从收信人那儿死乞白赖好话说尽才把人家的邮票要过来，但是只要收藏，这个孩子就了不起，不管他能不能说出其中一二来，单是那收藏品拿出来，就让小伙伴艳羡不已，大家都夸这个孩子是个有心人。其实收藏也是人的意志品质培养，现在看还是一种投资呢。

当然，有的父母说，我们没有收藏爱好，孩子喜欢收藏，怎么办？你就让孩子给你讲讲收藏的理由，藏品的特征，什么寓意，不但丰富孩子的想象，也让家长开阔视野。孩子喜欢收藏钢笔，你出差买几只造型特别的钢笔就是给孩子最好的礼物，他的心就会离你很近。

孩子爱收藏，可以专一给他做个玻璃柜或其他类型橱柜，让他分门别类地存放，譬如他爱收藏车模，既可让他按时代分类，又可以按颜色摆放，也可以按国别放在那里，还可以按用途等分开放，他就会对车有研究，说不定以后会像韩寒一样成为一个赛车手，或者像比亚迪老板王传福书写人生财富传奇。

如果家长爱收藏，孩子耳濡目染，即使没有收藏爱好，也会受到熏陶，眼界自然不会一般。如果孩子因家长的爱好也喜欢上收藏，就会彼此促进，结伴而行，如喜欢上奇石，就会山南海北地陶醉于自然之中，“革命事业”就得到了传承，那份家业就会升值。

如果孩子不喜欢收藏，做父母的想让他有所爱好，可以经常带他到博物馆参观，到有个人收藏品的朋友家里去了解，看看电视上的鉴宝节目，到拍卖现场去感受感受藏品给人生带来的价值，给予资金保证，并给他开好头，例如可以给他买套邮册，让他认识邮票，知道邮票是一个国家或地区主权的象征，一张小小的邮票能体现一个国家的历史、科技、经济、文化、风土人情、自然风貌等特色，使他知道邮票除了邮政价值之外还有收藏价值。以此让他了解邮票的来历，它的发展，对中国近、现代史都是一种学习，了解版票、小型张、绢质邮票、纪念封，拿到邮票能看出邮票品相，参加书信大赛等，人生的经历就会丰富起来。

如果孩子不管怎样也不喜欢收藏，做父母的不要强求，因为“强按牛头不喝水”，否则会适得其反，让他产生逆反心理。当然，孩子再不喜欢收藏，也要给他买个书柜，让他把读过的书放在里面，书放满了，把他读过的书另放个地方，千万不能把它当废品卖了，包括他的教科书，再让他把近期读的书放在里面。等他长大后让他看看童年、少年时候读过什么书，这其实也是收藏，这收藏的是孩子人生的高度！从这个角度上来说，我们每个家庭都有收藏，都在收藏。

还要让孩子知道，收藏需要的时间不应和学习工作相冲突，收藏的时间要放在课余、节假日，这样收藏才对他的学习、工作起到愉悦作用。

方方系列故事之十九

当 组 长

方方都上小学二年级了，功课还行，可就是连个小组长也没当上，这成了一家人的一块心病。

刘芳千方百计认识了方方班主任的朋友的同学，一再拜托。

这天，方方爷爷接孙子刚进门，就激动地喊道："快快，告诉大家一个好消息，方方当上组长了。"

"耶！"方才、刘芳挥起拳头，像中了大奖一般，家里的气氛顿时充满了热烈、祥和、幸福，像春节晚会的主题。

"上二年级就当上组长，以后还能当班长，长大还能当市长、省长呢！"方方奶奶也憧憬着方方的锦绣前程。

"你们组几个人？"方才问。

"连我 8 个人。"方方背着手，骄傲地答道。

"哟，能管 8 个人，真不简单，相当于我们两个科，你这个小组长就是大科长。"方才无限感慨。

"相当于当兵的一个班呢，你这个小组长就是班长了。"老爷子美滋滋的。

"当了组长以后，还要好好学习。"刘芳不失时机地叮嘱道，"学习第一，当官第二，以后才能上名牌大学，当官。"

看着大家眉飞色舞、七嘴八舌地说着，方方又得意地说道："告诉你们，今天我当了组长以后，我们组的刘东东送我一块巧克力，王芳芳送给我一支自动铅笔呢！"

"哟，有人给你送礼了，有出息了。"方才咧着嘴笑。

"当官好，当官好，爷爷光荣得胡子翘……"

"好了好了，今晚为祝贺方方荣升小组长，我们上饭店撮一顿。"妈妈打断爷爷的话。

“不过,以后不准你们再叫我方方了。”方方忽然大声嚷道。

大家一怔。

“那喊你什么呢?”方才不解地问。

“以后喊我方——组——长!”方方一本正经。

“我们班的黄艳艳当上班长后,她不许我们喊她名字,只许喊她‘黄班长’,明天到学校去,我让我们组的同学也喊我‘方组长’。”方方踌躇满志。

“好好,我们都喊你方组长!”奶奶脸上有止不住的笑。

“方组长,我们上饭店去。”一家人不约而同地喊了一声。

方方当上组长后,学习的确有了进步。

二十二、做孩子经典诵读之友

中华民族历史悠久,文化经典更是灿若星河,以《三字经》、《弟子规》、《千字文》、“四书五经”和唐诗宋词等为代表的这些优秀的文化经典,凝聚了前贤的大智大慧,睿语哲思,浓缩了华夏五千年的思想精粹,感染熏陶了一代又一代龙的传人,可以说是一份宝贵的精神财富,是最有价值的书。一首首诗作,一句句经典,可以说是字字珠玑,就像一面面镜子,反映社会生活,映照人们的心灵,一直影响到今天的生活,启迪人的理性和智慧。

0—13 岁的少儿心性纯净,是他们潜能发展的最佳时期,也是一生中记忆力最强的阶段,正是应把握其记忆的特长而善加教育的好机会。背诵国学中有价值的经典,使其在圣贤智慧的陶冶中,开阔心胸,端正品行,让优秀的中华民族文化渗进他们的血液。实践证明,少儿时代背诵的作用之大,相当于真正的秘藏,经过岁月的发酵,真可以说是取之不竭,用之不完,让孩子受益终身,的确是读经典一部,胜杂书万卷。我们所知的经典诵读教育是由北京大学、清华大学、北师大等一批教授、专家共同推动的全新教育理念,这套理念在全国进行试点,获得巨大成功,现在全国有 500 多万 0—13 岁的儿童在接受经典教育诵读,中央电视台,《社会传真》栏目等多家媒体进行跟踪报道。

一是改善行为习惯。诵读经典对改善和矫正儿童的行为习惯,具有很大的作用,使孩子养成良好的行为习惯,变得有涵养,懂礼貌,孝敬父母,不娇溺等。

有位家长朋友说，他的孩子平时吃饭的时候，总是不等别人，只要饭菜端到桌上，就只顾自己地吃起来，在家里，总是对爷爷、奶奶大喊大叫，和外人接触却一问三不答，像个小绵羊，自从读了经典以后，他知道那样做真是太没礼貌了。自此以后，出门不害羞了，会主动和别人交流了，对人热情大方。吃饭时，他恭恭敬敬地站在饭桌旁，先请我们坐下，等我们让他坐了才坐下。我们问他谁教你这么听话，是老师吗？他自豪地说，除了老师教我之外，还有一位古代的老师——《弟子规》教的。于是他就背起了“长者立，幼勿坐，长者坐，命乃坐”。可见，经典诵读可以让孩子养成良好的行为习惯。

二是快速高效识字。《百家姓》、《千字文》、《三字经》等就是古代儿童启蒙识字的读物，通过读背能提高识字能力，稳定情绪，训练专注力和注意力。

三是提高写作水平。古人都有这样的感受，“熟读唐诗三百首，不会做诗也会吟”，经过经典文章的熏陶，潜移默化，厚积薄发，写作自然意到笔随，引经据典，下笔如有神助。

四是能够强化记忆。通过诵读经典后，记忆力大幅度增强，背诵课文及其他学科都会变得轻松简单。

五是阅读能力提高。书读百遍，其义自见，大量事实证明，大量诵读经典文章，阅读能力快速提高。

六是提升道德素养。传统文化经典中汇集了中国很多思想精粹和美德，与道德教育紧密结合，具有道德优先、重“道”轻“器”的倾向。孔子早就说过“君子不器”，又说“君子喻于义，小人喻于利”。《大学》开篇即说“大学之道在明德，在亲民，在止于至善”。所以中国传统学术一直强调“做学问”与“做人”的统一，甚至将“做人”放在“做学问”之前，以为“做学问”是为了更好地“做人”，是为了修身养性，培养完美的人格。

曾经75位诺贝尔奖获得者聚集法国巴黎并发表宣言，指出“人类要在21世纪生存下去，必须回首2500多年前，去汲取孔子的智慧”。在联合国大厅里，赫然写着“己所不欲，勿施于人”的中国格言。“己所不欲，勿施于人”已被世界确认为人类社会应该确保的道德底线。

让孩子在读经诵典中养德行，学会做人，它像雨丝一样润物细无声地滋润着孩子的心灵，使他们优秀的道德品质自然形成。一个3岁半的小朋友李圣善，学了“香九龄，能温席”之后，对妈妈说：“妈妈，我先睡你的床，睡暖和了你再睡！”的确是“人之初，性本善，性相近，习相远。苟不教，性乃迁”。

除了上述直观的效果之外，一些专家学者还从理论的角度证明，在少儿阶段提倡读诵经典，是一个出力少、见效快、后劲足的教育方法。

出力少，孩子只需要每天诵读二三十分钟即可，不用特意抽出大量的时间来背诵，不需要多加解释，不增加家长的负担。

见效快，孩子诵读两三个月后就可发生明显的改变。某小学一年级学生陈虎、杨涛自制力很差，一堂课安静不了十分钟，说话、下位、打架，时有发生，诵读经典一个多月，他们就有了比较明显的转变，现在他们上课一丝不苟，经典让他们从内心深处安静下来了。

后劲足，利用孩子少儿时期的记忆力，记下一些永恒的东西，而且在其记忆力正发展的时期加以训练，其记忆力会达到较高的顶峰，一辈子维持在较高的水准上；腹有诗书气自华，记下的东西都是最具有意义的经典文化知识，个人一生怎么能受用得尽，解读得完？当孩子把这些记到脑子里，就自然激发了他们的理解力和创造力了，也就获得了永不枯竭的源泉。

少儿国学是最佳的传统文化的起步，父母子女一起诵读经典，更能增进亲子感情，是最好的亲子活动。家长每天抽出一点时间可以和孩子一起背诵、互背、举行比赛等，就像是同学朋友，孩子不但对此感兴趣，而且会背得快，这样做不是一种功利行为，而是为孩子的终身发展投资。上世纪 80 年代我才当老师的时候，教二年级，书摊上有一本书《妈妈教唐诗》非常畅销，我就让学生都买一本，我们一起背，一个月以后进行比赛，我还说到时候在这一百首诗里，大家任选一首我都会背，激起大家的极大兴趣。到那一天，我让大家任意挑选，我背。我“对答如流”、“信手拈来”的本事不但让学生更加亲近我，喜欢我上的课，而且都背会了这本书。

家长带孩子外出如果用上古诗，孩子对诗就会有更深的理解，例如到山顶吟咏“会当凌绝顶，一览众山小”，在金茂大厦顶对孩子说，“欲穷千里目、更上一层楼”不但能开阔孩子心胸，而且能体悟到人生积极向上的益处……孩子期末复习对他说，温故而知新，学了“莫等闲，白了少年头，空悲切”后，结合自己的人生历程让他知道珍惜光阴。背诵了“慈母手中线，游子身上衣”孩子会懂得要孝敬长辈。每当三八妇女节、重阳节来临的日子里，他就会做卡片、写贺词、为母亲洗脚、给长辈倒茶、写信、做力所能及的家务……用实际行动践行着“感恩”的旋律,这对孩子的成长有着积极的意义。当他乱扔纸屑时,你来上一句“勿以善小而不为,勿以恶小而为之”,他就会从小处着眼,从细节做起,做好孩子。

二十三、做孩子的网友

网络如今已是我们生活中一个重要的组成部分,电脑已非成人专属物,不少小学生也成了电脑高手。孩子玩电脑网上冲浪,利多还是弊多?

家长应明白电脑是“双刃剑”,对孩子的影响不容小觑。一方面,电脑是现代化联络手段,教他们分析事物,养成他们具有战略性、综合性以及前瞻性的思维,它能提高孩子的想象能力,引导他们通过不同方法来解决问题,是每个孩子都应当掌握的必要技能。合理利用电脑可以让孩子完成电脑作业,也可以使用电脑查资料、画画、写博客日记、进行音乐欣赏,逢年过节给远方的亲友发电子邮件祝福。另一方面,孩子玩电脑主要以游戏为主,有些极富侵略性的游戏也会在潜移默化中令孩子们变得更为残忍,改变其世界观。他们可能对游戏上瘾而难以自拔,不愿跟人交流,性格变得孤僻。不管是让孩子利用电脑学习还是玩游戏,电脑屏幕前最好还要放视保屏或戴上防辐射眼镜看,保护他们的眼睛,现在很多孩子近视就和玩电脑有关。

儿童心理学家阿林娜·叶戈连科娃认为,孩子倘若长期坐在电脑前,神经处于高度兴奋状态,长此以往,可能会罹患抑郁症和神经衰弱,变得容易疲劳,注意力下降,甚至还会变残。研究表明 ,经常在电脑上打发闲暇时光的小孩,其学习成绩会出现下降。5 岁以下的小孩应当远离电脑,他们尚未发育成熟,对危害的抗御能力较弱。5—7 岁的小孩每次操作时间应控制在 10—15 分钟,每周不宜超过 4 次。8—12 岁的孩子每次玩电脑时间应控制在 30—40 分钟左右,12 岁以上的控制在 1 个小时左右。对于迷恋电脑的孩子,下面的这个报道《西安一少年痴迷电脑 十几小时玩瞎双眼》就是警示。

据一家晚报报道,“我儿子连续玩电脑十几小时,竟导致眼睛暴盲,这可怎么是好?”昨天,西安理工大学吴女士担忧地向记者诉说了此事。

据吴女士讲,她儿子李某今年上高一。12 月 1 日晚上,儿子打电脑游戏一坐便是十几个小时。次日下午，儿子突然说眼睛疼，看东西模糊。随即便什么也看不见了。

据医院眼科专家介绍，病人出现暴盲是因为屏幕上出现的画面是上下左右跳跃式的，变幻迅速，玩的人目不转睛盯着荧屏，使眼睛过度疲劳，轻者引起近视，重者导致视网膜脱离，造成视力严重障碍而突发暴盲，即暂时性或永久性失明。

一旦发现孩子有迷恋电脑、手机游戏的趋势，要通过其他有意义的活动来转移孩子的兴趣。如在双休日，家长可以带孩子出游、购物、走亲、访友等，也可以让孩子根据自己的兴趣爱好去学习一些特长如弹琵琶、学素描、学声乐、练写书法等。更重要的是让他们学会控制。比如放假了，可以每天上网一小时，开学前变成半小时，开学就不能玩了。我的两个孩子上小学的时候我们不买电脑，有电脑以后也不让他们玩，他们双休日就说找同学玩，到了晚上也不急着回家，我和爱人就去找，结果发现在同学家玩电脑，并且经常趁我们不在家，打开电脑玩，我们回来后，发现他们玩就训斥他们，但是不见效，禁止他们玩不是办法，后来我对他们说，星期天作业做完后可以玩一个小时，如果超时，以后就取消玩的资格，我看着表。他们还是自觉的，虽然也出现了反复，但是基本控制住了，后来我们不在家也能控制住自己，这个习惯坚持到了高中。孩子学会了控制自己，上网就不那么容易上瘾。

当孩子患有网瘾的时候有人称之为孩子吸毒，必须进行干预性治疗，这种治疗不能靠别人，只能靠大人自己。孩子的社交能力差，经常被不满足感所困扰，眼高手低。然而，孩子毕竟年龄还小，心智尚未发育成熟，所以最好能与他们携手同行。比如他们上网的时候，父母可在一旁关注，或者和孩子一起进入游戏，给孩子当“军师”，也可以让孩子给自己讲解有关知识、技能技巧，和孩子轮换玩，可以成为QQ好友，互相聊天，这样能解开心锁，走进孩子心里。

有这样一个案例：有个农村妇女，只有小学文化，在村里开个小烟酒店，赚了点钱。她儿子读初二，上网、打游戏成瘾，一玩就是十几个小时，不吃饭不睡觉也不学习。妈妈把家里网线剪断了，他跑到外面网吧去。爸爸怎么打怎么骂都没有用，笤帚都打坏几把了，请教了多少专家都没有解决问题，软硬都不吃。这样下去整个家都毁了，孩子的未来没有了！怎么办？不能让孩子这样沉沦！

这位妈妈为了救自己的儿子,从零开始学电脑。可她连怎么开机都不懂,网线怎么插更不知道,打字也不会……她在学电脑过程中碰到种种难题,可是她发挥超强的毅力,咬紧牙关,硬是把一个个困难都克服了。她还把她学习电脑的艰辛一点一滴记在日记本上……可怜天下父母心!就这样默默地苦学了半年,妈妈学会玩 QQ 了,她取了个网名,用 QQ 跟儿子在网上聊天。当然,儿子并不知道这个网友就是自己的妈妈。他们经过多次交流沟通,聊得很投机,几乎无话不谈。两个月后,儿子要求跟这个网友见个面,因为他觉得这个网友太神了,每次聊天,他还没有说什么,这个网友总能猜到他的心思,他很好奇。这位妈妈也觉得时机已经成熟,就答应了。一见面,儿子发现对方竟是自己的妈妈,大吃一惊。他想不到,只有小学文化水平的妈妈竟然会用电脑和自己在网上聊天。妈妈把自己这半年来怎样从零开始学习电脑的艰辛记录拿给儿子看。儿子看后痛哭流涕,跪在妈妈面前,承认自己错了,从此再也没有沉溺在网络游戏中,彻底戒掉了网瘾。这位母亲伟大吗?伟大!她用自己的努力,感化了儿子,让儿子重新步入正道。由此可见,求人不如求己,只要父母用心,就一定能挽救沉溺在网络中的孩子。

方方系列故事之二十

“天使”变“野兽”

“现在真是伤脑筋。”在办公室里,刘芳听同事问起正在上二年级的儿子方方学习的事,情绪就有点控制不了,“小时候尝尽家暴的苦头,发誓一定要做个绝对不打孩子的妈妈。可是,现在做不到啊,做不到啊……”刘芳“满脸旧社会”,“对他,我们家经常上演‘天使与野兽’。”

“怎么了?”大家都问道,在她们眼里,方方可是一个聪明、可爱、懂事的乖孩子。

刘芳说她每天按时按点接送孩子上下学,回家后还要赶紧做饭、管孩子,感觉每天紧紧张张的,总希望方方能自觉迅速地将那十来分钟的作业做完。然而事与愿违,“每天下午一到家,我都像温柔的天使一样对他说:宝贝,你看作业很少很简单对吧?我们赶快写完,写完后就可以看电视看动画片,也可以自己看书,或者去吃肯德基,总之平时一切他喜欢的我都答应。”

方方一般这时的回答都非常坚定,“放心吧妈妈,你忙你的去吧!”

“可是,”刘芳说,“我给你们回放个镜头,就说昨天晚上吧,到家后,我看着手表,5 分钟过去了,方方的作业好像什么都没有开始,也不知他在那忙活什么。”

刘芳就有些不快地说:“你怎么还不快点写,今天这点作业要是老让人催着,就没劲了。”

接下来,10 分钟后,再去窥视方方,还是什么都没开始。方方在拨弄文具。

“你怎么还在玩? 玩什么,铅笔、橡皮、尺子都有什么好玩的。你怎么这么不听话,是不是非得‘敬酒不吃吃罚酒’,‘不见棺材不掉泪’?”

索性,我不做饭了,气呼呼开始坐在方方旁边当监工。

“妈妈,我要喝雪碧!”

“好好,妈妈给你拿!”

“妈妈,我要拉便便!”

“好好,你去拉便便。”

……

20 分钟后方方从厕所出来,一个小时已过去了,儿子的作业一点也没做。我也不客气了,把他按在床上就是几巴掌。他才哭哭啼啼地写起来。

“你们是不是给方方布置的还有作业?”王君君问。

“老师布置的作业太少了,十来分钟就做完了,不能只让他玩,或者看电视,我们又给他买了练习册,每天给他布置几道题。”刘芳说。

“原来如此,其实孩子磨蹭有时是一种无声的反抗,反抗的对象当然是爸爸妈妈。你们望子成龙,生怕自己的孩子落后,于是,在孩子做完学校的家庭作业后,又多加了许多功课,像什么背古诗、做习题。慢慢的,孩子就总结出‘经验’:写完了老师的作业,我还要写妈妈布置的作业,写完妈妈布置的作业,爸爸的作业又来了,还不如慢点写,还能偷点懒! 所以,家长别额外给孩子布置作业了。现在的学生课业负担已经挺重的了,最好别再加码啦。”办公室牛大姐说道。

“才小学二年级，多出来十来分钟不算增加包袱。”同事张笑荷说道，“我女儿上初中，每天晚上做作业做到11点。要让他从小适应啊。”

“对！学习是他们的主业，我们大人都是围绕他们转，不好好学习就得来硬的，武力镇压，这样才能从小培养出按时做作业的好习惯。”刘芳找到了知音，“他拖拉，就惩罚他，打他，玉不琢不成器，棍棒下出孝子。”

“不要说‘不到黄河心不死’一类的话，他们也不懂。”牛大姐岁数大，知道自己劝不了这些年轻的家长，但是她觉得还是提个醒：“家长在‘武力’教育孩子时，往往因情绪激动而怒不择物，抓着啥打啥，弄不好家长对孩子施暴致死致残，前两天我在报纸上看到这样一个报道，在广东顺德开面食店的福建籍家长因9岁的女儿拒绝上补习班，当街猛打，后因用力过猛致女童死亡。”

“太恐怖了。”王君君感到不可思议，“以后我还是不要小孩了，做‘丁克一族’，这么吓人，这么费事。”

“听说郑州三岁的儿童小荃，因记不得香蕉的‘蕉’字怎么念，就被亲生的父母殴打致死。”牛大姐继续道，真是见多识广。

“真理朝前一步就成了谬误。干什么都要掌握好度。”张笑荷说。

“要知道打孩子是犯法的。”牛大姐又道。

“犯什么法，哼！其实打孩子是为了他好，是自己家庭内部的事，别人没有权利干涉。难道家长连自己的孩子都不能碰了？”刘芳简直要和牛大姐吵起来。

“美国的小学特别重视对孩子人身权利的教育，告诉孩子们每个人的身体不容侵犯，包括自己的爸爸妈妈。同样家长也不可以强迫或者威胁孩子做自己不愿意不喜欢的事情，包括一些课外班、选修课等，注重培养孩子自觉自愿的学习兴趣。老师总是适时地提醒孩子，当家长有侵权行为时要及时报告老师、邻居或直接拨打‘911’，据说‘孩子们别的记不住，但‘911’的号码他们记得清楚着呢。’”牛大姐神采飞扬地说。

“国情不一样，外国的月亮真的比中国圆？”张笑荷嘲讽道。

牛大姐无语，她心里感叹，劝她们进行好的家教可真是秀才遇着兵——有理说不清。

“事后，看着儿子胳膊上被自己打的红印子，我真的很后悔，但那一刻我好像控制不了自己了。"刘芳说。

"你打孩子内疚了,不会让你老公当打手?"张笑荷建议道。

"他打人没有把握,下手也狠,我才不劳他的大驾,让他打,真的会出问题的,还是我亲自动手吧。"

二十四、做孩子的健康之友

孩子身体健康是每一个做父母的心愿,让孩子健康快乐地成长,是父母的头等大事。因此做孩子的健康之友非常重要,因为父母是孩子最好的家庭医生。

让孩子懂得健康常识。俗话说:"病从口入。"所以要经常教育孩子不吃不干净食物、不喝生水,少喝饮料,生吃瓜果一定洗干净,最好削皮等,防止农药的侵害。很多孩子赶时髦仿照大人、大孩子听 mp3,不管谁的音乐都听,不说内容适合不适合他们,单是那些声贝都会影响他们听力的发展,甚至会导致他们耳聋。

教孩子养成卫生习惯。养成饭前便后要洗手,早晚刷牙,饭后漱口,经常洗脚,勤剪指甲,一星期至少洗一次澡,一个月理一次发等。不随便挖鼻孔,不往耳朵里塞异物。

帮孩子预防疾病。除了小时候及时给孩子打预防针外,要经常保持室内开窗通风,让空气流通,增加户外活动,加强体育锻炼。呼吸道传染病流行期间避免去人群聚集、空气流通差的公共场所,如商场、影院等地。添减衣服要"春捂秋冻",循序渐进,不可"大跃进"。合理作息,比如夏天要午睡,睡觉起床有规律。预防疾病其实需要从小事做起就可以了,如防非典、防甲感 H1N1、防禽流感有一条共同的要求就是勤用活水洗手。让孩子远离传染源,不接触动物尸体,远离病人,不随便带孩子到医院,远离医院有辐射的检查室。

要及时发现孩子的病情,当然只有时刻关注才行。我的小儿子李灏舟小时候我们抱着他看电视,他都是压着下巴然后瞪着眼看电视,就像过去伏案戴老花镜的老先生和人说话时眼睛从老花镜上面看人一样,我们还觉得有趣,甚至模仿他的样子逗他。当他十来岁在教室坐到稍微偏一点的座位时,竟说看不清黑板，我们一领他检查，才发现他的左眼弱视。到医生那里才知道孩子弱视治疗的关键是早期发现及时治疗，越早治疗就越好：3—5 岁治愈率在 85% 左右，5—7 岁治愈率在 78% 左右，7—9 岁治疗效果不理想，到了 12 岁治愈的可能性不到 50%，因此我们的心里很难受，但是我们下了很大劲，不但使用遮盖疗法，而且让他分拣绿豆、穿针等练左眼，等左眼到了零点八，再检查右眼，右眼竟然近视了，让我们很是懊恼后悔，孩子戴眼镜已成定势，做家长的稍不留心，就会给孩子带来一生的伤害。

使孩子从小学会养生。需要从两方面入手，一是食疗，多让孩子吃营养全面丰富的食物，不偏食，并做汤补孩子。二是多锻炼身体，前面我在《做孩子球友》里已经谈过，这里就不再多谈。尽量少吃药，即使有病，也不能盲目地滥服药，而应在医生的指导下正确地服用，以免给孩子造成无法弥补的身体伤害。

给孩子营造健康环境，减少病患。家长不在室内吸烟，不让孩子“吸二手烟”，不乱扔果皮纸屑，不乱涂墙，不踩桌凳，不随地大小便等，这样有益于他们身体健康成长，就会少生病、不生病。

孩子的健康成长也需要精神层面上的，科学家认为，精神上的压抑，心灵上的伤害，可致使神经体液内分泌系统功能紊乱，生长激素分泌发生障碍，从而使孩子发育不良，身材矮小。有这样一个例子，在我们老家，有个叫明明的小朋友，父母常年在外打工挣钱，春节都难得回家一趟，由一位 60 多岁的堂爷爷照顾。由于平常没有父母的疼爱呵护，没有欢乐的家庭环境，他比同龄的孩子明显长得矮小，动作也呆板，表情冷漠，语言迟钝，感觉木讷，看起来有点像一位小老头，给人的感觉有点“笨”，没有别的孩子那种活蹦乱跳，活泼开朗，神采飞扬的童真。由此可见，家庭的和睦、父母的抚爱是保证孩子健康成长的重要外在条件。

方方系列故事之二十一

签　字

一天评讲完试卷，张燕老师布置了家庭作业：订正错题，家长签字。

翌日，张老师一边批改学生订正的语文题，一边审阅家长所签的意见。

"王辉这次考试有了进步,但是考试题有点容易,还望老师继续严格要求,争取期末考试名列前茅……"

翻到了方方的卷子,订正的题有两道又错了,再看看家长的意见,"阅,家长方才。"字体潦草。

学生得了67分,也没意见,这家长脾气够大的,得见见这个家长。

下午方方的爸爸来了,见着张老师一脸的讪笑:"麻烦老师了,我这孩子不听话,这次考试也不理想。"第一次见方方的爸爸,本来有几句不客气的话要"送"给他,但是抬手不打笑脸的人,何况人家是学生的家长,是请来的客人。

"这孩子脑瓜挺聪明,还热爱劳动,就是爱吃个零食,你这做家长的要注意少给他零花钱,你想老师讲课时,他想着书包里的干脆面,能听什么呢? 只会开个小差,平时家庭作业写完后,要帮他检查检查……"

方才点头如鸡啄食,连说:"是,是,是。"临走还握着张老师的手,连连道谢,然后逃也似的走了。张老师感到方方家长还是个实在人,不护短,她想下次考试这孩子一定会有进步。

第三天张老师办公桌上有张学生写的纸条:

"张老师,方方卷子上的字不是他家长签的,是他花一元钱让校门口小卖部的老板签的,那天来的家长也不是他的爸爸,是他花10元钱雇的'摩的'司机……"

张燕老师一看,头懵了。

二十五、与孩子是爱护动物之友

喜爱小动物是孩子的天性。孩子小时候都经常听和动物有关的童话,看和小动物有关的动画片,玩着小动物玩具,应当说对小动物有着天然的亲近感。每逢节假日,孩子都要缠着大人上动物园看动物,对动物充满了喜爱之情,因此除了给孩子介绍相关的动物知识,如生活习性、生存地区、种类特征等,还要适时地告诉孩子,动物是维持生态平衡的主力军,动物是人类的朋友——一只家燕每天平均能吃90只蝗虫,一只灰喜鹊一年能吃掉松毛虫15000条,如果有一对灰喜鹊栖息在松林中,可以保护10亩松林不发生虫害,一只猫头鹰一个夏季可以消灭千只以上的田鼠,蛙类捕食害虫保护农作物,蛇虽令人生畏,却是捕鼠能手。

还要让孩子知道,人与动物和谐相处,就是对生命的尊重,我们的生活就更美好,我们的世界就更美好。这样的事在国外可是常见,下面的新闻故事就是说明。

2005年11月19日在荷兰陆瓦尔登市的一个晚会上,4155476面骨牌被推倒,历时1小时45分钟,打破了原来3992397面的世界纪录。这是来自17个国家的88名骨牌爱好者历时几周的杰作。

这次骨牌纪录还惹出了不小的麻烦。几天前,正当工作人员码放骨牌之时,一只麻雀飞了进来并弄倒了23000面骨牌。驱赶不及,人们只好将其击毙。但麻雀在荷兰是濒危动物,此举招致了当地数千人的抗议。一个悼念小麻雀的网页吸引了20万人次的浏览,超过5000人在网上留言,开枪的工作人员甚至受到了死亡威胁。为平息众怒,活动的组织者不得不在现场直播的时候对此表示歉意,还为小麻雀举行了追悼会。

而在中国,人们把动物当作餐桌上的美味,别说对它们生命的尊重了。资料显示,世界最大的野生动物消费场在亚洲,尤以澳港粤为盛。在中国菜的名录上,你尽可以找到猴脑、熊掌、蛇胆、鹿血、穿山甲、大蜥蜴、扬子鳄……正像顺口溜说的,"天上飞的除了飞机不吃,水里游的除了轮船不吃,四条腿的除了板凳不吃,长羽毛的除了掸子不吃……"在外国人眼里,这简直疯了,简直是饮食恐怖主义,由于缺乏对人类朋友——动物生命的尊重,也就受到动物的惩罚:非典的出现源自广东人对果子狸的食好。

在英国人眼中,尊重生命是最基本的素养。在英国的教育中,会教导孩子尊重的对象不仅局限于家人和朋友,还应该对所有生命都有爱心和责任感。

把珍惜和爱护动物作为切入口教导孩子珍爱生命是英国幼儿园、小学普遍采取的方式。记者在西伦敦杭斯洛的一所小学采访,看见健康教育课老师姆利正带领班上学生在操场上课。姆利指着一群搬家的蚂蚁说:"蚂蚁是种非常古老的动物,一亿多年前就存在了,并且它总是成群活动,非常团结,你们不能无故残害它们。但如果它损害家中物品,你们怎么办?"小约翰说:"把它放回土里。"姆利说:"非常好,将一两只放回花园、草地,它会通知同伴这里有危险,其他蚂蚁就会从家中撤离了。”此外，英国一些野生动物组织或者救护中心也跟中小学有合作，经常组织学生参观他们收容救治的受伤动物和遭到遗弃的宠物。

在这种教育背景下，家长也会刻意教育孩子理解生命的意义，把理性和温情代代相传。一个英国母亲带她6岁的女儿去农场玩，正巧有只母猪在生小猪。女孩第一次见到这种场景激动异常，一个劲儿问这问那。她妈妈把她带到一边，蹲下来，轻声说：“你现在情绪比较激动，咱们还是先走开一会儿，因为猪妈妈现在需要安静，让我们尊重它。”6岁的小孩居然若有所思地点了点头，比画了个“嘘”的动作，然后牵着妈妈悄悄离开。

我认为，小孩子一般不随便养猫、狗等小动物，不是说“玩物丧志”，是因为这些小动物能抓伤孩子，甚至传染疾病。有这样一个令人痛心的例子，湖北的花季少女小周罹患怪病，反复高烧、下肢瘫痪，数年找不到病因。后来南方医科大学珠江医院骨科医生们终于帮她揪出了致病的元凶——活检显示，她的下肢竟是被虫子蛀瘫的！原来，小周自小喜欢与猫狗相伴，甚至带着宠物睡觉。医生推测她幼年已通过家里的宠物染上包虫病。而且由于多年受虫子侵蚀，21岁的她身上多处骨头已被不同程度噬空，术前已瘫痪在床近一年。专家提醒说，寄生虫可通过宠物感染孩子，潜伏多年后才出现症状，有孕妇或小孩的家庭一定要对宠物做足检疫预防。如果孩子喜欢养，要有专门空间，对小兔子、小金鱼等这样的小动物，要让他好好“伺候”它们，家长可以和孩子一起给它们喂食，给它们“打扫卫生”，观察它们的成长，他就会善待生命，善待祖辈的宠物，就会有爱心。此外，和孩子一起买动物放生是一种善举，也是爱护动物的一种表现。当然还要防止外来动物入侵，食人鲳、巴西龟的放生都是教训，放生也有学问。

方方系列故事之二十二

改　歌

张燕老师准备上课，走过操场，听见有几个同学大声朗读唐诗，也不在意。“床前明月光，床下鞋两双……”什么什么？后边两句没听清，张燕正感到愕然，“日照香炉生紫烟，李白来到烤鸭店。口水流下三千尺，一摸口袋没有钱”。又一首由唐诗改成的怪诞歌谣正从砸沙包的三个男生、两个女孩子的口中唱出。她驻足观看，是她班的几个学生。唐诗改成了这样，有辱斯文，谁教的？她愤然。她忍住火，调整好情绪，上完课，将张东这几个同学喊到了办公室。

“谁教的？”张老师问他们。老师一追查，这几个三年级的小学生都感到传唱的这些歌不是好玩的了。感到一定不对，不然老师是不会追查的。他们面面相觑。

“给老师说说这是谁教的？”

这几个同学都不敢不吭声。

“是你们自编的吧。”张老师将一军。

“不，不，不是！”张东连忙摇头。

“是方方说的。”韩凤这样一说，大家都松了一口气，看着老师。

“方方？”张老师疑惑了一阵子，然后严肃地对张东几个人说：“改唐诗可不是件聪明的事儿，传唱这些改过的歪诗、烂歌也不是件聪明的事儿。你们都是聪明人，怎能唱这些不健康的东西？以后，要记住不能传唱这乱七八糟的东西。”

张东几个点点头。

方方站在张老师眼前，耷拉着脑袋，盯着脚尖。

“是你自己编的，还是从别人那儿学来的？”张老师声音有些严厉。

“是，是是……”方方一阵紧张。

张老师缓和了一下口气，“想想看，如果是你编的，以后不要传唱，老师也不批评你，实话实说。”

“是我爸爸。”方方嗫嚅了一阵儿，总算开口。

“你爸爸！”张燕一听哭笑不得，这家长什么健康的东西教不了，竟然教自己孩子这格调不雅的东西。

“明天叫你爸爸来。”张老师要教训一下这糊涂的家长。方方家已经有很多类似的事，家教成问题了。

第二天，方才来到了张老师办公室，满脸讪笑，心里有些忐忑，他知道这次来的目的，方方已经告诉他了。

“怎么能教孩子这些不健康的东西，”张老师有些愤怒，“这样是对孩子不负责！”

“我也是在一次朋友聚会上听人说的，觉得好笑，学给他妈妈听，没想到这小子一下就记住了。”方才尽力开脱。

“真是过耳不忘。”张老师揶揄道，“你知道，孩子们有好奇心，可是鉴别是非能力差，不管好坏，新鲜东西一股脑儿地接受，时间长了，对正经东西不感兴趣。作为家长要注意自己的一言一行，用好的言行熏陶他们。你都忘记了，上次我布置用‘……是……’造句，你们方方造了这样的一个句子：爸爸是个大木刀。你说是他妈妈平时不注意，你们夫妻间的气话、骂人的话当着孩子说，你看他有了用场。”张老师一点也不客气。

方才感到难堪极了，好在张老师的办公室没有其他老师，再一想，老师说的没有错，还是为了自己的孩子好。

“张老师，我们以后一定注意，一定注意，我以后不会传播这些没意思的话，请您放心，这次恕我。”方才满脸歉意。

“你没想想，方方多聪明的孩子，以前举行活动，故事讲得绘声绘色，可上个星期让他讲故事，不是说《张大屁李大屁的故事》，就是说《县官审屁》，你说多没意思。”张老师继续说道。

“那是他外婆教的。”方才连忙辩白。

原来方方外公到外地走亲戚，外婆来到方方家住了几天，晚上刘芳派他与外婆睡，他不去，她就说外婆年岁大了，晚上一人睡觉孤单、寂寞。方方却说外婆孤单、寂寞派爸爸去多好呀，让她又好笑又好气了半天。后来方方陪外婆睡。他外婆晚上老睡不着，加上方方又老缠着她讲故事，她就把自己的陈芝麻烂谷子讲给他听，并且每次说话前学着他外婆“唉”地叹了一口气。

“在校一天不如回家十分钟，在学校画好的画，在家在社会又被抹上一层颜色。”张老师感叹道，“家长今后嘴上要挂上一把锁。”

“是是，今后我嘴上一定要挂上一把锁。”方才忙不迭地答道。

二十六、与孩子是科技创新之友

父母做孩子的科技之友，一方面是对科技创新感兴趣，另一个方面是支持孩子做科技方面的研究思考。

一是父母从小支持孩子勤动手。其实在这方面很多家长都有了一个好的启蒙，以前孩子玩的积木，现在成包成包的积塑都在让孩子“心灵手巧”，渐渐地有的父母外出发现有好的模型买回家里，让他“按图索骥”去对模型，甚至买来机器人，让他玩，有的孩子喜欢对屋里的物品拆拆卸卸，总想看个究竟，父母不能呵斥，不能怕把东西弄坏。我们熟知的近代著名的铁路工程师詹天佑，儿时就对机器十分感兴趣，常和邻里孩子一起，用泥土仿做各种机器模型。有时，他还偷偷地把家里的自鸣钟拆开，摆弄和琢磨里面的构件，提出一些连大人也无法解答的问题。

二是做父母的不干扰孩子的思考，引导孩子会思维，逆向思维、发散思维等，这会让孩子遇到问题去想方法解决，这样他们会变得聪明起来。

我们都知道高斯是德国19世纪著名的数学家、物理学家。他小时候算1+2+3+4+5+6+……+100的得数，不是连加来算，而是这样(1+100)+(2+99)+(3+98)……+(50+51)……(一共有50个101)，50×101就是1加到100的得数。后来人们把这种简便算法称作高斯算法。

高斯不到20岁时，在许多学科上就已取得了不小的成就。对于高斯接二连三的成功，邻居的几个小伙子很不服气，决心要为难他一下。

小伙子们聚到一起冥思苦想，终于想出了一道难题。他们用一根细棉线系上一块银币，然后再找来一个非常薄的玻璃瓶，把银币悬空垂放在瓶中，瓶口用瓶塞塞住，棉线的另一头也系在瓶塞上。准备好以后，他们小心翼翼地捧着瓶子，在大街上拦住高斯，用挑衅的口吻说道：“你一天到晚捧着书本，拿着放大镜东游西逛，一副蛮有学问的样子，你那么有本事，能不打破瓶子，不去掉瓶塞，把瓶中的棉线弄断吗？”

高斯对他们这种无聊的挑衅很生气，本不想理他们，可当他看了瓶子后，又觉得这道难题还的确有些意思，于是认真地想起解题的办法来。

繁华的大街商店林立，人流如织。在小伙子们为能难倒高斯而得意之时，大街上的围观者也越来越多。大家兴趣甚浓，都在想着法子，但无济于事，只好把希冀的目光投向高斯。高斯呢，眉头紧皱，一声不吭，不受围观者嘈杂吵嚷的影响而冷静思考。

他无意地看了看明媚的阳光，又望了望那个瓶子，忽然高兴地叫道："有办法了。"说着从口袋里拿出一面放大镜，对着瓶子里的棉线照着，一分钟、两分钟……人们好奇地睁大了眼，随着钱币"当"的一声掉落瓶底，大家发现棉线被烧断了。

高斯高声说道："我是借了太阳的光！"

人们不由发出一阵欢呼声。

下面是逆向思维的例子。

1881 年 7 月，美国总统菲尔德因遇刺而住进了医院。时值暑天，闷热不堪。为了让丈夫更好养伤，菲尔德夫人请求院方设法降低病房的室温，并且排除室内的湿气。当时，一个名叫谢多的人接受了这项任务。他曾经在矿山工作过，有着丰富井下作业的经验。这位善于思索的工程师联想道：空气经过压缩之后会释放出热量，那么如果压缩后的空气恢复到原先的正常状态，那么是不是会吸收热量呢？他动手进行实验，证明把压缩的空气还原，可以使周围的空气冷却下来。根据这一实验的结果，谢多发明了空气压缩机，安装在菲尔德总统病房的旁边，使房间的温度一下子降低 7 度。虽然空调机得到广泛应用是在 1902 年美国工程师开利发明了世界上第一部空调系统（可同时控制温度及湿度）之后，但谢多善于想象的开创性实验却为此奠定了坚实的基础。

对孩子不切实际的问题想方设法解决——现实解决不了的，用想象解决。让孩子异想天开，因为思维是能力的核心，是创新的关键。亚里士多德的"地心说"被封建教会奉为不可撼动的真理，是哥白尼别出心裁地提出了"日心说"，就此"改变了上帝"。

有这样一个反面例子，一位年仅 11 岁的小男孩，在电视中表演背《新华字典》的绝活。主持人随便报了几个汉字，小男孩不假思索，脱口就能说出该字所在的页码。主持人翻开《新华字典》，发现竟然分毫不差！有观众站起来表示怀疑，报了三个字，小男孩依然对答如流，一字不差。刹那间，掌声雷动，现场观众无不折服。

表演完毕，神童的父母被请上了台，向观众介绍教子经验。妈妈显得异常兴奋，她说，儿子从小就记忆力非凡，在5岁的时候，就开始逼他背字典，经过整整6年的努力，终于有了今天的成绩。

节目尾声，主持人问小男孩："等你长大了，想干什么呀？"小男孩一脸稚气："我想当科学家，像爱因斯坦那样的大科学家。"他能成为爱因斯坦吗？难道"相对论"是背出来的？

这样教子，训练出来的孩子难道不是一部背诵机器人吗？他有自己的思维吗？这样做的最终结果，是有百害而无一利的，因为这是以牺牲孩子宝贵的童真和想象力为代价的。道理很简单，人才的核心竞争力，取决于其创新能力，绝不是机械的重复。很多人效仿，只能满足家长的虚荣心，戕害孩子的童年。

三是让孩子进行小发明小创造。这是他们思维能力的自我训练。从大的方面说，发明创造是人类文明进步的阶梯，小发明是小进步，大发明是大进步，小发明能够引出大发明。了解了解创新能手和小发明家，人们可以发现他们并非有什么过人之处，就不会妄自菲薄——我的孩子不是这块料。其实这些小发明小创造只是他们善于从身边的小事入手，勤思考、善钻研，勇于去探索、去实践。下面的这个故事就是印证。

浙江省温岭市三星小学的同学们都称十岁的女孩马力为"小发明家"。马力这个富有想象力的小女孩，她的小发明故事真的很多。有一次，马力看到被遗忘在家里厨房角落的洋葱头长出雪白的根，绿而粗壮的叶，再有一颗红红的洋葱头，心里突然冒出一种想法：赶快把它种起来吧。因为它有漂亮的根，她不忍心将它埋进土里，就像养水仙花一样将洋葱用水养的方法种在了一个罐头瓶上，并摆放在窗台前的书桌上。

随着时间的一天天过去，洋葱的根在水中长得越来越长、越来越多，洋葱的叶长得越来越粗、越来越旺、越来越绿，洋葱头长得越来越有光泽、越来越红。有一次客人到马力家做客时，看到了这盆特殊的"花"竟然认不出是洋葱，还说这盆"水仙花"非常漂亮。后来，马力将这盆特殊的"花"介绍给人家，他们都说很可爱。于是，她就有了一个计划：要对洋葱的栽培和观赏价值等进行深入的研究，将洋葱开发出来进行水培观赏。

第一步是查资料，马力先从网上和《本草纲目》等药籍书上入手，又查了水培花卉的资料。她欣喜地发现所有水培花卉的特点，水培洋葱都具有，并且水培洋葱除了具有价格便宜、取材方便、养护简单、一年四季都能培育以外，还具有很受人们欢迎的保健作用，这样的水培洋葱观赏必定会大受欢迎。

后来，小马力将自己水培洋葱的经验介绍给别人，很快就有很多人也行动起来，进行洋葱的水培，并得到了很多人的赞赏。马力还从别人在水培洋葱雕刻的技巧、施肥的操作的实践中学到了许多值得借鉴的经验。通过较长时间的、多次的水培洋葱的实践和推广，她的研究得到了市场的肯定，特别是在城镇的、缺乏绿色的家庭中，或是空气不新鲜的环境中有更大的推广价值。

四是和孩子一起读读科幻作品，陪孩子一起看看科幻电影，能丰富他们的想象。

二十七、与孩子是好事之友

这里的“好事”是好人好事里的“好事”，不是多事之“好事”，“好”在这里读的是平声，不是去声。说到这里，你就会明白，你说的就是学雷锋吧。

几十年来，雷锋的名字已经超越了国界和疆域，全世界的人民在不同国度用不同语言读着他的故事。美国人说：“雷锋属于世界。”巴西人说：“雷锋应是领袖精神。”日本人说：“要像雷锋那样生活。”美国人专门成立学习雷锋研究会，泰国政府专门翻印《雷锋》图书发给国民学习，美国西点军校的大厅里悬挂着五位“英雄”像，首位就是雷锋。

雷锋精神代表着高尚的道德观：“活着就是为了使别人生活得更美好。”家长不能只注意孩子的学习成绩，要注意教育他们怎样做人，让他知道自己不是孤立生存的，是在与社区、环境和他人的联系中成长的。要让孩子明白，学雷锋就是做好事，做好事不是为了老师、学校、家长和他人的肯定、表扬，是很自然的事情,应该做的。做后不但能给别人带来快乐,也能让自己身心感到愉悦。这样能净化他们的灵魂,开阔他们的心胸。要知道道德是人生的第一需求,苏格拉底有句名言:“美德即是智慧”,小胜在智,大胜在德。现在的孩子越来越自私,只有首先让他做个好人,让他们学习雷锋,参加公益活动,多做好事,为他人着想,才能让孩子成为真正的人,成为健全公民,成为人才,才会为社会做贡献,才会有成功的自我。

做好事确实不难,举手之劳而已,很多人都在不经意间做好事,也改变了自己。

1975 年 6 月,一位老太太走进美国丹佛大学,她要去该校的国际关系研究生院找一位名叫约瑟夫·科贝尔的人。

由于是第一次来这儿,因此走进校园,她不得不到处打听,问研究生院在什么地方。她问了许多人,每个人都热情地为她指路,有的甚至还给她画出路线图。可是,由于丹佛大学是依山而建,校园里的路异常复杂,她绕了半天也没找到科贝尔。

就在她站在一个路口,不知该向哪儿拐的时候,一群女学生走过来,于是她拿出别人给她画的那张图。当她们知道她的意思后,其中的一位黑人女孩说,我带你去吧!

在女孩的带领下,老太太很快找到了科贝尔。在女孩准备返回时,老太太说,为什么不认识一下呢?于是她们相互知道了对方的身份:黑人女孩,英国文学系学生,读大学三年级;老太太,波兰大使夫人;科贝尔,丹佛大学国际关系研究生院的创办者,苏联和东欧问题专家。

黑人女孩走出国际关系研究生院,有人正在门口散发宣传单,是关于“斯大林时代与政治”的一个讲座,主讲人是约瑟夫·科贝尔。此人正是她刚才带老太太寻找的那个人。她想,既然认识了,何不去捧捧场呢?

在大教室,科贝尔先生一眼就认出了她。她坐在第一排,对科贝尔的演讲好像充满浓厚的兴趣。中午吃饭时,科贝尔先生特意邀请了她。席间,他发现这个黑人女孩聪明、果敢,对问题总有独到的看法。也就是在此时,科贝尔动员她,毕业后报考他的政治学研究生。

从此,这个黑人女孩便成了“被上帝垂青的人”。1974 年,年仅 19 岁的她考入丹佛大学国际关系研究生院;26 岁,她获得政治学博士学位;34 岁,出任老布什总统的国家安全事务特别助理;2000 年,46 岁的她成为小布什的首席对外政策顾问;2005 年,出任国务卿,成为有史以来美国政府中职位最高的黑人妇女。这个人的名字叫康多莉扎·赖斯。那位老太太寻找的科贝尔先生,也不是一个普通的人物,他是前国务卿奥尔布赖特的父亲。

赖斯被任命为国务卿后,有人说是因为她有能力,有人说是她运气好。不过,有一种观点我比较赞同,这句话出现在《纽约时报》的每日评论上:一些人之所以能交上好运,多数是由于具有细微而不起眼的美德。

有的家长在家里总是鼓励孩子学习孔融让梨,而在公共汽车上却让他与老人、儿童抢位子,或者在"禁止入内"的牌子下让孩子爬到雕塑上摆造型拍照,家长当着孩子说一套做一套,对于一个没有形成适当道德感的孩子,当他长大后面对现代社会的种种挑战、种种诱惑时,很难有定力守护好自己。

记得我才教学的时候,80 年代末吧,一次学校组织学生学雷锋捐款,大家都很踊跃,五毛、一块的,都在献爱心,但也有不和谐的声音出现,一个同学悄悄告诉我,说吕俊给有的同学说,他妈妈不让他捐款,说这样做就是把钱扔到了屎里了。听了这话,我很是无奈,感觉这家长能说出这样的话,这孩子会受到什么教育,本来是净化心灵的举动,他的孩子却被她的话污染了心灵。当然,她母亲是一个做家务的小市民,挣个钱也确实不容易,但是也不能说这样的话,不给就行了,她没有想到这样做反而误导孩子少参加公益事业,这个学生后来变得很自私,现在也是一事无成。

现在国内发生的一系列因做好事被诬陷、站到被告席甚至被判赔偿巨额款项时,善良之心帮助他人换来的却不一定是对方的感激,做好事也有风险的时候,我们还让不让孩子学雷锋,做好事了呢?答案是肯定的,家长要记住,家庭教育最根本的是培养一个好人,做好事体现了好人的人品。

但是首先要有做好事能力。譬如,献点爱心,帮助那些贫困的人们,必须让孩子用自己积攒的钱,没有钱才能向家长求助。救落水的儿童一定要会游泳。如果不具备这样的能力,做这样的好事就等于把自己推向危险的境遇。一个十来岁的孩子在暑假为了帮自己的同学救落水的狮子狗,不幸淹死在河里,多令人痛心的事情，这等于摧毁一个幸福的家庭。

其次，受社会风气影响，孩子做好事有可能会受到委屈甚至伤害。当孩子受到委屈、伤害时，父母一定善待孩子，详细了解事情经过，千万不能训斥惩戒孩子，不能让“英雄流血又流泪”，一定要先肯定孩子没有错，相信孩子，和孩子站在一起，和孩子总结经验教训——吃一堑长一智，共同找出应对的策略，既要防止孩子心里有阴影，还要全力以赴地维护孩子的合法权益，维护社会公平，把坏事转化为好事，这将提高孩子抗挫能力、处事能力。

再次，要让他们明白“助人就是助己”的道理。“我为人人，人人为我”这话是很有道理。下面我援引的两个外国真实故事导出两个不同的结局就是这方面的例证。

故事一：一个出了车祸的孩子被人送入急诊室。院方要求救人的司机交纳押金，之后才能抢救这个孩子。司机说，他手头没有交纳押金的现金和支票，但如果院方同意的话，会在第二天及时补交。接待他们的护士没有权利收治这个孩子，于是前去咨询恰好在当晚值班的医院负责人。负责人没有点头，最终导致孩子不幸夭折。

随后，这名医院负责人去确认孩子死亡的时候才发现，原来是自己的儿子。假如得到治疗，孩子本可以获救。

故事二：安东尼奥有个幸福的家庭。一天在下班回家的路上，他遇到了烦人的交通堵塞，并且发现有人开车横冲直撞，把所有人的去路完全封闭了。那人靠近安东尼奥的汽车，超车方式非常粗鲁，还差一点发生剐蹭事故。当时安东尼奥很想出言教训他，并且拦住他的去路，不过他转念一想：“可怜的人！他这么紧张急迫，天知道是不是遇到了什么重大问题，而且需要尽早到达目的地！”

带着这种想法，他完全停下车，让那人的车开过去。安东尼奥到家之后得知，他3岁的儿子遇到一场严重的车祸，并且已被妻子送往医院。他立即赶往医院。到了那里妻子冲进他的怀抱，并安慰道“感谢上帝，一切都好，医生及时赶到救了咱们儿子的命，现在孩子已经没有危险了。”

在松了一口气之后，安东尼奥请求见见医生，以示感激。看到那位医生时，安东尼奥不禁大吃一惊，原来他就是1小时前自己让路的那位急匆匆的开车人。

说到底给困难中的人以帮助就是雪中送炭，任何时候都值得肯定和赞扬。有调查显示，孩子忙一些或许是件好事，孩子参加的活动越多他们心理调节的能力就越强。可是据调查有 40% 的儿童（5 岁至 18 岁）没有参加任何校外活动，小孩一般每周仅花 5 小时参加课外活动，只有很少一部分儿童每周花 20 小时参加校外活动，可见有时候让孩子做好事机会也不多。

二十八、与孩子做环保之友

环保益人益己益物，不环保损人不利己，还破坏环境。其实环保不是什么新鲜玩意儿，古已有之，下面的这个故事就是证明。

古时候，在我国江南某地有一个小官吏。一天，他接到一个出差的任务，是到当时的京城去送官文。他骑着一匹马匆匆上了路，傍晚，他歇宿在一个旅馆里。旅馆里有一口水井，井水冬暖夏凉，还有一丝淡淡的甘甜，为南来北往的人增添了许多美好的回忆。小官吏喝着井水，感到旅途的辛劳减轻了不少。但这个小官吏是个自私自利的人，第二天早上他离开旅馆时，顺手便把马吃剩下的残草败根倒在了水井里。过了一个月左右，小官吏从京城办完事回来，又来到这家旅馆。他赶到这里时，天已完全黑了，经过一天的长途奔波，小官吏感到又累又渴，他便从水井里打水上来喝。由于天黑看不清水桶里的水，小官吏又渴得够呛，喝起水来如同牛饮一样，结果喝进去一根草秆。草秆卡在小官吏的喉咙里，吞又吞不下，吐又吐不出，不一会儿，小官吏就一命呜呼了。而这草秆正是他上次来的时候，倒在水井里的。

古人为了吸取小官吏的教训，便告诫后人说："千年井，不反唾。"这就是告诫人们不要弄脏水源的意思。

你可知道，只要一粒电池放在土里就会使旁边的许许多多花草树木枯萎；

石棉的微粒是大气和室内空气非常有害的物质，吸入体内，积累后危害极大，具有强致癌作用；中国的黄河都已雄风不再，昔日"奔流到海不复回"的壮丽景象已成为历史记忆了……水污染、空气污染、植被萎缩、物种濒危、江河断流、垃圾围城、土地荒漠化、臭氧层空洞……这些触目惊心的环境灾难，正在侵蚀地球日益脆弱的生态系统。

节能、环保，我们生存的大事，也是我们每个人能做到的小事，已经刻不容缓！需要从我做起，从点点滴滴做起。为了给孩子一个健康的生存环境，为了给后代留下青山绿水、蔚蓝的天空、蔚蓝的海洋，我们要和孩子一起行动起来，做环保之友。

大人孩子都要从小事做起，从身边的事情做起。其实举手之劳就能做到环保，如随手关灯——省一度电，少一份污染，随时关上水龙头，不让水白流……大人要做到家庭和办公室内的各种电器，如电视、电脑等，在不使用时关掉电源。因为在待机状态下，电视机、空调、显示器等都在耗电，关掉电源这一小小的举动既可以帮自己节省电费10%，又能保护环境。

父母以身作则，当孩子的镜子。因为父母的一切都在孩子的心里成长着。家长不要过分追求穿着时尚，不穿野兽毛皮制作的服装等。在一次家教座谈中一位母亲就说，昨天我就被我儿子批评了：把冰激凌的包装扔到了车外，孩子严肃地说：妈妈，你怎么乱扔垃圾啊，这是不环保的行为。当时令这位家长很惭愧啊！作为父母要经常扪心自问，家里几乎什么都用了卫生纸，擦手、擦汗、抹桌子、清灰尘等，取代了手帕、抹布的功能，是卫生的最佳消费者吗？可不可以在室内种植绿色植物，如绿萝、吊兰等，让室内空气清新健康？能不能管住嘴，少花钱，少吃口香糖？去商店或农贸市场购物能不能使用布袋，不用塑料袋，防止白色污染？

用故事引导，侧面影响孩子。给孩子讲述一些关于不重视环保带来的危害，用故事告诉他们环保的重要性。认识荒漠化的危害、认识草原危机的危害，认识森林的作用从而树立保护森林意识，认识、了解海洋保护海洋，爱护古树名木，外出参观能保护文物古迹不乱刻乱画等。有位妈妈喜欢给女儿讲地球环境的知识，总是拿人跟那些动物、植物打比拟："你把小树折坏了，树妈妈会难过的，就像你受伤了，妈妈会很难过一样。"后来，她上小学了，很喜欢向小朋友宣传自己的环保知识，逢人摘花揪草就上去对人说："你不能拽树叶，不然它妈妈会哭的!”

现在,她给大家宣传,敦促大家把家中的普通灯泡换为节能灯泡,并且要购买经过“国家节能产品认证”的产品,因为它比白炽灯可节约电能80%,用于购买节能灯的费用,在8—10个月的电费节余中就可以收回,受到大家好评。

倡导家庭低碳生活。上下班,上学放学尽量步行,骑单车,或乘坐公共汽车。尽量少使用一次性牙刷、一次性塑料袋、一次性水杯……因为制造它们所使用的石油也是一次性的;过年时候用邮箱或手机信息祝福新年,不用贺年卡,要知道这样也是减轻地球负担,减少对森林的破坏。

单个家庭的环保行动就像一盏灯,当它亮起时,周围的黑暗就会少一些。如果父母和孩子都点亮自己家中那盏灯,整个世界将会一片光明。

二十九、与孩子是书法之友

现在很多学校、老师为了让家长配合学校,都要让家长每天检查孩子的家庭作业,甚至签字。很多家长对此颇多怨言,这都是老师的活儿,怎么推给了家长?其实这是老师给家长一个教育契机,可以看看孩子的作业,检查督促他们的学习。别的不说,看一看孩子的书写就知道孩子作业的质量:古人云,心正则笔正,用到孩子的作业上就是字迹工整,说明孩子学习态度端正,老师在不在身边都能认真写作业;字迹潦草,就说明孩子在胡乱对付,写作业时心想着玩或者看电视,这样的家庭作业效果就不好。

尤其随着电脑的普及,键盘、鼠标代替用笔,汉字的书写日益受到削弱,提笔忘字,字写得歪歪扭扭,缺乏规范与美观现在已成为中小学的普遍现象。

其实字是人的第二脸面,有一笔好写,到哪里都会受到欢迎,尤其是正在上学的孩子。曾经的小升初考试有这样一个案例,就是有一个女孩的作文写跑题了,但是因为字写得娟秀,“在体”,评卷老师没有像其他跑题作文那样判分,十来多分,而是读给其他评卷老师,大家觉得这个孩子的文字功底不错,布局谋篇、遣词造句都很出色,于是给她了28分,这可是跑题中的最高分,距离这次考试作文满分30分只有2分之差,结果这个女孩考到了一所重点初中。

现在电子阅卷,如果你的书写偏差,肯定要吃亏,因为电脑识别比人脑还是有些误差的。我的小儿子中招考试数学、物理考试下来很有把握吃高分，因为这是他的强项，可是成绩出来却让人大跌眼镜，物理只是刚刚及格，数学按满100分折合只有六七十分，后来分析原因，就是字写得不好，赶上第一次中招实行电子阅卷。以前给他说利害关系，他不太注意，这次亏吃大了，现在一有空就练庞中华的钢笔字帖，或描红，或单独练习。

除了在孩子的写字初始阶段要求他们认真写字以外，让他们从小练练书法是很有必要的。

练书法一般来说，经过一个学期坚持不懈的训练，孩子就能掌握书法的基本要领，会有明显的长进；练习两年，就可以达到一定的书法水准。通过学练书法，孩子对中华民族的文化特点会有较深的认识，最显著的收获是：不仅毛笔字写得有模有样，而且钢笔字也写得更漂亮了。除此之外，还有许多意外的收获：一是增长知识，启迪智慧，健体养心。书法学习中蕴含丰富的教育元素，汉字的演变和内涵、书法的法则和哲理、文房四宝的生产和品质等，包含着十分丰富的知识和智慧。二是陶冶性情，锻炼意志，使他们在浮躁的环境里静心学习，潜心钻研。刚开始学书法，有的孩子爱丢三落四，心绪浮躁，无法集中注意力，练了二三十分钟就坐不住了。经过一段时间的书法练习，这些毛病都消失了，能平心静气地写字，从第一个字到最后一个字都能善始善终地写好。家长也能看到这种可喜的变化，有的孩子原来上课总是"抛锚"，练了书法以后，注意力更集中了，学习效率也高了。书法要靠日复一日、连续持久的练习，这对人的意志、毅力是极大的考验，因此有的家长出于锻炼孩子意志力的考虑，也主张让孩子练习书法，锤炼品性。三是培养他们观察、发现、欣赏、鉴别、动手、兼顾、应变、创新等能力，提高他们的文化修养。通过书法学习，孩子们学会了观察字的间架结构，比照字帖学习运笔，每一种笔画，都能让孩子们充分感悟、领略书法的美妙之处，能从意境、神采等方面初步感受书法之美，有助于提高他们的文化品位。并且这种勤于观察、善于思考的好习惯必将转移到学科学习中去，最终有助于学习成绩的提高。因此，教育专家们认为，无论是有志于成名成家还是作为兴趣爱好，让孩子从小练习书法都是一项很好的活动，这对孩子心智的锻炼、习惯的养成都大有裨益，也将对孩子未来的成长产生积极的、深远的影响。

所以家长朋友还应当当孩子的"书童"，为孩子"研磨"，帮他抻纸，品读他的作品，指出哪个字写得好，过春节让孩子写对联，把孩子的作品装裱，欣赏名家作品等，和孩子一起“舞文弄墨”。如果毛笔父母教不了，又找不到名师，钢笔也可，书摊上钢笔字帖多得是，并把“一日练一日功，一日不练十日空”、“且要持之以恒，切忌一曝十寒”等当作座右铭，孩子就会有一手好字。

三十、做孩子珍惜生命之友

自杀是一个让人既恐惧又神秘的字眼，是人不珍惜生命的表现，具有“传染性”。自2010年1月23日富士康员工第一跳起至2010年11月5日，富士康已发生14起跳楼事件，引起社会各界乃至全球的关注。2011年7月18日凌晨3时，又有一名员工跳楼，年仅21岁，后来又出现16连跳，以至于有人称为富士康“N连跳”事件。

2003年9月，某校六年级一成绩并不理想的女生来到教师办公室，问老师：“你们大人的生活是否会过得很累？”她说，她过得太累了，在校学习压力大，在家要干家务，而且父母稍有不如意就打她。她觉得自己活着太没意思，不想再活了。

……

自杀的例子在本书里已经有几例了，这里我就不再举了。

自杀的原因很多，有不堪压力的，有死钻牛角尖的，有盲目追随的，有面子问题的，有殉情的，有满足的，有赌光的，有寻找刺激的……心理脆弱者有之，无所谓态度的有之，还有积极自杀者……白发人送黑发人，自杀的当然都是青少年居多，尤其是高中生、名牌高校里的大学生等，自杀者一了百了，可是给父母带来无尽的哀痛，带来凄凉的晚景，所以对孩子应当进行生命教育并应提早进行。

教育是人学，家教更是人学，家庭生命教育更应是一种人的教育，是一种充满人性、人情、人道的教育，是为了孩子全面发展的教育，充满着民主精神，散发着科学芬芳，闪耀着个性光芒的教育，关注孩子的生命质量和幸福是其核心。

父母首先要对生命有一个清醒的认识，在孩子的学习与生活当中，尊重孩子，尊重孩子的生命，身体力行，以身作则。例如，孩子经常跟街头的孩子约会，跟异性交往，家长会口无遮拦地说道：“你再跟那些不三不四的人来往，我就去死！”这种说法非常差。还有孩子犯错误时，家长用“家法”教育孩子，口里念念有词：“打死你，打死你，叫你不听话……”这是在培养孩子“视死如归”的“精神”。

其次，要时刻关注孩子的疑惑与问题，并针对当前生命的热点话题展开讨论，倾听孩子心声，应当告诉孩子，你的生命是父母生命的延续，血管里流淌着父母的血，你的生命不是你一个人的，你没有理由私自处理自己的生命。你是父母的又一代形象代言人、形象大使。告诉孩子，你的生命也是同学、朋友的，你是他们这个集群中不可或缺的一员，你对大家很重要。所以你就不能随便处置，要想处置，必须经父母、大家同意才行。告诉孩子，生命对于人只有一次，如果没有了生命，就没有了一切，就不要说什么美好的明天，不要说感恩父母，报答父母了。要让孩子知道，他自杀了，他是个罪人，因为他谋杀了自己的父母，他的父母没有他就等于没有幸福的晚年，让他们活在世上形同行尸走肉，多么可怕的结局。告诉孩子，他自杀了，等于在他的老师、他的同学、他的朋友心里插了一刀，在他们心里留下难以磨灭的印记，如同记忆中的污点，每当他们提起他都会唏嘘不已，没有一点快乐。那种“生命是你一个人的，你必须好好把握”的说法，其实在告诉孩子，自己有权处置自己的生命。

当听到有人自杀，应当给孩子分析原因，告诉孩子，自杀是失败行为。讥笑嘲讽并不因为他的死就灰飞烟灭了，相反他成了反面教材，知道的人都会教育自己的孩子：看，他就是个失败者，小疙瘩解不开就没门了，他的生命轻如鸿毛。要让他们知道，面子没有生命重要。人生不如意十之八九，但是世上没有解不开的疙瘩，没有过不去的火焰山，遇到挫折，非得用死来解脱，死都不怕，还怕活着吗？既然来到这个世上，就这么甘心离开吗？父母怎么办？朋友怎么办？还有很多事等着你去做，很多人等着你去照顾去保护。

有这样一个故事——曾经有一个小男孩为了没有鞋子穿而终日哭泣，但当他看到一个残疾的人连脚都没有时，他不再哭泣了，如此艰难的人都没有放弃生活，自己面对的困难真的是算不上什么了。

再次，让孩子体会生命的美与力量，感受实现自我、收获人生的快乐。R·L·史蒂文曾经说过：“生命的意义，在于活出真我，并完成那充满各种潜能的明天的我。”

一次，在学术报告会结束后，一位年轻的女记者捷足走上讲坛，面对在轮椅上生活了三十多年的科学巨匠——霍金，深深景仰之余，又不无悲悯地问："霍金先生，卢伽雷病已将你永远固定在轮椅上，你不认为命运让你失去太多了吗?"面对这样尖锐的问题，霍金的脸庞却依然充满恬静的微笑，他用还能活动的手指艰难地叩击键盘，宽大的屏幕上显示了这样一段文字："我的手指还能活动；我的大脑还能思考；我有终身的理想，有我爱的和爱我的亲人和朋友；对了，我还有一颗感恩的心……"

和孩子一起不虚度每一天，相信只要努力了，就会有收获，生活就会步步高，坚信世界有我更精彩，这是生命之树常青的根本，要在知足中，享受追求的快乐!

第四章

打造亲友团

有这么一个寓言故事。梭子鱼、虾和天鹅三个是好朋友，一天，它们同时发现一辆车，车上有许多好吃的东西。于是就想把车子从路上拖下来，三个家伙一齐负起沉重的担子，它们铆足了狠劲，身上青筋暴露，使出了平生的力气，可是，无论它们怎样拖呀、拉呀、推呀，小车还是在老地方，一步也动不了。

原来，天鹅使劲往天上提，虾一步步向后倒拖，梭子鱼又朝着池塘拉去，究竟谁对谁错？反正，它们都使劲了。

为什么它们用尽力气却收效甚微？原因很简单，天鹅、梭子鱼和虾没有同心同向，导致小车停滞不前。由此我们可以知道，齐心协力是我们干事创业成功的重要保证。在家教上，我们可以明白这样一个道理，要想培养出优秀的孩子，特别需要施教者在教育上要求一致。父母之间或家庭成员之间发生意见冲突，其实是由于不一致的教育态度和教育方法造成的，这会使孩子面对矛盾的、摇摆的教育方式，接受的是对立的、随心所欲的教育信息，不仅影响孩子的健康成长，形成两面性的人格，而且还非常影响夫妻之间、家庭成员的情感联结。因此，教育孩子，要保持家庭内部的一致性，不仅仅指父母之间的互相配合，而是整个家族之间的密切合作，还包括教育过程前后是否一致。父母常常犯这样的错误：高兴的时候对孩子是一个态度，不高兴的时候对孩子又是另外一个态度。就说孩子的习惯养成吧，习惯是一个长期的、曲折的过程，如果一会儿这样要求，一会儿那样要求，习惯培养的力度就会越来越小，甚至起到了负面作用。

因此我倡议首先是建立有效的家教亲友团。爸爸提出要求，妈妈赞成这个要求，爷爷奶奶表态支持。只要大家在教育孩子的目标上是一致的，在亲情上是和谐的，对孩子的成长就会有很大好处。

其次是家庭与学校的教育要一致，老师应当是家教亲友团里的骨干力量。现在，不少孩子在学校里能自理如打扫卫生，一到家中则判若两人。如果孩子在家、在校表现不一，就说明还没有养成好习惯，也反映出家校在这方面未能很好配合。如果家庭与学校彼此密切配合，目标和方法统一，父母意见一致、两代人意见一致、家庭与学校意见一致，就能取得较好的效果。

一、父母是育儿盟友

中国传统的家庭教育，父母一般是一个唱红脸，一个唱白脸，软硬兼施。其实如果爸爸是一套教育方法，妈妈是针锋相对的另一套教育方法，虽然目标指向是一致的，都体现爱，但是结果会是“1+1”等于零。如果夫妻双方一直坚持己见，认为自己的观点才是对的，甚至最终演变成单纯争论谁对谁错的问题，那就偏离了教养的主旨，夫妻整天处于无尽的争吵和彼此埋怨中，会使家庭气氛变得紧张，这种氛围会给孩子带来不安全感，对他的心理产生不利影响，使他越来越不服从管教，不仅夫妻双方没有一个是赢家，而且夹在中间的孩子也可能成为最大的输家。

别看孩子小，但是他是天生的外交家，当他看到家庭成员在教育自己时出现分歧，他会很聪明地钻空子，这不仅对改善他的行为毫无益处，反而会导致问题越来越严重，甚至带来更多问题，造成孩子的双重人格。

所以夫妻两人的教育观念有差异，不要在孩子面前发生冲突。如果发生冲突，你反对，他支持，还会导致孩子亲近一些家庭成员，疏远或回避另一些家庭成员，严重的甚至还会产生敌对心理，这样不但孩子的性格扭曲，还会造成家庭成员之间的不和睦。在家庭里常见这样的镜头——

之一：爸爸工作了一天回到家里，在沙发上跷起二郎腿，让正在写作业的女儿去给自己倒一杯水。女儿正在犹豫，而在看电视的妈妈不让去拿，爸爸说：“你不去拿看我不打你。”妈妈说：“你敢拿我就不要你了。”女儿听后不知所措。夫妻俩在一边恶语相讥，话越说越多，最后吵了起来，结果爸爸摔门而出，妈妈进到卧室里“砰”的一声把门关上了,女儿则呆坐在那里。

之二:爸爸妈妈批评东东喝完牛奶,盒子也不往垃圾箱里放,奶奶瞧见了,大声嚷嚷道:“你们小时候还不如他呢。”东东哈哈笑着跑了,爸爸妈妈则尴尬地站在那里。

……

如果父母对孩子的教育出现分歧时,一定要提前进行沟通,交流意见,求同存异,想出策略,共同遵守施行,表现出相当的一致性,避免朝令夕改,爸令妈改,也避免在教育的过程中祖辈的人进行干扰,家里是一个声音来教育孩子。不然孩子全无是非观念,因为他身后有“保护伞”和“避难所”。教育孩子的时候不能降低对孩子的要求,对的一定要坚持,就是孩子哭闹也不能松动要求,一旦触犯底线就必然受到惩罚。否则就是失败。比如孩子偷拿别人的东西,需要对孩子进行惩戒教育,如果妈妈对孩子进行批评教育——“小时候拿人家一根针,长大会偷人家一块金”,爸爸可以保持沉默,也可以帮孩子妈妈说话,两人态度一致,这样孩子会认识到自己的错误,就会纠正这样的行为。

有一对夫妇,当着孩子的面很恩爱,孩子感到有一个幸福的家,有安全感,但夫妻间不可能没有矛盾,时间一长,鸡毛蒜皮,舌头与牙齿也会不和,他们也不例外,但他们从没有当着孩子的面吵嘴,更不可能大打出手。他们有火要发,有架要吵,有事需要高声征服对方,有约在先,绝不当着孩子的面,他们都是目送孩子走远,关上门再论理——“你偷偷给孩子奶奶钱了”,“你太顾你娘家了”;“你昨天晚上为什么不接我的手机,回来还这么晚?”“我手机忘车上了。”“这么会忘?”……夫妻之间也有误会,也有不快,也需要发泄,但这争辩、争吵在孩子背后,对孩子的伤害就会最小化。

作为父母在家里要有角色意识,你在单位可能是局长、处长,在公司可能是总经理、董事长,在外也可能是保安、环卫工人,但是回到家里你就是孩子的父亲、母亲,是孩子的爸爸,妻子的丈夫,父母的儿子,最好是孩子的朋友,妻子的朋友,切记在家里不是你“摆谱”的地方,角色要转换过来。

在教育孩子上,父母可以分工协作。譬如,母亲经常给孩子讲故事,或者陪他一起听音乐、看动画片等,父亲和孩子在一起的时候,和孩子玩一些小创意活动,可以是立体拼图,可以是捉迷藏,也可以是外出游玩、打球等。

还要明白管教孩子是孩子父母的事,不是自己父母的事即孩子的爷爷奶奶、外公外婆。如果说父母和孩子有代沟，和他们的祖父、祖母之间的代沟就是鸿沟了。把孩子放到他的爷爷奶奶、外公外婆那里，等于是放弃做父母的管教责任。现在育儿都提倡孩子的父母直接来，不要让孩子的祖父母插手，孩子都会受到良好的教育。只是作为孩子的父母每天都需要在社会上事业上打拼，回到家已经是身心俱疲，哪里还有精力管孩子，只要吃饱穿暖就行了，孩子有个头疼发热，更是手足无措，只有靠孩子的祖父母"救援"了。如果真的是这样，做父母的还是尽可能抽时间多带带孩子。

前面我谈到的那个上一年级时母亲感叹自己也上个一年级的孩子，到一所市重点初中上学，那所学校离他爷爷奶奶那里近，他父母就让孩子到他爷爷奶奶那里吃住，自己撒手不管了。他爷爷奶奶只有骄纵、溺爱，"隔代亲"——管教也只是"豆腐掉到小灰里，只能吹，不能拍"。管教可是一再放松，结果这个孩子成绩是一落千丈，初二时就谈起了恋爱，逃学，玩电子游戏，等他父母发觉时已经晚了，又是打又是骂也不见好转，只能转学了事。当妈的后悔不迭，想着孩子长大了，自己能松一口气了，但是没想到会出现这样的结果。我还有一个朋友的孩子，从半岁开始都是奶奶照顾生活起居，接送幼儿园，根本不听父母的话，如果他们对孩子稍微严了点，就哭喊着找奶奶，奶奶也总是护着孩子，说他们的不是。四五岁时做错了事，只要看见他爸爸回到家沉着脸，不再单独行动，立即跑到厨房里，抱着正在做饭的奶奶的腿不下来，奶奶走到哪儿，就抱着奶奶的腿到哪儿，他奶奶反而十分高兴，颇有点踌躇满志的样子，让他爸爸"投鼠忌器"，无可奈何。

七种家庭的孩子难成才

中国孩子的家庭教育呈现出三个明显特点：第一是溺爱，第二是严厉，第三是放纵。

1. 溺爱型家庭

父母对子女娇生惯养，对其缺点纵容迁就，结果必然使孩子"只知受爱，不知爱人"，滋生任性自私，娇惯无礼，好逸恶劳，不爱惜劳动成果，挥霍成性等不良习惯。

日常教育中，这种孩子表现出"只许州官放火，不许百姓点灯"，我不惹你，你别惹我；一旦发生事情，便我的利益至上；不管谁触及其“利益”，便不满在胸。

2. 护短型家庭

这种家庭平时不注意对子女的文明礼貌教育，对子女的不良行为习惯不加约束，却常强调遇事不能吃亏，最终造就孩子“霸王”劣性，极易走上犯罪道路。

七种家庭中，这类家庭最容易出犯错误的孩子。

3. 严管型家庭

家长偏信“棍棒底下出孝子”，对孩子管教过于严格，且举止粗暴，动辄打骂，长期下去致使孩子行为偏激，个性扭曲，不是胆小怕事，缩手缩脚，就是桀骜不驯，玩世不恭。

严管型家庭的孩子要么长大后在家老实，在外霸道，小时老实，长大就是说一不二；要么胆小怕事，遇事唯唯诺诺。

4. 拜金型家庭

在一切向钱看的家庭里，孩子们极易“近朱者赤，近墨者黑”，为了金钱不择手段，为非作歹。

5. 吵斗型家庭

家庭成员之间如果经常为一些生活琐事发生争吵甚至打斗，必然会在孩子的心目中投下阴影，影响孩子的健康成长，这样的孩子容易“两面三刀”，是“双面胶”，或优柔寡断，举棋不定。

6. 残缺型家庭

家庭破碎所造成的不安定感、不安全感，极易使孩子变得固执怪癖，多愁善感，焦躁多疑。

7. 分歧型家庭

家庭成员对孩子的教育有分歧：这个你不该管，那个你不该管；这个该管严点，那个该管松点等等。出发点都是为孩子，但由于常常当着孩子的面表现出分歧，结果容易让孩子产生错觉。孩子觉得，我错的时候有人支持，我对的时候也有人支持；这件事有人支持，而另一件事也有人支持。

孩子一旦长大，对父母根本就不认可，反而把自己的错误归咎于父母。

二、家长与教师是朋友

做父母的要及时与学校沟通、配合，当家校教育的频率共振，几个方面力量一致、步调一致的时候，孩子才会有一个好的环境，他才能在这样的环境里实现家长期望的愿景。所以家长最应该把老师当朋友。

家长与老师当朋友有共同的话题——教育孩子，共同的目标指向——教育好孩子，所以家长就要经常与老师沟通、交流，重要的是把孩子生活、学习、发展中出现的重要信息告诉老师，及时与老师交流，或者从老师那里了解孩子在学校里的情况，及时与老师配合，或者获得老师的有效配合。父母千万不要忽视针对孩子的点滴进步与老师交流，更不要等问题成了堆再去和老师联系。平时，孩子的发展是一种平稳的量变过程，但是质变就孕育其中。父母最好与教师保持联系畅通，经常联系，交流就会变得简短有效，突出主题，交流出新情况，发现解决新问题，并研究新的教育措施。

双方交流的内容，父母切记不要简单地、不假思索地直接传达给孩子。有些内容只是家长自己了解就可以，属于内部参考。因为老师见到家长，一般是把孩子在学校的表现直截了当、毫无保留地告诉给家长，说话不可能那么委婉、遮三挡四的，也因为是朋友，坦诚相告。作为家长要掌握信息，加工好信息，必须让孩子知道的，也不要给孩子一种"告状"的感觉。比如，老师提到孩子最近上课注意力不集中，父母就应该对这个信息进行加工改造，对孩子讲："我今天见你老师了，听老师说他真喜欢你，他发现你最近上课有时走神儿，可为你着急了。老师觉得你从来都是专心听讲的，是不是没休息好？昨晚是不是熬夜了？"这样孩子就自觉自愿地矫正自己的问题，上课注意力就集中了。如果家长听了老师对孩子的评价，尤其听到不足时，不禁火冒三丈，回到家里，不管三七二十一拿起鸡毛掸子就打自己的孩子，孩子知道是老师告的"状"，使自己"皮开肉绽"，就把这笔"账"记在了老师的头上了，因为父母和孩子是天然的血缘亲情，父母再打自己，相比较他也只会恨老师，从心里恨老师，于是就把不好好学习，甚至是课堂上捣乱当作"报复"手段，老师无奈，再喊来家长诉说孩子的百般不是，家长恼羞成怒，回去再把孩子揍一顿，孩子更恨老师了，如此恶性循环，孩子怎么还能学好？我记得小时候有这样一句童谣：天不怕，地不怕，就怕老师到俺家，吸根烟，喝口茶，老师一走，屁股蛋儿上起疙瘩。其实老师哪里是让你打孩子，是让你关注一下孩子，知道他在学校、在课堂上的表现，勤过问就行了。这方面的事从孩子上幼儿园开始到上高中，老师和家长都要做好配合，我的大儿子李灏舸上高一时，班主任告诉我他的一些问题，如在教室玩篮球等小事时，我回去批评了他，谁知他对老师表现得十分叛逆，让我懊悔不已，后来再见到老师，回到家里，我就表扬他，说老师夸你近来懂事，学习也很努力，他就表现得踌躇满志。

下面这个故事就很能说明问题。

第一次参加家长会，幼儿园的老师说："你的儿子有多动症，在板凳上连三分钟都坐不了，你最好带他去医院看一看。"回家的路上，儿子问母亲，老师都说了些什么，母亲鼻子一酸，差点流下泪来。因为全班30位小朋友，惟有他表现最差；惟有对他，老师表现出不屑。然而母亲还是告诉儿子："老师表扬你了，说宝宝原来在板凳上坐不了一分钟，现在能坐三分钟了。其他的妈妈都非常羡慕妈妈，因为全班只有宝宝进步了。"

那天晚上，儿子破天荒吃了两碗米饭，并且没让她喂。

儿子上小学了。家长会上，老师说："全班50名同学，这次数学考试，你儿子排第40名，我们怀疑他智力上有些障碍，您最好能带他去医院查一查。"

回去的路上，母亲流下了泪。然而，当她回到家里，却对坐在桌前的儿子说："老师对你充满信心。他说了，你并不是个笨孩子，只要能细心些，会超过你的同桌，这次你的同桌排在21名。"

说这话时，母亲发现，儿子黯淡的眼神一下子充满了光，沮丧的脸也一下子舒展开来。母亲甚至发现，儿子温顺得让她吃惊，好像长大了许多。第二天上学时，去得比平时都要早。

孩子上了初中，又一次家长会。母亲坐在儿子的座位上，等着老师点她儿子的名字，因为每次家长会，她儿子的名字在差生的行列中总是被点到。然而，这次却出乎她的预料，直到结束，都没听到。她有些不习惯。临别，去问老师，老师告诉她："按你儿子现在的成绩，考重点高中有点危险。”

她怀着惊喜的心情走出校门，此时她发现儿子在等她。路上她扶着儿子的肩，心里有一种说不出的甜蜜，她告诉儿子：“班主任对你非常满意，他说了，只要你再努一把力，很有希望考上重点高中。”

高中毕业了。第一批大学录取通知书下达时，学校打电话让她儿子到学校去一趟。母亲有一种预感，儿子被清华录取了，因为在报考时，她给儿子说过，她相信他能考取这所学校。

儿子从学校回来，把一封印有清华大学招生办公室的特快专递交到她的手里，突然转身跑到自己的房间里大哭起来，边哭边说：“妈妈，我知道我不是个聪明的孩子，可是，这个世界上只有你能欣赏我……”这时，她悲喜交加，再也按捺不住十几年来凝聚在心中的泪水，任它打在手中的信封上。

如果家教出现了误解，一定要及时给老师解释清楚，这样就会在教育孩子上少走弯路。有个二年级的小朋友有段时间不好好写作业，全班都写完了，可他还是“老白板”，坐在老师眼皮底下竟然敢这么做，老师非常生气，放学后享受“特殊待遇”——老师亲手把他送给家长，反映他的学习情况，希望家长“修理”这个原来学习还不错现在“下坡出溜”的孩子，当她见到家长时竟然发现孩子的妈妈身怀六甲，一问才知，原来孩子妈妈准备给这个孩子生个小妹妹，孩子思想工作没做通，他们“先斩后奏”，当妈妈挺着大肚子的时候，孩子通过不好好写作业来反对家长的这种行为。老师了解这种情况后，知道误解了孩子，就和家长一起多次做孩子工作，孩子的抵触情绪才有所改变，学习才扭过来劲来。

家长与老师是朋友，就不能在背后说“朋友”坏话。家长切记不要说学校不好，也不要说老师不是，因为这样做会造成学生的困惑——坏学校你怎么还让我在这里上学？我是不是坏学生？老师不好，怎么让我跟他学呢？于是他就不喜欢这样的老师，他还怎么学好呢？就是最受人尊重的老师有时候也会有使家长不满意的地方，如果出现了这种情况，家长也不能在孩子面前对此事大发牢骚，表达自己的不满。如果家长的话对老师都是意见、不尊重，孩子就会在课堂上对老师“另眼相看”，挑老师的毛病了，学习效果就可想而知了。对老师不满意，家长可以直接找老师沟通，这是对老师的尊重，也是对老师的支持、帮助。

据调查，在交通便利、通讯发达的当下，竟有近八成的家长从未主动找老师面谈过，超过一半的家长从未主动给老师打过电话。除了“担心”、“害怕”、“不敢”等心理因素作怪，更未主动跟老师沟通的家长还面临“现实问题”——有些家长担心把孩子的不良行为告诉老师会损害孩子在老师心目中的形象，脸上无光，所以宁可单兵作战也不寻求老师的帮助。殊不知，这样做会贻误孩子的最佳教育时机，还有的家长认为主动与老师沟通需要用金钱、物质、宴席开路等。

要知道，老师面对几十个学生，任务很重，不要说家访，就是给孩子的家长都打一遍电话也要耗费很多时间，怎么可能做到发现每一个孩子的问题并和这个孩子的家长联系呢？其实孩子出了问题，老师比家长还要着急，他们首先想到的是和家长尽快取得联系，联手寻找有效的办法帮孩子。至于给老师买不买礼物，家长根本不需要考虑，因为对教师而言，他最欣慰的是精神层面的——他的学生顺利成长。

沟通不是什么难事，因为双方的目标是一致的，都是为了孩子健康成长。其实家长能主动与老师联系，老师是非常高兴的，说明你非常关注“他的学生”，也会对孩子格外关注。所以家长应该主动跟老师联系，了解孩子的动态和老师的想法以及老师对孩子的要求，当然自己的想法也可趁机委婉提出来。例如有一次，一个孩子的母亲认为老师推荐给自己孩子看的书太深奥了，怕影响孩子阅读的兴趣，就先对老师的做法表示肯定：“我很感谢您培养孩子读书的好习惯。”然后说，“但是我又很担心小强看不懂这么深奥的书，您能不能帮他挑一些他能看懂的书？”这样的建议，老师其实十分乐意。

看到这里，有家长朋友问，孩子上学需不需要给老师送礼？给老师送礼现在可是热门话题。

一家媒体就“教师节送礼问题”进行了随机调查。100 名家长中有 60% 的人表示曾给老师送过礼；30% 的家长表示自己不送礼，但孩子会制作手工如贺卡、塑料花、工艺品等送老师；家长和孩子均不送礼的仅占 10% 。

家长送礼的动机是不一样的，有的是真诚感谢老师辛苦付出的，有的借此和老师拉近关系，请老师在课堂上、活动中多多关注自己的孩子；有的家长希望自己的孩子能有个好座位，当个小干部，能评上三好学生等。

面对家长的礼物，调查显示：35% 的老师表示会退还价值较高的礼物；40% 的老师会将鲜花、卡片等礼物放在办公室；25% 的老师则表示会将有纪念意义的礼品带回家保存。

作为家长要知道,老师是不希望送礼的,尤其厌烦进行“交易”的礼品。因为接受了人家的礼物就得给人家办事,天下没有免费的午餐,收人钱财替人消灾,收下拒绝不了推脱不掉的那点礼物,老师就得调整思路,抛弃公正公平的原则,让你家的孩子坐好座位,不该提拔成为小干部的得“力排众议”“违规”提拔,不能选优的却被推荐成三好学生,在学生及家长中甚至学校里引起轩然大波。另外,有的家长送礼时唯唯诺诺,而一旦有了什么矛盾会突然翻脸不认人,把这些礼物当作老师的小辫子抓住不放,大有“吃了给我吐出来”之势,令老师难堪,这都警示着老师不轻易收你的礼,收了你的礼心有余悸,如芒刺在背,所以还是“赤条条无牵挂”最好。有时候送礼也是无效的,大多数老师并不会因为你送礼了就对你的孩子刮目相看。因为教师也有职业道德约束着他们。

有这样一个例子,一个家长开了一家小家电商店,他知道孩子坐在后面的时候,就拿了电磁炉送给了老师,老师给他的孩子调到前排,但是这个孩子上课好捣乱,弄得一圈子学生受影响,老师只好把他调到了后边,家长知道后,又拿了一个电热壶送给老师,老师没办法只好把这个孩子又调到了前边。如此往复几次,家长就把这个事讲出去,让人感觉这个老师爱贪小便宜。老师知道后也是满腹委屈:“这位家长热情得让你真没办法,我说不能收,这个家长说,自己经营这些东西,不值俩钱,这是给老师生活提供方便的,你收下,我才安心,你不收,我们还得动脑筋让你收,你累我们更累。我无语,只好接过家长的‘好意’。”

这件事家长思想上有问题,老师的做法也欠妥。

真诚感谢老师,真想给老师送礼,需要孩子知道,背着孩子送的礼都是不该送给老师的礼物,因为家长怕孩子知道一是有优越感,二是送礼本不是正大光明的事。应当给老师送有意义、有价值的礼品。

有这样一个礼物让老师难以忘怀。一个教师节,南京一所小学的李万青老师意外地发现,班里同学竟然都在作业本上给他留言。有一位平时最调皮的小男孩这样写道:“今天是教师节,我希望有出色的作业作为送给你教师节的礼物。”李老师说,无论是一份出色的作业,还是同学的一段真情留言,对老师来说都是最好的教师节礼物。

不过话说回来,我们不得不面对现实,因为现在的社会是一个人情社会,教师也不是不食人间烟火的“圣人”,和老师亲近一下,成为朋友,一起打打球,聊聊天,吃顿饭什么的,也是再正常不过的,只是吃饭的时候“不谈工作”,不让酒席附加任何条件,家长、老师在觥筹交错间会加深友谊。我是校长,我的孩子在我们的学校上学,每学期我还要抽时间请他们的老师吃顿饭,“喝杯卧龙,叙叙亲情”,感谢他们的付出,孩子有什么问题他们都会考虑在头里,及时和我交流,使孩子成长比较顺当。

有篇博文,探讨了一部分家长的想法,家长读后能一笑了之最好。

一年级新生家长的七个心愿

不能让孩子输在起跑线上,良好的开端等于成功的一半,一年级对于孩子的未来来说最最重要。于是家长把房子租在学校周围,把钱准备得足足的,为孩子的一生做足准备!

给孩子选个好学校,是家长最大的心愿,好学校校风好,教师棒,风景这边独好,社会赞誉度高,孩子送到这里放心——孩子在这里就能学好,以后前途无量,坦途锦绣,好大学好像在远处隐约可见,早看东南,晚上“西北望,有高楼”。这也是家长的第一个心愿。其实小学老师水平相差能有多少?多乎哉,不多也!好学校的老师不比普通学校老师高一头乍一膀!但是对门大老远都上了所谓的名校,自己花再多的钱也要去,还有面子上的问题。

得陇望蜀。进得理想中的学校,又通过打听筛选比较,暗中给教师排队,生尽千方百计进到理想中的班级,稍稍舒一口气。这样的老师就是孩子的福星,家庭的大救星,看着这个老师满脸都是感谢之情,恨不得叫一声我的爹啊,我的娘!

想一想一个班百十号人,老师一个月也不一定认识完那么多学生,于是第三个愿望的灵感降临了。紧接着,就请老师吃饭。推杯换盏间,满脸堆笑的家长请老师给孩子安排个好座位,最好是第三排正中间,让老师刚咽到喉咙之间的一块肉好像粘了一个苍蝇:原来这是鸿门宴!本来感觉家长尊重老师是多么美妙的事,现在才明白天下没有白吃的宴席!这家长真是得寸进尺啊,他们的心愿在细化,变得越来越具体!

教师节没过两天,中秋节到,家长想着得看看老师,多少表示点心情,就准备了一盒月饼，一件牛奶，鸡蛋一箱，趁着月黑天到了学校家属院，东打听西打听总算摸到了教师家里，敲开门恰巧碰见同事也在教师家，甚是尴尬。再一看，放在一边的礼品也是月饼、牛奶、鸡蛋各一箱，这一点上可谓英雄所见略同！同事见他们进来，忙知趣地退出。等他们刚落了座，热茶还没抿一口，就响起了“咚咚”的敲门声，让他们的尴尬又披到了身上。趁老师送他们的当儿，赶紧说，老师忙，过节看一看，孩子胆小，能不能让他当个小干部哪怕是小组长也行，锻炼锻炼！看着老师满面笑容在变减法——笑容在一点一点减少，就赶紧告辞！第二天，满家属院都知道一年级班主任不少收礼！——家长在家属院问东问西就是在给这个一年级老师做广告。

期中考试过后，孩子成绩一门95，一门92，在班里可是中下成绩，家长慌了，一了解情况，原来同桌爱吃零食，上课两个人爱说话，就教育自己的孩子别和这样的孩子在一起玩！于是就请老师旅游，途中说让自己的孩子跟班里长得好学习又好的第一名坐在一起，这样近朱者赤近墨者黑，给他的孩子带一带。这是家长的第五个心愿！

家长听说“十一·三”建队节学校要给一年级新生“戴红领巾”，就找自己的亲戚领导去找校长打招呼，让自己的孩子能戴上红领巾，不然的话对孩子的打击可大了，他们的心理很脆弱，孩子的自信心非常重要，千万不能因此让他自卑。孩子戴上红领巾，家长也是踌躇满志！

期末是不是三好学生是这一期的最后一个心愿，但是凭借成绩一切才有可能，找老师不一定能说出口，于是选一个吉日，腊月初一吧，家长到寺院里虔诚地跪在佛像前许愿，如果孩子期末能取得双百分正月十五一定来烧高香！考前动员一切力量，对孩子说，如果期末双百分电脑游戏随便玩！压岁钱一定是最多的，想咋花咋花！

三、父亲要做男孩的密友

男孩的成长需要父亲做密友。一直以来，我们总是习惯强调母爱的力量，颂扬母爱最崇高，但事实上，父爱的力量也同样伟大。就像一只鸟的两只翅膀、一个人的两条腿一样,母爱和父爱对孩子的成长来说是缺一不可,无法替代的,一个重“说”,感性多一些,一个重“做”,理性多一些,具有互补性和不可替代性。“养不教,父之过”,在教育孩子的问题上,父亲绝不应该缺席,作为父亲要认识到父亲在家教上的独特价值与重要性,积极提升父教能力,主动承担起教养孩子的责任。要从儿子出生第一天起,舍得投入时间去养育他、教育他。为了儿子的成长,父亲要甘于做出一定的牺牲,甚至比较巨大的牺牲,教育孩子,与孩子做朋友,因为儿子的成长是他生命中最重要的事情。这样的孩子才会“前程锦绣”,这是家庭之福,社稷之福。

让我们先来看看来自自然界的教训。

在人们的印象中,大象是一种非常温顺的动物,虽然体形庞大,却极少主动攻击其它动物。但是在南非西北部的国家公园里,管理人员却发现了一个反常的现象:年幼的雄象变得越来越富有攻击性,在没有受到任何挑衅的情况下,它们也会凶狠地攻击附近的白犀牛,把它击倒在地,残忍地用脚踩死。

这种行为让公园的管理人员百思不得其解,因为大象的这种行为极其少见,跟大象温顺的秉性不相符。

最终,公园管理人员找到了答案。原来政府为了维护公园的生态平衡,采取了猎杀成年公象的做法,这就导致了一个结果:几乎所有的小象在小时候都成为孤儿。而成年公象对幼象成长非常重要,因为成年公象会管好这些小象,并为它们与其它动物和平共处提供榜样。在失去这种榜样和影响以后,年幼公象本能的攻击性就毫无节制地释放出来,并在象群中逐渐蔓延滋长。

小象暴乱的行为揭示了这样一个真理:早期监督和纪律管束的缺乏往往带来灾难性的后果,无论对大象还是对孩子来说都是如此。

再看看名牌大学学生硫酸泼熊的悲剧及溯源。

很多人还记得清华大学学生硫酸泼熊的荒诞事件。2002 年 1 月 29 日和 2 月 23 日,清华大学大四学生刘某某为了“研究黑熊嗅觉是否灵敏”,

先后两次用火碱和硫酸伤害北京动物园的5只熊。刘某某被当场抓获，并送交公安机关，对犯罪事实供认不讳。刘某某被清华大学给予留校察看的处分，北京西城区检察院2003年以涉嫌故意毁坏财物罪对刘某某提起公诉。

伤熊事件在社会上引起轩然大波，媒体和社会各界展开了大讨论。许多专家学者注意到这样一个事实：刘某某生活在单亲家庭中，从小由妈妈一手养大。父亲不在身边，而母亲又给予了刘某某太多不正常的爱，这种家庭教育环境与刘某某的行为有很大的关联。

在看守所里，刘某某回忆说，在他出生不久父母就离婚了，他除了知道父亲姓刘，其他一概不知。刘某某的妈妈李女士在接受采访时也说："刘某某出生56天后，我和他爸就分居了，但一直到孩子3岁时才办了离婚手续。20年来，虽然和他近在咫尺，但我们没有一分钱、一句话的来往。"在反思刘某某的行为时，李女士认为儿子的行为跟没有父亲在身边有一定的关系。

父亲的影响自婴儿出生开始。科学研究发现，在婴儿出生后的第一年，父亲对育儿工作的贡献越多，孩子的认知发展水平越高。婴幼儿时期，母亲更多的是与孩子进行身体接触和语言交流，父亲则更多的是通过身体运动和孩子进行游戏交流；父亲对孩子形成勇敢、自信的个性更为重要。

父教缺失会给男孩的成长投射下阴影，并有可能带来非常严重的后果，违法犯罪就是其中之一。父教缺失对男孩最常见的影响就是"父爱缺乏综合症"，患有此症的男孩主要特点有：过分怕羞、情绪沮丧、自暴自弃、不求上进、少言寡语、不爱集体、厌恶交友、急躁冲动、喜怒无常、害怕失败、感情冷漠，严重的还可能上学逃课、早恋、离家出走、偷盗、甚至喜好使用暴力。

德、日两国的儿童心理疾病治疗专家联合对两国的3000多名少年儿童进行了一项专题调查，结果发现：缺乏父爱的年龄越小，越容易患上"父爱缺乏综合症"。而且此病症对于男孩的影响更严重，男童患上此病症的可能性要比同龄女童高1倍。美国著名的婚姻与子女教育研究专家麦道卫先生为我们敲响了警钟："缺乏父爱的男孩会成长为危险的男人。"因此，作为父亲不管是出于何种原因"缺席"儿子的教育与成长，我们都要迫切地呼吁回到儿子的身边。美国著名心理学家杜布森认为:“让一个男孩和一个合适的男人在一起,这个男孩永远不会走上邪路。”父亲角色是母亲永远无法替代的。心理学家认为:“父亲的出现是一种独特的存在,对培养孩子有一种特别的能力”,“失去父爱是人类感情发展的一种缺陷和不平衡”。美国密执安大学研究人员详细比较了父亲与母亲对孩子的不同影响,发现了这样的情况:常与母亲相处的孩子具有对新鲜事物兴趣浓厚、擅长交际的特点;而与父亲接触多的孩子,不仅智商高,而且人际关系融洽,从事活动的风格更开放、包容,带有进取精神甚至冒险性,更富有男子汉气魄。有专家通过对来自不同结构家庭的小孩进行的测试发现,“没有父亲”的孩子的智力往往偏低,那些经常与父亲接触的孩子往往在认识上“高人一筹”。这是单纯由母亲抚养教育难以做到的。

美国父教组织的调查数据显示,有20%的未成年孩子住在单亲家庭中,青少年犯罪的数据却表明,70%的少年犯出自单亲家庭。美国60%的强奸犯、72%的少年凶杀犯、70%的长期服役犯人来自无父家庭,90%的无家可归和离家出走的孩子来自无父家庭,戒毒中心有75%的青少年来自无父家庭,80%的强奸犯的动机来源于无父家庭转移的愤怒。在缺乏父爱的情况下,孩子往往缺乏一个可以信赖与参照的权威与榜样,这可能正是青少年存在许多社会问题的根源所在。“父教缺失”现在成了全球性日益严重的现象。

形成这种状况的原因很多,在我国,有父母离异的单亲家庭,有留守儿童的现象,有的是父亲专注于自己干事创业无暇顾及,也有的是父亲认为教育孩子是母亲的事,推脱一旁,还有的是当妈妈的自己甘愿“相夫教子”,不让孩子的父亲插手等。

父教缺失会让男孩终身“缺钙”。我们的社会所推崇和需要的男性风格,比如宽容大度的胸怀、坚强果断的行事作风、对女性的尊重和体贴等等,往往只有通过父亲和儿子的积极关系才能得以传承。儿子是在对父亲的动作行为和男性风格的模仿中逐渐长大成为男人的。

美国总统奥巴马亲身体验到父教缺席的影响,在2009年父亲节前夕,他说出了这样一句话:“父爱缺失在孩子心中留下的空洞,任何政府都无力填补。”

但是和孩子在一起不等于有父爱,有这样一个事例。

不久前,天津市平山道居民某君花近百元买了一只蟋蟀,“战斗力”很强，屡“咬”屡“胜”，深得其喜爱。为了不让6岁的儿子摸碰，他常将蟋蟀罐藏匿。一天他急于外出，放在明处的蟋蟀罐被儿子发现，调皮的孩子用小棍捅蟋蟀玩，捅掉了蟋蟀一条腿。他回来后见状大怒，照着儿子的屁股就是一脚，儿子顿时瘫坐在地，大叫腿疼。他上前扶起后只见儿子迈步困难，抱起儿子上医院检查，男童骶髂关节半脱位。望着痛苦的儿子，他后悔不已。

“宠物”掉了一条腿，竟踢伤儿子一条腿，未免太缺少父爱了。假如一脚下来踢出条人命，又岂能是一个“悔”字了得？

我有一个朋友夫妻两地分居，过着牛郎织女的生活，他们的儿子跟着女方在中心城区生活，孩子母亲可是把对丈夫的相思、对儿子的爱都用在儿子身上了，小心翼翼，百般呵护，可是儿子给人的形象是面色苍白、形单影只、弱不禁风、多愁善感、可怜兮兮，简直是一个男孩版林黛玉，也可以说是个现代版的“小萝卜头”，孩子的母亲百思不得其解。孩子五岁了，在乡镇工作的父亲看到这种情况，就让孩子跟自己在一起生活，一年后，再见到这个孩子则是另一种情况：孩子的脸蛋红扑扑的，浑身上下胖乎乎的，像一个小老虎，见人乐呵呵的，样子非常可爱，什么原因呢？

原来孩子跟妈妈，妈妈整天怕他吃不好穿不暖，经常给他做好吃的，夹起一块肉，热了放在嘴边吹一吹，凉了呵一呵，第一块肉、甚至第二、第三块肉都是让他吃。一块肉他刚吃到嘴里，第二块又递到了他嘴前，饭也是如此。如此这般，孩子厌食了……孩子跟着爸爸，爸爸炒了一盘萝卜炒肉丝，第一块肉是父亲夹吃了，父亲没有那么多客气，一般不会给孩子夹菜，如果孩子不赶紧行动，第二、第三块肉都可能进到父亲嘴里，他可能只能吃萝卜丝，这是他不愿看到的，所以他得和父亲“竞争”，筷头快才能吃到肉、吃多肉。在这种“竞争”中，孩子求“生存”，求发展，反而长大了，长胖了。

说到这里，为了让男孩茁壮成长，我想说的就是父亲和孩子做一世的朋友吧，也许下面这首诗《儿子　爸爸是你的地图》算是深沉父爱的一种表达，做父亲的能做到这些善莫大焉。

儿子 爸爸是你的地图

爸爸用沧桑的经历
为你绘制了一幅人生的地图
是想让你看清光明的前途
少些磕磕绊绊
多一些快乐
就会如有神助
有了地图
你会知道哪里有高山峡谷
哪里有沼泽海啸飞瀑
哪里有沙漠荆棘陷阱
哪里是柏油马路
哪里可以搭乘火车
走在森林里别被暗箭当作猎物
城市是座迷宫
霓虹灯灿烂了夜色
也会把你的路眩着
高脚杯里有蜂蜜
喝多就成了麻木你的蛇毒
听听爸爸的箴言
你才能进出自如

渴了不饮盗泉之水
饿了不食嗟来之食
累了不做南柯一梦
有时低头不是投降
有时沉默不是懦弱
不做信念的叛徒

不做为富不仁的地主
爸爸是你的参谋
你能绕过雷区
被核辐射过的水再清也不能涉足

爸爸的历程是座小山包
却是你起步的高度
这并不太美观的地图
却是满腔的嘱咐
不希望你重复父辈曾经落难的无助
爸爸当作马
你骑着也只能走一程
向上走动还得一步一步

刚入青春期的你
倔强指数越高
逆反系数越大
地图会被你涂模糊
你跌跌撞撞会误入歧途
爸爸黯淡的泪水
只会滴在无人之处

当然，父亲对女孩和男孩有同样重要的影响。父教缺失可能对女孩的性别角色形成造成混乱，那些只与母亲生活在一起的女孩，面对陌生男性时表现出更高水平的焦虑。

父亲的威信需要母亲帮忙树立。在孩子面前，妈妈不但不能贬损爸爸，还要赞赏有加，爸爸也不要欺负妈妈，还要关心她。夫妻之间互相赏识，互相珍惜，这样孩子才乐意走近爸爸，接受爸爸的教诲；才愉快地靠近妈妈，接受妈妈的爱。如果当着孩子的面驳夫，把爸爸说得一无是处——你看见酒都没命了，人家有没有往你嘴里倒，是你自己要喝，一看就是个没出息喝家，喝醉谁也不怨,都怨你自己……孩子听了妈妈这样评价爸爸,心里会怎么想?他会从心里疏远爸爸,甚至看不起爸爸:我爸爱喝酒,嗜酒如命,是个酒鬼。爸爸再教育孩子的时候,孩子假装没听见,或者根本就不理睬爸爸。

另外,值得一提的是小孩子也稀罕男老师。请看一则新闻报道。11 月 10 日,记者看到北师大实验小学五年级 3 班的孩子们和班主任于晓冰、实习老师刘源外出活动时非常开心。

说起能让孩子们这样喜欢,北师大教育系大四的刘源心里很感动,大学本科生、年轻男老师这样的身份目前在小学校园里仍是“稀有品种”。记者随后询问了几所小学,和平里三小有 60 多名老师,男老师 5 名,海淀建华实验学校 34 个老师中有 7 个男老师。

海淀区建华实验学校的刘桂林校长认为,年轻男老师受到孩子们的欢迎是必然的。一般说,年轻男老师动手能力强,点子多,喜欢户外活动,说话不絮叨,一旦批评学生又很严厉,学生对他们“又爱又怕”。男女老师各有特点,恰当的男女老师比例是孩子们成长的良好环境的一部分。

四、和孩子的朋友是好友

卡耐基说,成功靠什么?成功靠 15% 的专业技能加 85% 的人际关系。俗话说一个篱笆三个桩,一个好汉三个帮。英国一项调查发现,少年时期朋友多的孩子长大后收入相对高。这一调查表明,良好社交能力是成功的重要因素——工作环境就是一个社交场所,人们必须和谐相处、团结协作。未来的社会是一个科技的社会,是一个需要高度分工合作的社会。你的孩子如果不懂合作,不懂团结,那么,他就无法赢得未来。因此,良好的社交能力非常重要。调查报告说,总体看来,童年时期家庭环境温馨和谐的学生青少年时期更热衷于参加社交活动。家境富裕并不能使孩子在同龄人当中更受欢迎。

交朋友有益健康长寿。美国杨百翰大学一项新研究发现,拥有强大的社交网络(特别是拥有健康朋友)可以使长寿几率增加 50%,使癌症幸存率和防止感冒几率提高两倍。交友还有助于降低心脏病危险。没有亲密朋友的害处相当于每天抽烟 15 支。从美国发表的一份对长寿老人的调查报告,也得出一个很有意思的结论:长寿老人朋友多。在接受调查的1730名年逾八十的老寿星中,社会接触面广、朋友多的占83%,至今仍有知心朋友的达56%。因而调查者认为,广交朋友、交好友是老年人长寿的一个重要因素。有的人性格内向,常为孤独寂寞所困扰,心中的忧郁无处倾诉,苦闷无法排泄,久而久之,便会"憋"出病来。若能广交朋友,经常聚集在一起,海阔天空地聊一阵,笑一阵,可宣泄孤独的情感,生活变得丰富多彩,可将人的情操陶冶,忧愁丢到九霄云外,从而使人拥有健康向上的心理。

现在看来,交朋友对任何年龄的人都是有益的。因此不要把孩子关在狭窄的空间里,放他们出去,多认识社会、多结交朋友,否则的话,他心灵的世界越缩越小,最后只剩下自己,这是很可怕的。可是现在的孩子"情愿"孤独。一次学校组织夏令营,在外出自由活动时间,很多孩子不知道干什么,有的呆呆地坐在床上,有的焦躁地一个人在院子里转来转去。他们不喜欢与同龄人交往,不知道大家在一起怎么玩,就像独往独来的猎豹。

教育家苏霍姆林斯基说:"青少年有着寻找朋友的渴望,这是在成长的人的一种精神需要,他渴望找到思想、感情、要求和观点一致的朋友。"孩子在完全平等地位的伙伴前面,思想松弛,发挥自由,从与伙伴的交流中了解他们世界新近流行的游戏、流行事件、最流行的笑话,这是在成人世界里是很难找到的。

我们都说,跟着好的学好的,跟着坏的学坏的。正所谓人以群分,物以类聚,要做好人,须寻好友。教孩子走近好孩子,就会受到熏陶,就会向好学生看齐。有这样一句话说得好,朋友决定孩子的成绩,有研究证明,那些交"努力学习"的朋友的学生成绩优异,而交相反类型的学生成绩则不佳。我们南阳的果农做的这件事就很有哲理:柿子在秋天像小灯笼一样,但是摘下来硬邦邦的是生的,咬一口涩得嘴都是木的,只有发软的柿子吃起来又香又甜,把生柿子变成可直接食用的柿子,果农不用催熟剂,不用化学用品,而是把生柿子与苹果放在一起,密封三五天,柿子就香软可口,好吃极了。这个过程就也是一种"漤柿子"过程。这样的事放在家教上,就说明让孩子和好孩子在一起,就会有好孩子的优点。如果让他和爱学习、爱动脑、品行端正的孩子多来往,这些孩子就是自己孩子身边的榜样,孩子不自觉中就会向他看齐。当然孩子什么样的朋友都可以有,关键孩子得把握好自己,在早期就应引导孩子要同爱学习的学生为友。下面这个故事很能说明问题。

李维从小聪明伶俐,上小学那几年,学习成绩也不错,一直是三好学生和班干部。可是,随着一天天长大,他变得调皮贪玩,花钱大手大脚,讲究吃喝,不刻苦学习,成绩一天天下降。那一年中考,李维的成绩勉强够上普通高中。为了给他更好的起点,他的父母央人托己,请客送礼,才把李维送进市里一所重点高中,但是李维基础太差,加上怕吃苦,爱偷懒,在那些刻苦用功的学生当中,他简直就是一只笨拙的丑小鸭。上英语课,老师用简单的英语提问他,他丈二和尚摸不着头脑,全班同学哄堂大笑。除英语外,其他几门功课,他也跟不上。为了督促李维学习,提高他的学习成绩,他的爸爸妈妈想了很多办法:家里的电视不开,以免他看电视耽误学习;给他买来复读机,让他有空就听英语;高薪聘请了两个家教,一个负责教文科,一个负责教理科;在药店买了许多营养品,用于补脑。为了多些时间照顾孩子,他的母亲甚至放弃职场前途,申请到一个清闲的科室上班。尽管他的妈妈费尽心机,李维的学习还是没有什么进步。后来他的班主任给家里打电话:"李维上课经常调皮捣蛋,我不得不把他的座位调到了最后一排。如果你们能把他转到别的班,那就更好了。"李维的父母是一筹莫展。

一个星期天,李维妈妈带他上街买衣服。路上,一个男孩子从他们身边走过时和李维打了个招呼。那孩子长得干瘦,穿着破旧的单薄衬衫,头发老长,身上还背着一个小布袋子。他妈妈问:"他是谁呀?"李维说:"我的同学,叫张平。他家里非常穷,住在县里的大山里面。他背的那个袋子里装的是大米,他每个月回家背一次,每个月就靠着一袋子米生活,很可怜。"李维还告诉妈妈,张平经常吃馒头喝白开水,他还欠着学校的学费,要不是有好心的老师和同学帮他,他早就辍学了,他学习非常用功,每次考试都是前三名。她很有感触地对丈夫说:"这孩子真可怜,我想给他买两套衣服,让李维今后多跟他在一起,好好学学人家。希望多和他接触,向他学习。"李维听后说:"你们帮助他可以,但想要我向他学习,不可能。人家成绩好的学生根本不喜欢和我们这些差生在一起玩。他们瞧不起我们,怕我们把他们带坏了。"他爸爸一听就火了:"你就不能让人家把你带好?你这么好的学习条件,为什么不能像人家那样勤奋?"在母亲的耐心劝说下,本性善良的李维还是把张平带回家来。李维妈妈热情地做了几个好菜,饭后还拿出买来的衣服送给张平,张平感动得热泪直流,这感动的一幕,让站在一旁的李维十分震撼。李维和张平迅速成为好朋友，课余时间经常在一起玩。懂事的张平知恩图报，主动辅导李维做作业，帮助他解决学习上不懂的问题。李维很自然地接受了张平的帮助，李维父母得知张平经常在学习上帮助李维，心里十分高兴，像对待自己的孩子一样待他。他们找到班主任那里，谈了两个孩子的事情，希望李维能跟张平坐同桌，班主任很支持，当天就把李维的座位调到了张平的旁边。后来李维父母还把张平接到自己家，和李维同吃、同住、同学习。从此，李维和张平朝夕相处，形影不离。张平不愧是一名品学兼优的学生，他不仅安排好自己每天的学习，还给李维列了学习计划，督促他按照计划看书做题。一年后，在张平的帮助下，加上自己的努力，李维的学习成绩已经上升为班里前十名，老师和同学都对他刮目相看。在学习上，他和张平已经并肩前进，开始互相帮助。有时为了一道题的解法，两人争执不下，最后只好找老师裁决。2010 年高考，李维被北京航空航天大学录取，张平则如愿以偿被北京大学录取。

对待孩子的小伙伴、同学、朋友，家长要热情大方，他们造访的时候，家长要嘘寒问暖，把家里的水果、饮料等好吃的让他们享用。如果孩子的朋友时间久了没有来，家长还要问清理由，让孩子邀请他们来开个家庭聚会。投桃报李，孩子会得到对方家长的热情款待。自己的孩子到同伴家里，家长要提醒他有礼貌，讲卫生，吃水果不乱扔果皮，不随地吐痰，到厕所要经同伴家长同意，到吃饭的时候要回家，不要轻易在同伴家就餐，晚上也要玩得适可而止，不能影响同伴家休息，离开同伴家时要给大人打招呼说再见。

孩子如果觉得交流是种享受，无论跟谁交流都能轻松自如，身心一致、内外一致，会沟通的孩子总能受到同伴的喜爱，他的交际圈子会越来越大，他在未来与社会的相融性也会越来越强。

近朱者赤，近墨者黑。孩子在外什么样，看看他结交的朋友就知道了。如果是个流里流气、满口脏话的问题孩子，就说明自己的孩子有问题，家长就要干预。有这样一个故事，是说从前有几个浪荡公子，听说这一家的千金小姐很漂亮，他们当然见不到，因为这位千金小姐笑不露齿，足不出户，大门不出二门不迈。于是他们准备黄昏时翻墙到这一家后花园找这位小姐去戏要一番。他们几个好容易翻上高高的墙头，让其中一位先下去试探一下情况，这位公子哥正好掉进茅池中,浑身是粪便,上面的几个人也看不清,问怎么样,这位公子哥怕他们笑话,就说下来吧,下来吧,没事,结果这几个人都掉进了茅池里,几个人在粪池里挣扎,面面相觑,小偷逮着贼——谁也不说谁。当我听说我的孩子和班里的问题学生走得近的时候,我把这个故事讲给我的孩子听,还是很起作用的。

更要注意孩子不能搞“桃园三结义”,结拜什么兄弟、干姐妹等,自己的行为靠别人、靠哥们义气左右就很危险,容易出问题。因为他们识别能力不强,久在芝兰之室,不闻其香;久在鲍鱼之肆,不闻其臭,做父母的一定小心对待。下面这个事例也是很能说明问题。

12岁的小华和小美是漳浦前亭镇过港小学五年级的学生,是无话不说的好姐妹。

3月1日下午第一节课结束后,小华神色慌张,称她摸遍了身上的口袋,就是找不着自家卷帘门的遥控器。她把这件事告诉了小美,两人一起商量着该怎么办。

当天下午4点多,学校放学了。小华和小美偷偷地将两本写好的“遗书”藏在小华家放碟片的柜子里,随后去跳池塘。

“我的好朋友小华因为丢了家里卷帘门遥控器,要去自杀,我跟她不求同年同月生,但求同年同月死,死后我要穿越时空,回到清朝去跟皇帝拍电影……”

至于跳塘原因,大部分的村民觉得可能是小华把丢东西看得太重,形成心理负担。不过,不少村民并不认同此说法,一个村民说,可能是两个小孩有心理问题,遥控器丢失不过是一个诱因,“而小美可能是因为跟她太要好,重承诺,也可能是穿越剧看多了”。

美国《纽约时报》曾登过一篇文章《如何善待孩子的朋友》,值得一读。

对于孩子的朋友,你是关心他们的价值观和行为,还是无端地讨厌其中某个人,这是有天壤之别的。前者可能是一种潜在问题的标志,如不吸毒,它常常需要外界的帮助。讨厌孩子的朋友中的某几个是正常的。但是,请记住下面几点:

(1)孩子的朋友切不可以貌取人,诸如发型、穿着打扮或是对音乐的选择。

对这些事情的评论很可能会使你的孩子断然站在朋友一边，为他们辩护。你应该尽量从孩子的角度来看他（她）的朋友。

坦普尔大学的心理学教授劳伦斯·斯坦伯格说："使你的家成为一个孩子很愉快地带朋友来玩的地方。这将有助于你了解他们，从而对他们做出较理智的判断。"

（2）如果你的孩子与朋友不能总是友好相处，不要大惊小怪。

哈佛大学教育学教授罗伯特塞尔曼博士说："青少年时期，有时孩子们会利用他们的朋友来培养自己的辩论技巧。那是一种健康的标志，但是父母可能会误解。"

（3）注意你表达厌恶某位朋友的方式。

请记住：用笼统的语言批评孩子很少见效，也许会适得其反，如"他不是那种你应该交往的孩子"。

得克萨斯州教育心理学教授简·休斯博士说："把你的评论集中在孩子其他具体的行为以及你的反应上。"

（4）为孩子创造结交新朋友的机会。

请记住：对于孩子的成长来说，具体的每一位朋友远没有友谊这个概念来得重要。仅仅动员孩子不要与某人交往很少会产生效果，特别是孩子的朋友寥寥无几的时候。

斯坦伯格博士说："如果让孩子选择：与父母不喜欢的人交往，还是根本不与任何人交往，孩子会选择前者。所以，你帮助孩子与你的确喜欢的人交往。"

五、让孩子与客人是朋友

有这样的镜头，一些孩子在家里看来了客人，变得异乎寻常的活跃，甚至调皮捣蛋或恶作剧起来，把皮球乱扔，把鞋扔到客人坐的沙发上又赶紧拿走，给客人端一杯凉水当茶，看到客人喝一口就哈哈大笑……这就是人们常说的"人来疯"，儿童心理学家研究认为，这是由于家庭教育不当——过度溺爱或过度严厉管束造成的。过度严厉管束，不让孩子与外界接触，孩子犹如笼中之鸟，抑制了好玩的天性。如果家中来了客人，孩子感到新鲜，而且客人看到孩子后，一般都要夸奖孩子长得好,看着聪明,或与之嬉戏,此时,家长又显得比较宽容,给孩子“面子”,不会当着客人的面训斥孩子。善于察言观色的孩子发现到这种变化,利用这“天赐良机”来解放自己,补充平时的不足。

我们都知道,父母和祖辈整日围着孩子转,无限制地满足孩子的一切要求,导致孩子“自我为中心”的意识特别强。家里来了客人,孩子好想表现自己,引起客人的注意。如果主客交谈而不理睬孩子,孩子会在心理上觉得被冷落,有意识地做出一些偏常行为,实质上是在提醒客人:不要把我忘记了。

一般来说,随着年龄的增长,“人来疯”现象会自然消失。但为了让孩子早日进步、成熟,父母还是应该抓紧对孩子的教育。

改善家庭教育方法,平时要让孩子有机会多与外界接触,多与人交往,与客人成为朋友,以减少看见生人时的新鲜感——见多不怪。教育孩子懂得迎来送往的文明礼貌。家里有客人来时,让孩子与客人接触,学会称呼、问好、招待——让座、倒茶、拿水果等,使孩子懂得一些待客之道。父母把孩子介绍给客人,这样可以使孩子不觉得受到冷落,大人们交谈,如果不需孩子回避,就尽量让他参加。此外,主人还可以请客人适当配合教育一下,借第三者之口赞美孩子,说一说什么是乖孩子,自己喜欢什么样的孩子,孩子也会“注意影响”,很快会收敛自己,变得乖巧。很多家长把孩子获得的三好学生奖状贴在客厅里显著位置,成为室内独特的装饰,客人看见总要夸奖孩子几句——“不错呀,得这么多奖状”,“这孩子真行,每年都是三好学生”……这样孩子听到这些夸奖,不但家长有成就感,孩子也会有满足感,做作业做得更认真,好像客人正在关注自己学习一样。

父母带孩子到别人家做客,应该要求孩子不乱翻人家东西,坐在那里或听大人谈话,或看电视,或者帮人家打扫卫生。人家给东西吃要说谢谢。

尤其自己家里请客或参加宴席,带孩子一起去时,要告诉孩子不能逮着自己喜欢的菜“吃个死”——霸着自己一个人吃,不许别人染指,不喜欢的菜“死不吃”——一点也不尝,就是大人介绍这道菜营养价值如何好,给自己夹一筷头菜,自己却推到一边;大人没有动筷,小孩子不许急着要这吃要那吃;学会谦让,更不能客人还没有落座,自己就想坐哪里就坐哪里;许多酒店还安有闭路电视,教育孩子不能以看电视为由,影响大人的交谈和进餐;还有就是孩子一会儿就吃饱,避免他吃饱以后就闹着回家等现象。父母一定把餐桌礼仪教给他,好规矩须告知。当然不能当着客人的面说孩子的诸般不是。孩子不听话，父母当着客人的面呵斥他，不但会使孩子闹得更厉害，给自己心里添堵，自己下不来台，也会造成客人进餐不愉快。

我的孩子上高中以后，让他们和我一起出去吃顿饭变成了很难的事。以前孩子小，我要出门，他们总是缠着我去，对上饭店很感兴趣，我前脚没迈出门，他们后脚就赶上，上初中也能喊上一起去赴宴，在餐桌上也有说有笑。上初三以后，让他们出去吃顿饭就很难了。现在为了让他们学会社交，我一再说那位叔叔请我们吃饭，是几家聚聚，有谁谁你都认识，有选择的宴席他们才答应，就是答应在餐桌上也是少言寡语。为了改变这种现象，我们餐桌上的话题有时就从他们身上开始，让他们参与，发言锻炼。我从中间发现他们成长中的很多问题，于是大家或“引经据典”，或“现身说法”，孩子听了大家的意见，感到新奇，不是我的“片面之词”，他们兼听则明，澄清了他们的思想认识，包括对人生观的树立都起到了很好的作用，这样在宴席上做到了排忧解难。

其实，孩子由此能够结交一些不拘年岁、辈分差异的朋友，也就是忘年交，也会使孩子受益匪浅。

第五章

品质朋友是孩子人生路上的三头六臂

我们都羡慕《封神演义》里托塔天王李靖有一个不同凡响的儿子哪吒，哪吒三头六臂，本领神奇，所向无敌，在《西游记》里和孙悟空又成了不打不相交的朋友。我们也希望自己的孩子能有这样的本领，应对生活中的“妖魔鬼怪”。其实我们每个孩子都能成为哪吒，有三头六臂的本领，有十八般武艺，“危难之处显身手”。这三头六臂就是善良、感恩、守信、宽容、谦逊、习惯、自信、自立等，孩子有这样的品格和能力，就等于有几个朋友在相助。

一、让孩子与人为善

作为父母的，不能总想着“人善被人欺，马善被人骑”的社会经验教育孩子“别的孩子打你，你就打他”。因为“人之初，性本善”，有的人为什么最后“良心被狗吃了”，就是在成长过程中思想上“藏污纳垢”，吸收的都是被污染过的营养，包括家长对孩子“歪曲善良”的教育。让孩子从小善良做人，只有好处没有坏处。

善良感的本质是心理氛围美感；它与邪恶、凶狠、阴险、恶毒相对，因而人们总是倾向于让自己更快乐，于是人们倾向于喜欢善良。善良是人的立身之道，是生命的黄金，一个人的社会形象的树立，善良是其心，罗曼·罗兰说，灵魂最美的音乐是善良！我们常说仁者无敌，为什么呢？是因为仁者的底气是善良。

我们要教育孩子从小开始与善良做一辈子的朋友：待人处事，需要心存善良、向善之美；与人交往，讲究与人为善、乐善好施；对自己要求，主张独善其身、善心常驻，就能快乐生活，幸福成长。善良不需要轰轰烈烈，感天动地，它是黑暗中的一丝光明，它是寒冷时的呵手温暖，它是洪水中的救命稻草；有时它是一句问候，有时它是一个微笑；它是一点点援助……“当你看见人家墙要倒，如果不能扶，那么不推也是一种善良；当你看见别人喝粥，你在吃肉，如果不想让，那么不吧嗒嘴也是一种善良；当你看见劫匪，如果不能挺身而出，悄悄打个“110”也是一种善良……”善良就这么简单！

一天，天空乌云密布，不久后就下起了倾盆大雨。因为腿部的残疾，一位年迈的乞丐来不及避雨，只能看着如注的大雨叹息不已。就在这时，在老乞丐的头上，出现了一把紫色的雨伞，老人疑惑地抬起头，看到一位女孩正微笑着看着自己，为自己撑伞——可不要以为这是电视上播放的公益广告，这是发生在江苏省苏州市的真实一幕。这位为老乞丐撑伞的女孩，也被网友们亲切地称为“最美女孩”。也许，她并不拥有多么美丽的容貌，但是她的心灵，一定是最美最美的。虽然，这只是一个小小的善举，但是却折射出了人心的善良，诠释了这个平凡的女孩最最善良的心灵。当我看到这一则报道时，也从心底里敬佩这一位女孩，因为从这位女孩的身上散发出来一股无限美好的魅力，这，就是善良的魅力。这种魅力，温暖人心，让许许多多人们为之动容。

同样是面对乞丐，外国人的善良家教也让人感动。

汉斯是典型的德国人，虽然生活在广州，但生活方式和教育孩子的方法，却一直沿袭着德国人的做法。汉斯的善良教育，在女儿雪丽身上开展得比较顺利。不过，也并不是一帆风顺。

有一次，汉斯一家逛街，在街拐角处，有个跛腿的小乞丐，一把拉住雪丽的衣襟，把破盆子递到雪丽面前。雪丽慌了，打掉小乞丐的手：“干什么?！这么脏，你赔我衣服!”

“雪丽!”汉斯的脸沉了下来，“到我这儿来。”

雪丽不情愿地走到汉斯身边。那个小乞丐也跟着走过来，把破盆子伸到汉斯面前。汉斯掏出些零钱，放进去。随后，汉斯拉着妻子和雪丽回家。他召开了家庭会议，严肃地批评了雪丽的做法，告诉她，每个人都有尊严，都需要尊重。如果你没有零钱，没关系，你可以不帮他，但你不能因此就训斥他，伤害他的自尊心。

他的中国朋友觉得他有点小题大做，汉斯严肃地说："这是为了孩子有颗善良的心，善良的心是金子。"

方方系列故事之二十三

压 岁 钱

"今年大年初一，妈妈给宝宝二百元钱压岁钱，给你压灾，也是新年的祝福，祝你'钱'程似锦。"

刘芳把二百元钱塞到方方的衣袋里，亲了亲他的额头。

"爸爸呢？爸爸给我多少压岁钱？"方方觉得有些欠缺，看一眼正笑吟吟看着自己的方才。

听方方这么一说，方才有点惊讶，看了一眼刘芳。

"宝宝，妈妈给你的压岁钱里都有爸爸的一份，给你的二百元钱是爸爸妈妈共同的礼物。"刘芳赶紧圆场。

方方这才高兴地跳起来："我发财了，我发财了！"

两人也很高兴，等于吉日讨到了口彩。

过了一会儿，刘芳说："方方，你钱呢？"

"在这里呢。"正看电视的方方掏出钱，让刘芳看。

"宝宝，你的压岁钱让妈妈给你保存，一会儿给你爷爷奶奶拜年去，丢了怎么办？"说着，刘芳就把方方手里的钱接了过来。

"我自己保存。"方方说。

"等你上学了，让你妈妈给你准备个存折，你再自己保管。"方才说道。

"宝宝，你还小，妈妈给你保存，你以后还要上高中，上大学，娶媳妇，买房子都需要钱。记住，不管谁给你压岁钱你都要，然后给我，我给你攒着，好不好？"

"我要媳妇，我要媳妇。"方方跳着拍着巴掌。

"媳妇是什么呀？"方才皱着眉头问。

"媳妇就是老婆呀，我要妈妈做我的媳妇！"方方天真地说道。

两人一听,哭笑不得,这傻小子,什么都能说出口。

这是方方五岁时的事情。

方方三年级过完寒假,上午到学校报完名回到家,下午看电视有点发呆,晚上吃饭时也是有点心不在焉。方才晚上应邀到同事家吃饭,还没有回来。母子二人吃完饭,都坐在沙发上电视,忽然方方关掉电视,坐在妈妈的右腿上,双臂环绕着她的脖子,笑着盯着她的眼睛看,刘芳感到莫名其妙,摸摸方方的头,没发烧啊。

方方开口了:"妈妈,我跟你商量个事儿。"

"什么事?"刘芳笑呵呵道。

"你跟爸爸离婚吧。"方方轻轻说道。

"跟你爸离婚?"刘芳一听,心里一惊,心里立刻彤云密布,"为什么呀?是不是你发现你爸爸学坏了?还是你讨厌你爸爸?你还是想再找个爸爸?"

"不是讨厌爸爸,也不是爸爸学坏了。"

"还是你爸爸给你说过这样的话?"

"没有哇。"

"那你为什么要让我和爸爸离婚?"

"那是因为我过年想得到两份压岁钱!"

原来是这!刘芳听了,心里好受多了,不是自己刚才想的那些,但是仍旧有些气恼,想一把把方方推过去,但是转念一想,还得再听听,为什么他会这样说,于是脸上强挤出一点笑,看着方方,说道:"你见谁得到过这样的压岁钱?"

"妈妈,你听我说,今天报名,我们班里的同学都在比谁的压岁钱多,潘芳以三万六千元钱排第一,朱小玲三万二排第二,王菲菲两万多排第三,刘东东一万二排三十八名,我以八千八百五十元排四十九名。"

"班级财富榜啊。为什么潘芳能得那么多钱?"

"人家爸爸是个大官,对了,是组织部的一个副部长。"

"朱小玲呢?"

"他爸爸是个大老板,房地产商。"

"刘东东家怎么能有那么多钱呢?"

“他妈妈离婚了,他爸爸给他找个后妈,今年过年时给他五千块钱压岁钱,他妈妈给他找个后爸,过年时给他三千。”

“怪不得呢。我问你,方方,爸爸妈妈在一起重要呢,还是两份压岁钱重要?”

方方低头想了一下,说道:“都重要!”

“爸爸妈妈在一起,给你一个家,比什么都重要!知道不知道!”刘芳叫道,把方方吓了一跳,“把你的存折拿过来,没收!”

二、让孩子放飞理想

有道是有志不在年高,小孩子也应该有理想,其实让他们树立理想实际上就是筹划他们的未来。纵观古今中外成功人士成长的记录无不具备三大特点,一是自幼培养起远大理想志气、良好性格和做大事的气概,“燕雀安知鸿鹄之志哉”;二是他们的童年和青少年生活丰富多彩,有丰富的实践和历练,“宝剑锋从磨砺出,梅花香自苦寒来”;三是他们少儿期即博览群书,“立身以立学为先,立学以读书为本”……可以这么说,以上三者是人才金鼎之三足,缺一而不可立。下面的一则故事就是证明:

克洛克的家境并不富裕,下课的时候在一家快餐店打工。起初老板安排他专门擦桌子,他毫无干劲儿,当天就溜回了家。

克洛克向父亲诉苦:“我的理想是做老板,不是擦桌子。”父亲没有反驳他,而是叫他先把自家的餐桌擦干净。克洛克拿来毛巾,在桌子上随意擦了一遍,然后看着父亲,等他验收。父亲拿来一块崭新的白毛巾,在桌面上轻轻擦拭了一下,洁白的毛巾立即脏了,分外刺眼。父亲指着桌子说:“孩子,擦桌子是很简单的活儿。可是你连桌子都擦不干净,还能做好什么,凭什么做老板?”克洛克羞愧难当。

克洛克回到了快餐店,他谨记父亲的教诲,每次擦桌子都要准备5条毛巾,依次擦几遍,而且每次都顺着同一个方向擦,为的是不让毛巾重复污染桌面。

最终，克洛克得到快餐店老板赏识留了下来，并接管了那家快餐店，做了老板。10年后，他创立了自己的餐饮公司——麦当劳。

有人向克洛克讨教成功的秘诀，他总是自豪地说：因为我有一个伟大的父亲，他教会了我怎样才能把桌子擦得最干净。

每个孩子都必须努力寻找自己的道路，因此，拥有一个有意义的生活计划非常重要。从小立志的孩子与理想成为要好的朋友，不会满足现状，取得成绩后，还有更上一层楼的决心和魄力。现在许多年轻人容易迷失自己，最缺乏的就是立志教育，“无志之人常立志，有志之人立长志”。要知道没有天生的政治家、科学家、作家、军事家，没有天生的总统、总理，没有天生的省长、市长，也没有天生的钱学森、杨振宁、袁隆平。只有预设目标，脚踏实地地去做，就会走上成功的顶点。

《人与自然》节目里有这样的镜头：有一座海洋动物园里有一条大鲸鱼，能够跃出水面6.6米，庞然大物能跳这么高，简直是奇迹，让人惊诧不已。许多游客向训练师请教训练秘诀。原来，最初训练时，训练师先把绳子放在水面下，使鲸鱼不得不从绳子上方通过，每通过一次，鲸鱼就能得到奖励。这种训练好像游戏，鲸鱼很喜欢。渐渐地，训练师会把绳子提高，只不过每次提起的幅度很小，大约只有两厘米，这样鲸鱼不需花费太大的力气就有可能跃过去，获得奖励。而时常鲸鱼在受到奖励后，便很乐意接受下一次的训练。随着时间的推移，鲸鱼跃过的高度逐渐上升，最终竟然达到6.6米。

联系我们的生活实际，我们教育孩子和训练师训练鲸鱼有着异曲同工之处。育人是一个长期、系统、复杂的过程，需要我们耐心等待。让孩子首先确定看得见摸得着的目标，一步一步走踏实，最后也就离“大目标”不远。教育孩子不能急于求成，更不能“拔苗助长”。

实现理想还要培养他们的“第一流意识”。

父母望子成龙，希望自己的孩子成为“第一流的人才”，这种愿望无可非议的。但要使其变成现实，首先必须使孩子具有“第一流的意识”。

“第一流的意识”即目标明确，志向专一，发奋进取，事业上百折不挠，勇于争“第一”，具有持久性、稳定性的心理状态。在孩子身上，它常常表现为不甘落后，不怕失败，能在适当的场合中表现自己的能力，情感丰富但不脆弱的特点。

“第一流的意识”的形成，主要还是来自于父母言行的影响和优良家庭气氛的熏陶。因此，做父母的生活情趣要高雅，不庸俗，要执著于真善美的追求，努力营造出民主平等和谐的家庭氛围；经常给孩子讲励志故事，要暗含父母的寄托、希望；培养孩子持之以恒的坚强意志和顽强的毅力。

下面这个故事很能说明问题。

他出身卑微，却心怀远大理想。多年前，他在1983年版的《射雕英雄传》中扮演那个宋兵乙，为增添一点点戏份，他请求导演安排“梅超风”用两掌打死他，结果被告知“只能被一掌打死”。这个年轻时被称作“死跑龙套”的卑微小人物，第一次当着导演的面谈到演技的时候，在场的人无一例外都哄堂大笑，但他仍然不断思索、不断向导演“进谏”，直至2002年自己当上导演。那年，他获得了金像奖“最佳导演奖”。他不是别人，他就是今天大名鼎鼎的周星驰。

我们希望孩子快乐，但是孩子的理想随着孩子的成长应当让他有所选择，有所调整，而不是“一棵树上吊死”，“一头撞在南墙上死不回头”。现在家长对孩子不缺少规划，孩子刚一出生，家长就把孩子一辈子都规划好，但是能不能实现，孩子愿意不愿意这样，家长并没有考虑过，这是非常不科学的，有时候会给孩子造成很大挫折，甚至会毁了孩子的一辈子。一个孩子今后向什么方向发展，可能从事何种职业，固然与其本身的爱好、兴趣、素质和能力有关，但是更为重要的是由未来社会的需要及其成长过程中的社会环境和条件决定的。因此，孩子最主要的任务是对社会生活的基本方面有初步认识，是在愉快的、无拘无束的、具有多重刺激的环境中发展身心，为以后深入地认识社会打下坚实的基础。

中国有位专家曾经带过一个团到澳大利亚，参观当地的一所学校，他们问校长，“如果搞一个问卷的话，让你们的家长填一下对孩子最大的期望值，会是什么？”校长说，95%以上家长会说希望孩子快乐。

我们也搞了一个问卷调查，我们家长会填什么呢？“肯定是念好书、考好大学、找一份好工作。”他说，“不是说这些不重要，但是我们的家长没有想过，这应该建立在什么基础上。”

所以给孩子谋划未来，还是以让他快乐发展为根本。

方方系列故事之二十四

留 级

语文57分,数学46分。方才怎么也没想到方方的成绩这么差,他看着儿子,恨不得一掌将他脸扇肿,一下子扇出两个90分来。刘芳在一旁看着方方,看见方方立正站好,勾着头,泪水不禁簌簌地流了出来,怎么办,秋期要上四年级了,这成绩怎么能跟得上呢?

气人啊,方才感到设计好的理想:方方上好初中,上重点高中,上大学……这竟成了梦想了。自己满怀的期待,努力,无论刮风下雨按时接送他,就这成绩?

啪、啪……一下,两下……十下,他将方方摁倒在沙发上,在他的屁股上狠狠地扇。

"好了,好了,你给孩子打坏了!"刘芳拉着方才的手。方才气不打一处来,将她推了一个趔趄。可刘芳像老虎一样再次扑向他,拉着他的手。

他停住了手,不然就会出现夫妻大战了。可令他更气的是,打了这几下方方一反常态,既没哭,也没叫,一脸的坚定就像地下党员经受国民党反动派的严刑拷打。

刘芳将方方拉到卧室,关上了门,问方方怎么办。

方方眼里这时才有了泪水,那我留级吧,留级以后我保证好好学,两门都考90分以上。

留级?刘芳怔了半天,问道:"你看看你的个子多高了,留级也不怕别人笑话?"

方方摇摇头。

刘芳又去找班主任老师,张老师说方方平时表现也挺好的,考试题他应当都会,考这个成绩出乎她的意料,成了年级倒数第一,是不是有什么想法?

想法?不会吧。刘芳否定道。

方方留级了,成了班里的大个子,学习还算努力。方才、刘芳才舒了一口气。

期中考试结束了，学校举行秋季田径运动会，方方表现突出，一举夺得四年级跳远、100米、400米三项冠军。方方高兴啊，仿佛成了全国冠军、奥运冠军。拿着奖状，方方让妈妈带自己去照相。照相时，他还用手作出“V”状。

走出相馆，方方舒了一口气，自言自语道：这个级没有白留，总算达到目的了。

刘芳满腹狐疑地将这句话说给他爸爸听时，方才恍然大悟，原来他留级是想当冠军。

“不可思议。”刘芳将这一消息告诉张老师时，张老师想了好一阵子，才说出了这个词。

三、让孩子学会感恩

百善孝为先，感恩父母是一种孝，感恩他人是一种善。让孩子从小有一颗感恩的心，就是对世界的一种爱。感恩是一种美好情怀，是一种温暖回报，它以无声的语言，拉近心与心的距离。假如生活中人人心无感恩，那世界将是冰冷的！孩子未来发展可以超过父辈，也可能没有父辈发展得好，但是感恩是不分你成功不成功的。

曾读过一篇题为《流泪的虾》的文章，很令人感慨：儿子从小就喜欢吃虾，妈妈不管刮风下雨每天都从菜市场定量买来鲜虾给儿子吃，每次都是帮儿子剥壳，看着儿子将虾肉全部吃完。妈妈虽不知道鲜虾的滋味，但她既开心又满足。这就是无私的母爱。尽管物价上涨，收入微薄，但妈妈仍节衣缩食，鲜虾照买不误。有一天，12岁的儿子津津有味吃着妈妈买来的17只虾，吃腻了，剩下最后一只，妈妈看着盘子里剩下的虾，也想尝尝多年未闻的虾味，伸手去抓，可是，儿子却对妈妈尖叫起来：“这虾是我的，不准你吃。”此时妈妈的心里别提有多难受，流下的眼泪刚好滴在手中的虾上，分不清是母亲的泪还是虾的泪。

无独有偶，一位母亲给我打电话很是伤心，她说前两天她感冒，咳嗽不止，不经意间端起她给孩子倒的白开水喝了一口，她11岁的孩子见了，连连大声嚷道，让她把杯子放下，竟然说：“妈，你别喝我的水，你把我也传染上感冒怎么办?”她一听,鼻子一酸,眼泪差点掉下来——这就是自己千辛万苦养的孩子?

“娇儿无义郎”这种现象很多,生活中可以说处处可见——目前在青少年中,有一部分人对人对事淡漠无情,学习动力不足。这样的人长大步入社会参加工作后,往往缺乏工作热情与对社会的责任感,也不可能有热爱家乡、热爱祖国的情感和事业上的献身精神。

最近在报纸上看到一则新闻:一批名牌大学的应届毕业生到国家某部实习参观,面对部里给他们倒水的秘书,10 个同学中 9 个表情麻木,一句普通的客气话都没有,惟独一位同学与他们截然不同,他不仅面带微笑,还轻声说:“谢谢,大热天,辛苦了。”

实习结束了,等到部长来给他们送行并亲自赠送纪念册时,还是没人道谢,弄得部长有些尴尬。当部长快要没有耐心的时候,又是这位同学礼貌地站起来,身体微倾,双手接过纪念册,并恭敬地说了一声:“谢谢您!”

将近毕业时,这位同学接到了部长的邀请函。这连他自己都觉得讶然,因为他的学习成绩在他们 10 人中并不突出。

之所以会有这种现象,是因为家长对幼年子女爱的情感往往是呈现为单向的输入,而不是双向的交流。即在把爱倾注给幼年子女的同时,并没有注意去培养孩子也去爱别人。久而久之,会使他们认为别人爱他是天经地义的,让孩子没有独立自主的能力和信仰,他就不知去关怀和爱自己的父母、家人与同伴,不会体谅他人的痛苦与欢乐。觉得很多东西来得太容易,还容易使孩子目中无人、自私,成为“白眼狼”,而父母对孩子的爱说到底还是需要得到精神和物质的回报的,孩子懂得回报,说明孩子心地善良、正直无私,父母的爱才有意义。

情感教育不能“剃头的挑子——一头热”,父母要教给他们感恩、爱、快乐、希望等这些最基本的东西。

当然,子女会不会报恩并非一朝一夕的事,必须从小让他就具有这一意识,你给生活种下什么样的种子,你将收获什么样的花朵。父母首先要对生活怀一份感激之情,感谢生活本身的美好,感谢那些给你帮助的人和那些需要你帮助的人,并将这些言传身教给自己的孩子或别人的孩子。

如今,独生子女的地位在家庭中逐渐升高,他们动不动就使唤长辈干这干那。有时父母以忍受,对子女进行管教,爷爷奶奶立马干涉。就连看电视,都由孩子霸占频道,大人们只得唯命是从。有这样一首民谣:“爷爷是佣人,奶奶是仆人,儿子是主人,儿媳是客人,孙子是祖宗。”这正是当今一些家庭的真实写照。在日常生活中,那些一大早拎着菜篮走向农贸市场的是老年人;早晚在幼儿园、小学门前,接送孩子的也是老年人。众多老人“退而不休”,成为家庭中“五大员”:保育员、采购员、炊事员、卫生员、给养员。繁重而琐碎的家务劳动,似乎理所当然地落在了老人身上。这种情况,有些是出于老人自愿,有些却令老人愁云密布,无可奈何。据抽样调查,现代都市中,有80%的老人还在抚养着成家的儿女,使“赡养”与“抚养”严重错位。有些年轻人把父母家当成旅馆和饭店,把家庭责任都推给老人,而自己却过得舒舒服服,成为啃老族。这都给孩子不知感恩做了形象示范,他们就会效仿父母的做法对待自己的父母,父母晚景凄凉实在所难免的。所以做父母的要在生活中表现感恩,孝敬父母,孩子长大自然也会感恩父母。

让孩子从小懂得爱,日常生活中学会感恩。当孩子的奶奶蹲着择菜,父母不妨暗示年幼的孩子:“你看奶奶多累,把你的小凳子搬来让奶奶坐,好吗?”当家中有了病人,要告诉孩子生病很痛苦,需要安静休息,让孩子不要喧哗。做父母的无论谁外出,都要经常和家里打电话,报平安说惦念,最好也要和孩子说上几句,问问今天晚上作业多不多,嘱咐他在家要听话,及时回家,需要买什么书,给他准备了什么纪念品,给他以美好的亲情鼓励,最重要的要让他每天晚上给外出的父亲或母亲打电话,学会问候,经常问候,他以后就会心里有亲人。感恩不仅仅是行动,很多时候是心态;不一定是给父母洗脚,很多时候只是微微一笑。

父母还要善于索取,累了困了,让孩子端饮料泡杯茶,告诉孩子,父母也需要孩子回报的一份爱;无论买什么样好吃的东西,尽量与孩子共享,不能让孩子独吞;孩子在关心父母方面做出行动,父母要表示高兴或感谢;要扩大孩子回报父母的范围(包括学习、生活、做人等),特别是学习方面取得的每一点进步,都是对父母的具体回报,应多提示鼓励。尤其当孩子想要帮助你做事情的时候,父母一定不要再说“你把书读好就行了”。因为父母最大的责任不是让孩子会读书,而是让他首先学会做人,这是他能好好读书、能把书读好的基础 。孩子懂得付出,懂得回报,他才会懂得珍惜、懂得体谅。

除了结合生活小事进行情感教育外,还可以通过故事、电影、电视、网络等培养孩子的情感。另外,也要注意结合具体事例,对幼年子女进行热爱祖国的教育。虽然幼儿对祖国这个概念不易理解,但“中国人要爱自己的国家”这颗种子必须在早期就埋进孩子心田。我国著名网球运动员李娜在国际赛场上赢球后面对众多媒体说道:“我只是一名网球运动员,我来到这里比赛并不是为了我的国家。”尽管她说的有一定理由,但是她这种说法恣意伤害于她有恩的人,伤害了中国球迷的心,最重要的是伤害了中国人的情感,她的骄人战绩需要感恩祖国,感恩关注她的中国人。2011 年 6 月 4 日,李娜在法国击败法网卫冕冠军斯齐亚沃尼,成为问鼎大满贯的首位亚洲人。一年之后,依然是 6 月 4 日,依然是在巴黎的红土上,卫冕冠军李娜却成为了黑马舍夫多娃晋级的垫脚石。国外媒体不忘拿李娜开起玩笑,“李娜出什么问题了?肯定是她上次夺冠的时候忘记感谢祖国了。”

朋友旅美一年,回国后跟我讲了一个观点,即是美国人大都是“带着感激之心生活”。譬如,在美国,你如果当众打了一个喷嚏,你应该立即再跟着说一声“对不起!”你周围的人这时会说“上帝保佑你!”然后你会说“谢谢你!”他们然后再说“没关系!”人类生活是“有情”的,“无情”自会遭到生活的报复。

关于感恩,最后我还要说的是,感恩顺境是大家帮助了你,感恩逆境,你有顽强的意志,感恩是一杯清醇的酒,使人生甜醉;感恩是一首浪漫的诗,使人生充满美丽的想往;感恩是一曲动人的音乐,使人生高高兴兴,永远快乐!

四、让孩子诚信做人

国人现在普遍感到世风日下,很多人在“钝刀杀人”——三鹿奶粉事件,喂鸭用苏丹红,韭菜用农药浇灌,地沟油成规模产业链,瘦肉精,毒饺子……很多人在“骗钱”——达·芬奇奢侈家具假意大利品牌事件,汉代玉凳文物造假事件,唐骏文凭造假事件,乔丹运动服装打官司事件,清华大学教授假论文事件……让人感到社会信用缺失,现在人们称赞谁“老实”、“实在”,谁都感觉不自在,觉得是骂自己傻的。因此很多家长都在教育孩子对父母诚实,对外人可以耍奸使滑,其实这是不可取的,因为诚实是立身之本。很多实例都说明“聪明反被聪明误”。

曾经看到这样一个故事:

一名中国留学生利用暑假到一家美国人开的杂货店里打工，鸡蛋在美国的保质期是十五天，有一批鸡蛋马上要过保质期，他想着"跟谁住巴谁富"，这么多鸡蛋过期没卖出就要被扔掉多可惜，再说鸡蛋即使过了保质期再过个十天八天也看不出来，于是就自作主张，把原来的喷码擦掉，重新喷上新日期，想着肯定能受到老板的赏识，这在国内是常有的事，再说这鸡蛋过期也吃不坏人，于是他就告诉了这位美国老板。这个美国老板一听，二话没说，当即解雇了他。

这个故事说明，失去诚信，自欺欺人，得不偿失，难以立足。有的人认为，这是个案，下面这个故事是外国人给我们上的又一课：

外白渡桥是上海外滩的标志性建筑之一。2008 年 4 月，这座桥被整体拆移，运到船厂进行维修，上海人称之为"疗养"。一年后，它以原貌重现黄浦江畔。

但大家也许不知道，之所以决定对这座百年老桥进行"疗养"，这里面是有故事的。

2007 年年底，外白渡桥刚刚度过自己的"百岁华诞"。这时，上海市有关部门收到了一封寄自英国的信件。信中说："外白渡桥的设计使用年限为一百年，现在已到期，请注意对该桥维修。"

当时，上海正准备对外滩进行综合改造，收到这封来信后，有关部门立即决定对外白渡桥进行拆移维修。

其实，寄这封信的正是当年设计外白渡桥的英国一家公司。这座桥于 1907 年交付使用，采用的是当时最先进的钢铁结构。

现在，一百年过去了，外白渡桥每天承载着三万多辆汽车的通过，我们甚至都忘记了这座桥其实已经垂垂老矣。谁还会想到有人会对这座桥负责？但一家本可以游离于此事之外的外国公司，竟然记在了心上，并且专门发信件来提醒。

很多人知道后，对此进行了评论。

有的说："原来外白渡桥一百年了，了不起啊，用这样简单的技术造起来的桥，竟然可以用上一百年！"

还有的说:"一百年后的今天,造桥技术已不可与当年同日而语,可现在,有些桥竟然刚造好就轰然倒塌,看来这里面不是技术问题。"

是的,对于英国的这家公司来说,对自己设计建筑的大桥负责,那是分内之事,也是再平常不过的事情。因为,这并不是技术问题,而是良心问题,诚信问题。

诚则持久,信必永恒。社会的发展历程证明,经商者远离诚信绝不会长久。诚信是一项财宝,尽管它无体无形,但却比任何法律条文更具震撼力和约束力,因为它是一种彼此的约定,是一种具有约束力的心灵契约,不应该随意虚掷,做人更该如此!一个没有信用的人,要想跻身成功者的行列,肯定是不可能的。

那些流芳百世、闻名世界的成功者,都是以自己的诚信赢得了人们的尊重。因为,诚信是高尚品格的象征。

墨西哥前总统福克斯以诚实守信的品德而受到国人的尊重,他一生做人的原则就是两个字:诚实。正是这样的人格品质,使他从一个普通的推销员成为一个国家的总统。

一次,福克斯受邀到一所大学演讲,一个学生问他:"政坛历来充满欺诈,在你从政的经历中有没有撒过谎?"福克斯说:"不,从来没有。"大学生在下面窃窃私语,有的还轻声笑出来,因为每一个政客都会这样表白。他们总是发誓,说自己从来没有撒谎。

福克斯并不气恼,他对大学生说:"孩子们,在这个社会上,也许我很难证明自己是个诚实的人,但是你们应该相信,这个世界上还有诚实,它永远都在我们的周围。我想讲一个故事,也许你们听过就忘了,但是这个故事对我却很有意义。"

——有一位父亲是一个农场主。有一天,他觉得园中的那座亭子已经太破旧了,就安排工人们准备将它拆掉。他的儿子对拆亭子这件事很感兴趣,于是对父亲说:"爸爸,我想看看你们怎么拆掉这座亭子,等我从寄宿学校放假回来再拆好吗?"

父亲答应了。可是,等孩子走后,工人们很快就把亭子拆掉了。孩子放假回来后,发现旧亭子已经不见了,他闷闷不乐地对父亲说:"爸爸,你对我撒谎了。”父亲惊异地看着孩子。孩子继续说：“你说过的，那座旧亭子要等我回来再拆。”父亲说：“孩子，爸爸错了，我应该兑现自己的诺言。”这位父亲重新招来工人，让他们按照旧亭子的模样在原来的地方再造一座亭子。亭子造好后，他将孩子叫来，然后对工人们说：“现在，请你们把它拆掉。”

福克斯总统说，我认识这位父亲，他并不富有，但是他却在孩子面前实现了自己的承诺。学生们听后问道：“请问这位父亲叫什么名字？我们希望认识他。”福克斯说：“他已经过世了，但是他的儿子还活着。”“那么，他的孩子在哪里？他应该是一个诚实的人。”福克斯平静地说：“他的孩子现在就站在这里，就是我，墨西哥总统福克斯。”

福克斯接着说：“我想告诉大家的是，我愿意像父亲对我一样对待这个国家，对待这个国家的每一个人。”台下掌声雷动。

诺言和你愿意从事的工作一样，是永远值得你尊重的。尊重别人的前提条件之一便是尊重自己的诺言。这是守信的根本。这一点对孩子来说尤其重要。让孩子从小和诚信同住一室，成为室友，他就会有诚信的品质。

有道是今人不见古时月，今月曾经照古人——中国是世界上最早讲诚信，并重视诚信教育的国家，“仁义礼智信”五常就是古代中国人最高的人伦准则，其中尤以“信”为本。中国古代的秤16两为一斤，在秤杆上有16个刻度，每个刻度1两，1两用1颗星来表示，因此，总计16颗，分别代表北斗七星、南斗六星加福禄寿三星。这是告诫做买卖的人要诚实信用，不欺不瞒，否则，短1两无福，少2两少禄，缺3两折寿，商家要以“货真价实、童叟无欺”自律。

《韩非子》中曾子杀猪的故事也需要我们重温一下。

曾子之妻之市，其子随之而泣。其母曰：“汝还，顾反为汝杀彘。”妻适市来，曾子欲捕彘杀之，妻止之曰：“特与婴儿戏耳。”曾子曰：“婴儿非与戏耳。婴儿非有知也，待父母而学者也，听父母之教。今子欺之，是教子欺也。母欺子，子而不信其母，非所以成教也。”遂烹彘也。

翻译成白话文就是曾子的夫人到集市上去，她的儿子哭着闹着要跟着去。他的母亲对他说：“你回家，等我回来杀猪给你吃。”她刚从集市上回来，曾子就马上要捉猪杀猪。他的妻子阻止他说："不过是和孩子开玩笑罢了。"曾子说："（妻子），小孩是不能和他开玩笑啊！小孩子没有思考和判断能力，等着父母去教他，听从父母亲的教导。今天你欺骗孩子，就是在教他欺骗别人。母亲欺骗了孩子，孩子就不会相信他的母亲，这不是用来教育孩子成为正人君子的方法。"于是（曾子）就杀猪煮肉（给孩子吃）。

可是现实生活中有很多家长在教自己孩子"要小聪明"。我校周老师曾经教过一个小孩，名叫杨琛，头脑聪明，但是经常迟到，撒谎是"家常便饭"，并且撒得"天衣无缝"。有一次星期一升旗仪式他又迟到了，周老师就通知家长到学校，对杨琛的爸爸说以后晚上尤其是星期日晚上让孩子早点睡觉，早上能早点起，以后不要再迟到了。第二个星期一升旗杨琛又迟到了，学校在广播上点名批评了二三班。没想到他爸爸转身对站在一旁的杨琛说："宝宝，以后再迟到对值日老师可别说是二三班的，就说你是二一班的。"说完以后，他觉得有点不妥，不好意思地看着老师笑了，周老师也终于知道杨琛为什么爱说谎话了。

孩子的谎言带来的危害会很大，下面的这则事例就是例证，应该引起我们的反思。

暑假期间，贵州省贵阳市已读初中的李×，因贪玩不做作业受到父亲的严厉呵斥，他竟设计说谎诬陷自己的父亲。

这天，李×的母亲接到一个匿名电话，告诉她老李在外面有情人。她本是个急性子人，听到这样的电话立即给老李打电话，谁知老李竟然没有接这个电话，要是以前可是很快就接通了。她于是深信丈夫一定有不忠行为。

晚上丈夫回来，夫妻之间一场激烈的争吵厮打爆发了，一直躲在自己房间里听动静的李×知道事情闹大了，迫不得已赶紧道出原委，才止住了家庭大战。他本想让父亲挨一顿数落，哪知父母为此已打得你死我活。

孩子爱说谎，大人该反省。

一项"亲子调查"显示，80%以上的家长认为自己对孩子撒过谎，而将近95%的小孩认为父母常常不履行承诺，"说瞎话"。

这种“瞎话”主要有三种。

一是“恐吓”瞎话。当孩子还是咿呀学语的“宝宝”时，这种谎言的使用率最高。譬如，为使孩子不哭闹，或抑制其翻箱倒柜的冲动，家长会脱口蹦出“快别哭了，小心外面有大灰狼。”孩子自然不敢哭了，不敢乱扒乱扔东西了。等孩子稍稍长大一点，会明白“什么大灰狼，全是大人骗我”。从此，渐渐失去对父母的信任。

二是“许诺”瞎话。大人为使孩子能按照自己的思路运作，习惯于向孩子空口许诺，如：“你如果听话，星期天就带你去公园玩”，“你如果赶快把作业做完，我就让你玩会儿电脑”……然而等孩子如大人愿“听话了”“把作业做完”，家长却忘记了践诺，要么星期天自己有事外出，对孩子敷衍，要么说玩电脑影响学习等。对这种动辄许诺却无行动的家长，孩子只会得出一个结论，大人的话根本不可信，全是骗人的。

三是“过头”瞎话。常言道，没吃那过天食，别说那过天话，这同样适用于教育孩子。家教中家长屡屡说过天话，如“你如果再不好好读书，我就不要你了”，“这次期末考不好，你年都过不去”等等。显然，家长的这种过天话，是想告诫孩子要“发奋向上”，做个“听话”的好孩子，否则后果“不堪设想”。然而，这一手段除当时给孩子思想上造成一定程度的紧张外，只会使家长失去在子女面前的“权威”，因为这些过头话根本无法兑现。

有关专家分析，孩子对父母原本有一种天然相信“句句是真理”的意识，最初的孩子是不会撒谎的。学会撒谎，完全是向大人学习的结果，或者说是被大人“逼”出来的。所以，要让孩子不说谎，大人首先就不能说谎，专家认为，家长如果经常不守承诺，会让孩子认为自己不被家长接受，对家长缺乏足够的信赖，沟通的欲望自然减少，这也是出现家庭问题的主要原因之一。其次家长要给孩子一个说真话不受惩罚的生存空间。英国伦敦米德尔塞克斯大学教授约安·弗里曼是《如何培养聪明孩子》一书的作者，他说：“聪明的孩子往往擅长说谎。如果他们成长的社会环境抵制说谎行为，他们就会逐渐戒除这种习惯。”再次，家长可以、也应当与孩子形成一种契约机制，不是物质补偿而是有助于履行诺言的刺激手段。例如把允许下午出去玩、吃牛排或组织朋友聚会等作为提高学习成绩的奖励。

另外可以借鉴外国父母的做法。

法国家长向来重视对孩子进行诚信教育。生性浪漫的法国人在教育方式上不拘一格，他们认为，有时用温馨和幽默的方式来处理严肃的问题，效果可能更好。下面这个故事颇具代表性。

一天，孩子放学后，在客厅里玩篮球，忽然，篮球打落书架上一个花瓶。“咚”的一声，花瓶重重地摔到了地板上，瓶口摔掉一大块。这花瓶不是摆设品，而是祖上传下来的波旁王朝时期的古董，当然价值不菲，孩子慌忙把碎片用胶水粘起来，胆战心惊地放回原位。

当天晚上，母亲就发现花瓶有些“变化”。吃晚餐时，她问孩子：“是不是你打碎了花瓶？”孩子灵机一动，说：“一只野猫从窗外跳进来，怎么也赶不走，它在客厅里上蹿下跳，最后碰倒了架子上的花瓶。”母亲很清楚，孩子在撒谎，因为每天上班前她都把窗户一扇扇地关好，下班回来再打开。母亲不动声色地说：“是我疏忽了，没有关好窗户。”

就寝前，孩子在床上发现一张便条，母亲让他马上到书房去。

看到孩子忐忑不安地推开门进来，母亲从抽屉里拿出一个盒子，把其中一块巧克力递给孩子：“这块巧克力奖给你，因为你运用神奇的想象力，杜撰出一只会开窗户的猫。以后，你一定可以写出精彩的侦探小说。”

接着，她又在孩子手里放了一块巧克力：“这块巧克力奖给你，因为你杰出的修复能力，裂缝黏合得几乎完美无缺。不过，胶水是修复纸质物品的，修复花瓶不仅需要黏合力更强的胶水，而且需要更高的专业技术。明天，我们把花瓶拿到艺术家那里，看看他们是怎样使一件工艺品完好如初的。”

母亲又拿起第三块巧克力，说：“最后一块巧克力，代表我对你深深的歉意。作为母亲，我不应该把花瓶放到容易摔落的地方，尤其当家里有一个热衷体育的男孩子的时候，希望你没有被砸到或者吓到。”

“妈妈，我……”孩子那颗忐忑的心早已飞到了九霄云外，他努力想解释什么，然后只是笨拙地吐出了几个单词。母亲用手指轻轻地挡在孩子嘴边：“我的巧克力盒已经空了，所以我们的谈话也结束了，现在去睡吧，晚安。”她温柔地吻了吻孩子的前额，然后离开了书房。

以后的日子，一切照旧，唯一的变化是孩子再也没有撒过谎，因为每当他想撒谎时,三块巧克力就会浮现在眼前。

没有一句责骂,没有一点非难,孩子明明犯了错,却得到了三块巧克力的奖励。表面看起来匪夷所思,实际上,不惩罚也是一种惩罚。这三块巧克力既告诫孩子做人要诚实,又保护了孩子的自尊心。尤其是第三块巧克力,以诚恳地向孩子检讨的方式,让孩子感受到母亲对孩子无私的爱,其中蕴涵的家庭教育智慧值得中国家长学习。

当然,也要教育孩子不要轻信别人。

一位父亲把孩子抱到桌子上,然后对他说:"你从上面往下跳,爸爸接着你,你相信,有老爸呢,我不会让你摔痛的。"孩子当然相信父亲的话,高兴地从桌子上纵身一跳,可是父亲没有去伸手接他,"咚"的一声摔了一个屁墩,他摔在地上,他不但肉体痛得"哇哇"大叫,精神也很是痛苦的——父亲说好接他,可是没有接他。等他止住哭叫,他父亲说:"不要相信任何好听的话,做什么事都要有思想准备,这样你的痛苦就会少一些。"儿子这才恍然大悟,父亲这是教育他遇事不能只想好的结果,尤其不能轻信别人的话。这个故事还被陈凯歌编导用在电影《赵氏孤儿》里,成为一个有趣的情节。

五、让孩子谦逊待人

说起谦虚,有的家长朋友会说,什么时代了还讲谦虚。的确,现在是一个广告时代,人人都想早出名,早赚钱。诸葛亮要是生在现代,恐怕要主动找刘备呢,酒香不怕巷子深那是过去。其实谦虚是人生的一种智慧,新的商品销售需要广而告之,"王婆卖瓜自卖自夸",可谦逊对推销自己来说是最好的名片。一个虚怀若谷的谦谦君子肯定会忠实地表现自己,虚心公道,顶天立地,突出自己的才能,赢得威信和地位,却不刻意抹杀或贬低别人。

自古以来,我国人民就有谦虚的美德,人们有许多这方面的格言警句启迪后人。如"谦受益,满招损","谦虚使人进步,骄傲使人落后","虚心竹有低头叶,傲骨梅无仰面花","百尺竿头,还要更进一步","山外青山楼外楼,还有好手在后头"等,古人还给我们做了很好的示范。

《三字经》上“昔仲尼,师项橐,古圣贤,尚勤学”的记述就是例证。春秋时期,孔子和他的学生们周游列国,宣传他们的政治主张。一天,他们驾车在去晋国的途中,一个孩子在路当中堆碎石瓦片玩,挡住了他们的去路。孔子说:“你不该在路当中玩,挡住我们的车!”孩子指着地上说:“老人家,您看这是什么?”孔子一看,是用碎石瓦片摆的一座城。孩子又说:“您说,应该是城给车让路还是车给城让路呢?”孔子被问住了。孔子觉得这孩子很懂得礼貌,便问:“你叫什么?几岁啦?”孩子说:“我叫项橐,7岁!”孔子对学生们说:“项橐7岁懂礼,他可以做我的老师啊!”孔子这样的大家让七岁的孩子做自己的老师,多宽广的胸怀。

成绩是谦虚者前进的阶梯,也是骄傲者后退的滑梯。“一字之师”的故事可以证明。南宋时著名诗人杨万里,学问渊博,才思健举,曾官至部级。有一回在屋里写字,其中写到了晋人干宝,也就是《搜神记》的作者。杨万里不知不觉把“干”写成了“于”,变成了“于宝”。当时正好有一名小吏站在杨万里身边,便提醒说:“老爷,好像应该是干宝。”杨万里很惊奇他没读过什么书,怎么能看出差错,便问:“是吗?你怎么知道?”小吏便翻开韵书,也就是字典,指着说:“您看,这里讲晋朝有个叫干宝的。”杨万里很欣赏他这种好学精神,称赞他道:“好。这一次,你是我的一字之师啊。”在中国文学史上,他能与陆游、范成大、尤袤并称“南宋四家”、“中兴四大诗人”,作诗20000多首,与他这种谦虚的学风分不开。

谦虚是一种美德,是一种难能可贵的品德。有人看到爱因斯坦成名后还经常手不释卷,就问爱因斯坦,说:“您老在物理学界可谓是空前绝后了,何必还要孜孜不倦地学习呢?何不舒舒服服地休息呢?”爱因斯坦并没有立即回答他这个问题。而是找来一支笔、一张纸,在纸上画上一个大圆和一个小圆,对那位年轻人说:“在目前情况下,在物理学这个领域里可能是我比你懂得略多一些。正如你所知的是这个小圆,我所知的是这个大圆,然而整个物理学知识是无边无际的。对于小圆,它的周长小,即与未知领域的接触面小,他感受到自己的未知少;而大圆与外界接触的这一周长,所以更感到自己未知的东西多,会更加努力地去探索。”

是啊!多么好的一个比喻,多么深刻的一番阐述,多么谦虚的态度。成熟的麦穗总是低着头,因为它已经成熟,有太多的积累。在运动会上总听到运动员获得了金牌对采访的记者说,成绩属于过去,一切需要从零开始,这谦虚的态度是他继续取得辉煌的前提。

与谦虚相对的是骄傲，骄傲的人因自负而听不进任何人的意见，觉得老子天下第一，非常自满，怎么还会进取呢？骄傲自满情绪产生以后，往往会导致学生成绩的急剧下降，甚至影响到今后的成长和发展。尤其是现在很多富二代、官二代做出格的事都是他们在优越的生活环境里变得骄纵，目空一切，结果给自己、给家庭、给他人、给社会带来了危害。下面的事例家长朋友可以反思。

一次，苏联儿童文学家盖达尔带着 5 岁的小女儿珍妮，给期待已久的夏令营的小朋友讲童话故事《一块烫石头》。

大礼堂里，孩子们聚精会神地听盖达尔讲故事，除了盖达尔的声音，整个礼堂静得连针掉在地上都可以听到。此时，小珍妮却旁若无人地在礼堂里走来走去，有时还故意使劲跺跺脚，发出惹人讨厌的声响，跺完脚后还露出得意的神情，她的举动仿佛在告诉小朋友："你们看，我是盖达尔的女儿！你们一个个都在听我爸爸讲故事，这些故事我每天都能听到！"

盖达尔看到女儿的行为，立即停止了讲故事，他突然提高嗓门，大声地对大家说："那个猖狂的小家伙是谁？请你们把那个不守秩序的小家伙撵出去！她妨碍了大家安静地听故事。"

小珍妮一下子愣住了，她万万没有想到自己亲爱的爸爸竟然会这样说她，虽然她连哭带喊地赖着不走，想让爸爸心软，但是盖达尔不为所动，坚决要求工作人员把珍妮拉出会场。

珍妮被拉出会场之后，盖达尔又继续给孩子们讲故事，故事讲完了，孩子们对盖达尔报以热烈的掌声。盖达尔给孩子们讲的不仅是一个有趣的故事，还通过对小珍妮的惩罚，给孩子们上了生动的一课：无论是谁，都不应以优越助骄纵。一个人，如果因优越而蛮横，只会使自己变成不知天高地厚，甚至成为仗势欺人的人。

父母应该成为孩子高尚人格的榜样，人前要表现得谦虚，尤其不要在孩子面前表现出骄傲情绪——有本事能挣大钱、这事的解决非自己出面不可等，要知道地球离了谁照样转。要认识到骄傲自满难成大器——孩子骄傲自大的坏习惯往往就是过高地估计自己，认为自己比谁都强，只看到自己的长处，看不到自己的短处，以自我为中心，满足于一知半解，其结果是"一瓶子不满半瓶子晃荡"。所以对孩子做的不要事事都是鼓励，一味支持，该鼓励的鼓励，该警示的给予警示，经常给他们讲谦虚的故事，“三人行必有我师”，这样他们就会和谦虚志趣相投、亲密无间地手拉手上路了。

方方系列故事之二十五

假　币

天气越来越冷，春节临近了，再有几天就要期末考试了，学校通知各班班主任，预收下一期书作费，张燕老师也在班里通知大家，明天每人要带来一百元，交下一期的课本费、作业费，她一再叮嘱大家，都要记清莫忘了。期末复习，老师很忙，没有时间收流水账，并且不要零钱，最小是10元的，以便快捷地交费。晚上，方方回到家，告诉妈妈明天要交一百元钱，刘芳掏出一张一百元的给方方，方方接过钱，用铅笔将名字写上，然后开始写作业。

第二天早上，方方走到校园门口，看见刘东东和他妈妈黄燕在门口对他招手。

方方走过去，东东说：“方方，钱带了没有？”

方方点点头，东东妈急切地说：“你带的是一百元，还是两个五十？还是十块的？”

方方说：“一百元的。”

东东妈满脸堆笑地对方方说：“方方，今天阿姨单位有同事结婚，不巧，我家里的都是五十元的，没有一张一百元的，给人家递礼都是五十元的，不好看，叫人家看着小气儿，我想用两张五十元换你一百元的，帮帮阿姨，好吗？”

方方看看东东，东东掏出两张五十元的让方方看，方方说：“好的。”说着，从口袋里掏出那张一百元的，东东妈说：“真是谢谢你，你真是个小雷锋。”方方听了，抿着嘴笑，说：“不用谢了。”

东东妈从钱包里拿出两张五十的，递给方方，并说：“这也是真钱，阿姨在银行上班，认识假币。”

方方接过钱，和东东一道朝教室跑去。

预备十分钟，由于大家把钱带齐了，张燕老师很快就收齐了钱。

等她到总务处交钱时，一张五十元的假币被挑了出来，摆在了她面前，她一看，上面没有写名字，她感到脸一热，好像是自己想蒙混过关一般。她将钱全部从总务处拿走，坐在办公室，一张一张查看，幸亏她交代钱上都写名字，可为什么这一张没写名字呢？不然这回又要亏50元了，上一次的教训太深刻了，也是收书作费，由于没写名字，有一张假一百元，问学生也没问出是谁的，她只好自己垫了一百元。

好，再对一遍，一课堂完了，是方方没写名字，这钱是方方的！她了解方方家长，怎么可能呢？可现在什么可能没有？想到上一次事儿，张老师真有点怒不可遏，老师不是开银行的，不能光替他们垫钱，这家长算什么东西？为了准确无误，第三堂她将钱发下去，这钱的确是方方的。

于是，张老师将方方叫到办公室，方方将换钱的事情经过告诉了张老师，并说忘了在钱上写名字。张老师说这是假币。

张老师连忙又将刘东东的两张五十元钱挑出来，拿到总务处，用验钞机验了验，都是真钱，张老师感到事情蹊跷，心中对刘东东家长感到一阵鄙视，就交代方方让家长来，并在班里通知刘东东妈妈也来。

放学了，方方感到压力很大，感到很丢人，对刘东东恨之入骨，大声喊了起来："假币，假币，刘东东妈是假币。"刘东东听了感到很恼火，大声反驳道："真币，真币，我妈妈是真币。"周围接家长的孩子听了笑起来，他们以为方方和东东在骂人呢。见东东不肯认账，方方气得不由挥起了拳头，两人打在一起，引起很多家长围观。后来不知谁喊了一声："老师来了！"两个人才放手。

下午，刘芳来到了学校，交给了张老师50元钱。黄燕忐忑不安地也来了，当她正难堪走进张老师办公室时，恰好听见刘芳说"那张假币让他俩打起了架，也找不着了，我将钱交上算了。"她顿时如释重负，扭头走了。

六、让孩子自信豁达

著名思想家、文学家爱默生说，自信就是成功的第一秘诀，所以让孩子和自信成为肺腑之交,是推心置腹的朋友,不仅大有裨益,而且非常重要。

在我们教育教学过程中,时常会遇到缺乏自信的学生,如何鼓励学生充满自信地扬起理想的风帆,一直是我们努力的目标。对父母来说,让孩子自信也是非常重要的事。

初生牛犊不怕虎,说的就是无知者无畏,这是自信的最初现象。

德国数学家高斯在上中学的时候,有一次,在数学课上打瞌睡,下课铃响了,他醒了过来,抬头看见黑板上的一道题目,以为是当天的家庭作业。

回家后,他埋头演算,就是算不出来,但他还是锲而不舍。终于,他算出来了,并把答案带到课堂上。老师见了,不禁瞠目结舌,原来那是一道被认为是无解的题。请问高斯为什么能算出这道题目呢?

"因为高斯不知道这道题目是没有答案的。"

面对未知的事物、现象,孩子的感知是新奇的、模糊的,甚至是恐惧的,作为家长要支持与鼓励,进行扶持,就像他们学骑自行车一样,家长都要在后面拉着后车架,保持自行车的平衡,要他们朝前看,不要盯着脚蹬,尽管孩子还是很害怕,但是家长扶着孩子转一段时间后,慢慢放手,他就学会了骑自行车。就像《黔之驴》里的小老虎一样。《黔之驴》是柳宗元最著名的寓言故事之一。文章中的老虎就经历了这样一个过程:最开始,在树林里悄悄观察,驴子一叫,吓得要命;后来习惯了,就在驴子身前身后转悠,但还是在观望;最后惹恼了驴子,才探到它的底牌,于是果断出手,横扫而去。

对小老虎而言,就是不要被对手的气势吓倒,不要一见貌似勇猛、貌似强大的对手就不敢上阵、不敢对抗。要自信,事实证明,架子大、派头大的家伙往往外强中干,金玉其外、败絮其中。但这并不意味着可以轻视对手,我们可以在心理上藐视它,但在行动中,在细节上则要十二万分地关注、观察对手的动向。只有认真研究清楚对手的所有情况,才能拥有正确的决心与行动。

我的小儿子参加小学英语演讲比赛,为了让他增加信心,我让他报名参加学校每周一升旗仪式上的英语演讲。实际上演讲稿他背得滚瓜烂熟,还请师范学院的英语博士辅导过,上台前稿子还放在我的办公室。但是他第一次登台演讲,内心十分紧张。想到自己马上就要上场,面对上千名同学,他的手心都在冒汗:"要是在升旗台上一紧张,忘了稿怎么办?"越想,他心跳得就越快,犹豫半天,甚至想告诉我他产生了打退堂鼓的念头。

怎么办？我忽然想起一个歌星第一次上台也遇到这样的情景，一位前辈帮她摆脱窘境，成功地演出的故事。我决定仿照着试一试，就从口袋里掏出一张折叠好的纸，走过去塞到他的手里，对他耳语道：“这就是你的演讲稿，如果你在台上忘了词，就打开来看。”他握着这张纸条，镇定了许多，在台上发挥得相当好，大家都静静地听着，他演讲完，下面是热烈的掌声。

下了升旗台，他放松了，对着我长长吁了一口气，我对他说：“是你自己战胜了自己，找到了自信。其实，我给你的，是一张白纸，上面一个英语单词也没有！”他一听疑惑地展开纸团，上面果然什么也没写。他做了一个鬼脸，右手伸出一个“V”字，叫了一声“耶”。他充满自信高兴地参加当天的英语竞赛，在比赛中他表情生动，表达流利，发音准确，富有情感，并自如地回答了现场的英语提问，获得了全区一等奖。

上高中一年级他参加了学生会竞选，获得了生活部部长之职，这其实与他第一次登台演讲获取的信心有关。

“我自信我成功。”自信是一种力量，有了自信，生活便有了希望，加上积极向上，自强不息，成功就属于自己。拥有真才实学的人，即使身无分文，也可傲视天下，无论身处顺境、逆境。因为，才华让他们自信。

与自信离得很近的是自卑，自卑则失去了战胜困难的勇气，认为自己什么都不行，就只能是得过且过，随波逐流，自我埋没，自我扼杀。过分自信，就是自负，就是狂妄自大，目中无人，待人接物必然变得傲慢，必然导致失败。

要知道支持孩子当小干部也能培养其自信心。

在孩子的成长阶段，让不让孩子当小干部也是家长操心的一个问题。有支持的，有反对的，也有无所谓的，我认为应该积极支持孩子做小干部。孩子在校做了小干部，有的家长心存疑虑，怕耽误学习，怕招惹是非，总想推掉。其实，这正是孩子拓宽生活领域，多学习，多实践，全面发展，成人成才的良机，是求之不得的好事。除了培养他们的自信心外，还有以下好处。

其一，有助于培养能力。做小干部，领导团队，要操心，要办事，这对增长孩子的观察分析能力、语言表达能力、独立工作能力等等，是大有益处的。

其二，促使其奋发上进。做小干部，有任务压着，有目标鼓舞着，又置于老师、同学监督之下，总要从严要求自己，做好领头雁，这对于孩子良好行为习惯的养成，意志品格的磨炼，理想信念、社会责任感、公益心的确立，无疑是一种强大的驱动力。

其三，增进社会知识。做小干部，与老师、同学、家长、社会各方面人士接触多了，社交能力强了，扩大了视野，从中能够学到许多书本上学不到的知识，这对于孩子认识社会，从中吸取丰富的精神营养，减少消极思想的影响，也是难得的机会。

当然，做小干部，总要花费些时间，只要合理安排，一般不会耽误学习，倒是能帮助孩子品味快节奏、高效率的乐趣。这样孩子在实践中增长了才干，增加了学识，会做人，会办事，家长应该放手让孩子去闯。

方方系列故事之二十六

怕　鬼

"妈呀——"

夜半时分，只听一声凄厉的叫声，把刘芳吓醒了。她揉着眼睛，开开灯，只见方方惊恐地站在自己床前。

"咋了，咋了，方方？"刘芳起床，方方惊魂甫定，大口地喘着气。

"有鬼，有鬼！"方方不顾一切地钻进了爸爸妈妈的被窝，

"方才，方才，起来！"刘芳也吓了一跳，有鬼，这怎么了得。可是方才鼾声如雷，没有反应。

她捏着方才的鼻子，方才才眨了眨眼，见刘芳吓白了的脸，一骨碌地坐起来了，再看看方方钻到自己的被窝里瑟瑟发抖。

"有鬼，有鬼！"方方语无伦次。

"什么鬼，哪个鬼敢进咱家门？鬼在哪里呢？"方才站起来，跳到厨房去拿刀。

"鬼怕恶人，在方方屋里呢。"刘芳腿不再颤了。

方才拿着刀，蹑手蹑脚到方方房间里，开开灯，发现带着卡通的卷帘掉在地上，心里释然，说道："是窗帘掉了，看把你吓的，老鼠胆。"他把窗帘拿起来。

原来如此，方方刚才吓丢的魂才回到身上，他胆怯地走到自己房间里，

看见的确是窗帘掉了。

“你们也不安好,我睡到半夜,只听‘哗啦’一声,把我吓醒了,我以为是有鬼。”方方心有余悸。

“好了,好了,睡吧,世上本无鬼,庸人自扰之。”方才说,“方方你都十来岁了,还跟父母睡,能跟着我们睡一辈子?”

方方跟父母分床单独睡可说是“分分合合”好几次,这次才分开几天,就发生了这样的事儿,他觉得自己只能跟父母睡才能睡安稳觉,这几天他一直睡不好,晚上稍有个风吹草动,就睡不着,或者是蒙头大睡。

“孩子胆就是小,都是平时你爱看什么美国的异形、恐龙的影碟,还有香港的僵尸片,什么杀人魔图、午夜心跳等等把孩子吓的。”刘芳数落道,“都是鬼碟惹的祸。”

方才听了,不言语,他爱看电影,但是国产电影很多破绽百出,不真实,搞笑片的如同胳肢自己的胳肢窝,真的是烂片。没事时他就看这些恐怖片寻找刺激。别说方方看了害怕,自己看了心里也害怕。有时自己出差,一个人住宾馆,晚上得开着灯睡觉,稍有一点响声,就睁开眼睛四处找,生怕房角“哗啦”一声伸出一双穿着绣花鞋的脚来……以后不能再看这类电影了。

“你要知道,每天晚上你回来得晚,方方睡不着,特别是分床以后,他听见你的鼾声才能睡着。有一次你没鼾声,方方远远喊我,说你怎么了。我还以为你死了呢。”刘芳说完笑起来。

方才说:“真的?我的鼾声还起这样的作用,你就别让我出洋相了。好了,好了,现在睡吧。折腾半夜了,明天方方还得上学、我们得上班呢!”

又过了几天,方方和邻居的小弟弟正在父母的卧室里看电视,忽听那位小朋友李灏叫道:“你看那里是什么,乱跳舞,挺吓人的。”

方方一听,定睛一看,看见有人在阳台上跳动,他不禁毛骨悚然,喊道:“妈妈,有鬼!”

刘芳正在开洗衣机洗衣服,洗衣机嗡嗡作响,什么也没听见。

方方本能地挥起手中的遥控器朝门外砸去,只听“呼啦”一声,“那人”摔倒了。

“砸中鬼了!”李灏小,只有六七岁,当然不怕鬼,跟过去一看说:“是件衬衣。”

方方跑过去一看,原来是爸爸的白衬衣随风飞舞,自己想着是鬼呢。

吃饭的时候,方方对他俩一说,他们都笑了。

七、让孩子自立自强

有这样一句名言,温室里长不出参天大树,要成长就得经得起风霜雪雨。

家长朋友都想在育儿上收获惊喜,怎么做能让自己喜出望外呢?让孩子与自立是金石之交,即金石般坚不可摧、牢不可破的友谊,相伴永远。

父母对孩子的爱是世界上最无私的感情,可以用“可怜天下父母心”来概括,这句话其实包含两层意思:第一,父母甘愿为孩子付出一切;第二,父母教育孩子,目的是分离而不是厮守,即让孩子具备独立生活的能力。但是有的父母只知其一,不知其二,有的父母明知道理如此,却禁不住溺爱孩子,以至于在家庭教育中走了许多弯路。我读过这样一篇文章《父亲的脚后跟》觉得很震撼,值得家长朋友读一读。

小时候我曾住在丰原东边的山里,父亲常带着我入城。这条路很长,走起来总要两三个钟头。每次父亲走在前边,我跟在后头,他的步伐大而且快,我必须两脚不停地划,眼睛不停地盯住他的那双破旧的布鞋,一路不停地赶。

有一次,天色向晚,路过一道铁桥,一根根枕木的间隔比我的步子还宽。平常父亲总会歇下来等着我爬过去,或索性抱着我过去,但那天他心里不知牵挂些什么,等到我爬过桥,抬头一看,他已经“失踪”了。

突然,我涌起一阵恐惧:“这条路来回已跟着父亲走过二三十趟了,怎么一下子变得如此陌生?”

我哭着等在桥端的田埂上,几个钟头在黑夜里又饿又怕。我甚至分不清家的方向。我苦苦思忆,但呈现的总是父亲那双不停晃动的布鞋。午夜时分,总算由远而近,传来了母亲苛责父亲的声音。后来我才知道父亲回到家竟还不知我早在半途就已丢失。

我深深相信,当时父亲如果像赶牛一样让我走在前头,出城的时候便用手指明家的方向,然后问我:“吴厝的大榕树,旧厝的土地庙,阿公溪上的铁桥,南坑阿婆家后的小径……你认不认得?”而在我点头之后,叫我逐一带路走过。我必定在走过一趟,回到家之后便十分熟悉整条路径。

如果父亲是最最上乘的教育家,也许他在指明家的方向后,便要我带路,他在后头宁可随我多走一点冤枉路,一边加以修正。其后并画图比较近路与远路,如此我不只会熟悉家城之间的路径,城东郊的地理我必也在走过一遭后便了如指掌,再也不愁迷路,甚至可以常常代我父亲跑腿办事。

可是我不敢苛求,我仍该感谢父亲,毕竟他不会抱着或背着我走,使得我尚有一丝镇定,能在漫长的四五个钟头里守在同一个地方等着他与母亲回来找到我。

“学走路”可以作为一条经典的教育隐喻。这意味着学习、发展是孩子自己的事,别人只能提供帮助,但无法代替。成人在某个时候可以“牵”着孩子的手往前走,但在必要的时候需要“放手”,给他指明方向,教会方法,让孩子独立起来,自己会走,才不会“走失”。

自立教育需要从小事做起,从小开始。我们现在拿中、美、日三国妈妈对三岁小孩子的自立教育做个比较,相信会对家长朋友有所启发。

中国小孩从那边跑过来,撞到这把椅子,摔倒在地,他哭起来了,中国妈妈边拍打椅子边说:“小宝宝不要哭,妈妈打这个椅子,妈妈打这个椅子,都怨这个椅子,都怨这个椅子不听话,碰着我的心肝了。”如果小孩子摔倒在地上哭起来了,中国妈妈还要说:“是这地不好,妈妈打这个地。”

日本小孩从那边跑过来,撞到这把椅子,摔倒在地,他哭起来了,日本妈妈就马上把他带过来,说:“再走一遍!再走一遍!”世界上有这种第二遍又撞上去的小孩子吗?所以,他就从旁边走过去了。日本妈妈马上就讲:“一个小孩会撞到椅子,有三个理由:第一个跑步冲得太快,来不及刹车;第二个,头一直低着,没有注意看;第三个,心中不知道在想什么。你是哪一个?”

美国小孩从那边跑过来,撞到这把椅子,摔倒在地,他哭起来了,美国妈妈就走过去说:“汤姆,站起来!”可他在地上一直哭。“汤姆,站起来!”那小孩子就要无赖。美国妈妈接着说:“站起来!”他就站起来了。美国妈妈开始训斥:

“汤姆,你看看你刚才像个男人吗?还说长大了要保护妈妈,你那个样子能保护我吗?做事情不能负担自己的责任,还哭呢。”稀里哗啦骂了一通,这美国孩子含着眼泪,被妈妈带走了。

中国的父母真是想得周到,用爱把孩子包得严严实实,以后出什么事都是别人的责任,孩子长大哪有责任感呢?怎么会自立呢?

在社会上可以看到这样一个镜头,高校招生咨询会上,父母纷纷替孩子赶集。家长们一边忙着挤进摊位咨询,一边忙着拎着手提袋搜集高校资料;还可以见到这样的镜头,某报社举行相亲会,很多中老年人现身其中,寻寻觅觅抄资料,原来是替孩子来相亲……父母对孩子越来越不放心,孩子对父母越来越依赖,这种“新型”的两代人关系,正成为司空见惯的现象。

以前生活条件差,父母文化水平低,倒是让孩子有独立选择、独立担当的机会,而现在生活水平高了,父母学问大了,信息灵了,却恨不得成为孩子的神经中枢。孩子呢?从小在这种有“佣人”的环境中长大,过的是上学有保镖、衣来伸手、饭来张口的生活,脑筋灵泛,成绩优异,网上大显身手,什么都懂,就是不懂或懒得为自己的事作出决定,更甭说为父母分一下忧,“自私”已成为“自觉”意识了。特别是社会的高速发展和瞬息万变,孩子大学毕业后就业前景不容乐观,也使父母们的神经绷得紧紧的,害怕“一着不慎,满盘皆输”,父母对社会变幻的承受力低,害怕失败的心态,直接导致其对孩子自立的不放手,也直接导致了孩子不懂得付出和担当。宅男宅女,啃老一族,也就是这样炼成的。所以,既然这样了,怎么放心孩子自己去拿主意?一切代劳,咨询会不仅要跟着来,而且要代提问,代填志愿;二三十岁的人还不会谈恋爱,还是独身,相亲会还不想去,急煞了父母,父母只好出面帮忙找对象。

退一步说,为人父母者,不要想着“自己走过的桥比他们走过的路都多”,难道所有你替孩子选择的,就是他们愿意要的吗?你替他们选了专业和学校,他们纷纷说“被选择”,不会珍惜;你帮他们挑选了工作甚至丈夫妻子,他们也会将不快乐之源归于你。人的一生,是在不断的“思考”和“选择”中度过的,你不能给他营造社会环境,社会上没有任何一个人有白白照顾他的义务,只有靠他自己闯。

因此教会孩子自主决定。只有让他们从小学会自己拿主意才能培养出独立的性格,当然需要做父母的“扶上马送一程”,在生活中让孩子尝试自主决定,譬如到超市买什么食物?买什么玩具?星期天到哪里去玩?到书店选什么书等等,这些问题虽然很小,但是很管用,时间长了,孩子的决断力就出来了,渐渐就会自立起来。孩子每次到商店都要嚷嚷买好吃的,这是天性使然,就不能拒绝,我们的孩子也不例外,每当这个时候,我就说,可以,但是只能买一样,想吃什么你们自己选择。他们这次买一袋“可比克”,下一次买“浪味仙”,再一次买“熊出没”,我们不干涉他们,时间长了,他们也只买一种,后来再到商店,我说你们可以买两种食品,但是他们也只选一种,不乱买东西。到高中分科,自己根据自己的喜好、考试成绩、老师的建议等,我们没有把自己做父母的意见强加给他们,让他们自己决定,最后老大选择了文科,老二选择了理科,不但合他们的心,也合我们的意。

方方系列故事之二十七

理想职业

方方长大干什么现在成了一家人的热门话题,一家人在方方爷爷家里正在进行热烈的讨论。

方方爷爷呷了一口茶,说道:“俗话不俗,早看东南,晚看西北,孩子以后学成什么样,成为什么样的人才,你们做父母的要早打算。”

“三岁看老,没有计划,信马由缰,孩子成不了什么才,你们是想让方方成为科学家呢,还是大老板?”方方奶奶道。

“一年之计在于春,一日之计在于晨。我和方才这两天也正在为他谋划,想听听你们二老的意见。”刘芳道。

“有志不在年高,今天咱们召开家庭会议,就是想讨论一下,以后让方方干什么,未雨绸缪,早计划早安排,朝着一个目标前进,就能实现他的理想。”方才说道。

“这句话蛮有水平的。”刘芳表扬老公。

“儿子的人生目标就是我们家庭的未来,当然得高水平了。”方才自负道。

“哟,没夸奖你一下,尾巴就翘上天了?看把你臭美的。”刘芳不屑道。

“以后让他当个医生算了。”方方爷爷怕他俩斗嘴，他们老两口没法劝架，“医生自古失不了业，还能惠及自己一家人，我和你妈现在都是‘三高’，我还有心脏病。说不定什么时候就见马克思了，如果你们谁是医生，我们也不用担心了。”

“当医生惠及家人也没你的份，我们都老了，现在感到医生的重要，人老了毛病都出来了，当医生也无力回天。你没看见，昨天市医院门口都是白布条子，摆的花圈，一会儿有人放挂炮。出医疗事故了，那家属发传单，说某某医生水平差，害死了他的老姐，不管怨不怨医生，闹得满城风雨，把医生弄得灰头土脸，成了过街老鼠，由此可见，当医生风险也大。”方方奶奶顾虑多多。

“那不是想讹俩钱的嘛。”方方爷爷说道。

“我认为还是让孩子当科学家。当科学家多好啊，能有许多科学发明，为人类造福。”方方奶奶接着说。

“老思想，当科学家太难了，投入周期太长，学完大学考研究生，考了研究生考硕士，考了硕士考博士，然后是博士后，能有成果也就五十多了，上一辈子学，他还生活不生活？谁能供他一辈子？关键得有经济基础，搞导弹的不如卖茶叶蛋的，拿手术刀不如拿剃头刀的，再说当科学家以后能不能成功可不好说。我看以后就让他经商，当大老板，自己说了算，不受谁的气。跟我现在在事业单位，级别相当于副股，整天受我们股长的腌臜气，想熬上去，比登天还难，朝中无人难做官。”方才道。

“还是让孩子当公务员，当官好，光宗耀祖，你想他当上了县长、市长，名利双收。”刘芳不理会方才的话说道。

“你要知道，现在当官风险大，还得投入，官场潜规则就是都腐败了，谁也不说谁，要想当清官难于上青天。”方才道。

“干啥都得投入，高投入才会有高回报。”刘芳说。

“没有背景，当什么官?”方才道。

“以后找个有本事的老丈人不就得了。”刘芳说。

“我说我就上不去呢，原来如‘柴’。”方才故意把“此”说成是“柴”。

见方才揶揄自己，刘芳道：“你当不上官，一是你不积极进取，逢年过节让你给领导送个礼，你嫌丢人，二是你家祖坟上没有冒青烟。”

“俺们祖坟上没有冒青烟，方方也当不上官，趁早另打算。”方才不满道，老婆当着自己父母的面说这样的话，是不给自己面子。

“咱祖上也没有经商的经历，祖祖辈辈都是农民，就我这一辈才进的城。”方方爷爷说道，他不想让自己的孙子经商，“经商风险也大，赚的是辛苦钱，可能一夜暴富，也可能一夜‘暴贫’。”

“还是稳稳当当的好，当老师也不错。”方方奶奶说道。

“当老师干啥？‘家有三斗粮，不当孩子王’。他姥爷可是老师，说啥不让方方以后当老师。”刘芳说道。

“当老师说起来是干部待遇，但是谁把老师当回事儿，说是干部不能安排自己的子女，说是工人又不让自己的子女接班。一股酸腐气，十足圣人蛋。”方才才不同意自己的孩子当老师，一辈子默默无闻，出的牛马力，到头只能管温饱，“人们这样编排老师：起得比公鸡还早，睡得比小姐还迟，干得比牛马还累，责任比省长还大，名声比汉奸还差，挣钱比民工还少，装得比总统还像。”

“哼，太夸张了吧，偏见啊，没有老师哪来社会的发展。”刘芳没好气道，她对方才的言论有点不满，毕竟自己的老爸当过老师，哪能这样说话呢？如果在自己家里她可能对他不客气了。

“让孩子干什么好呢？”方方奶奶说。

“当警察吧。”方才说，“多威风啊，人见了都敬畏。”

“不行！警察就是过去的衙役，为虎作伥，我不同意。”方方爷爷说得斩钉截铁。

“走吧，走吧，等方方回来问问他以后想干啥。”刘芳感觉老爷子说话有些武断。心想，方方是我儿子，是你孙子，你的话仅供参考，你说话这么武断干什么，说是听听你的意见是看得起你，不听你的意见也是理。她不想多说，站起来就要走。

这次家庭讨论无果而终。

下午放学，方方回到家里，方才接过他的书包，刘芳拿过一袋牛奶让方方喝。方方接过牛奶，刚要写作业，刘芳拉着儿子的手说道：“儿子，先不写作业，妈妈想问你，你长大了想干什么？”

方方歪着头，想了想说：“我想当爸爸。”

啊，方才和刘芳都希望他的第一句话能说出一个职业，他竟然说出这样一个答案，让两个人半天说不出话来。

"到底想干什么？"方才面有愠色。

"当老师呗。"

"当老师干什么？"刘芳问道。

"教学生嘛。"

"当老师光荣不光荣？"方才问。

"多气派，老师往讲台上一站，谁不听话收拾谁。"

"当老师没有汽车坐，不能经常上饭店，钱也很少，没有美女相伴。"刘芳启发道。

"那我当大老板。"

"对啊，对啊，当大老板，你当总裁，你妈妈当董事长，我当总经理。"方才对这个答案还是满意的。

"当大老板就得好好学习，知道吗，我们准备给你列个计划，你要按这计划学习。"刘芳志满意得。

"行啊。"方方不知道什么是总裁、董事长，见妈妈高兴，什么都答应着。

晚上，方方睡着了，方才喊准备睡觉的刘芳到电脑前，指着显示器念道："最近，美国一家网站调查了1000位成功人士，其中包括已经做出了重大贡献的科学家和作家、拥有庞大产业的企业家和商人、家喻户晓的超级体育明星和影视明星以及其他拥有巨大成就的成功人士。这些成功人士中，有99%说不清楚自己为什么能成功。在成功之前，也没有一套完整的实现成功的计划书。他们有的是凭着感觉、有的是因为勤奋、有的是因为爱好，所以一直没有放弃对成功的追求，最终成就了人生的伟业。"

刘芳一听，心里真是不知什么滋味，只想说现在人们什么都说，一会儿说要为孩子早制定目标，一会儿又说这些东西，真是让人无所适从。

她拉过方才，坐在电脑前，看到那家网站又向公众征集了1000份最完美的成功计划书。其中包括如何成为一位伟大的科学家和作家、如何成为一位成功的企业家和商人、如何成为一位超级体育明星和影视明星等。这些成功计划书，让人看后就有实现成功梦想的冲动，并且坚信自己能够成功。随后,网站又对这1000份完美计划书的拟定者进行了采访。结果发现,这1000个人全是失败者,或者说是正在努力追求成功梦想,但还未成功的人。

看到这里,两人是你看看我,我看看你,真是张飞纫针——大眼瞪小眼。网站得出的结论:"人生伟业的建立,不在能知,乃在能行。"他们也不看了。

八、让孩子宽容包容

我们都知道这样一句谚语,"退一步海阔天空",就是说待人接物不能一头撞在南墙上——死不回头。宽以待人,自己心情愉悦,别人发挥也有余地,世界变得丰富多彩,就像这几句诗说的这样,"土地宽容了种子,才有丰收;大海宽容了河流,才有了浩瀚;蓝天宽容了云彩,才有了绚丽;人生宽容了遗憾,才有了希望。"宽容的态度是当你的爱心大于怨恨心的时候,会自动产生。

下面这个故事对人很有启发。

这件事发生在澳大利亚的一个岛上的度假村,那时我在那里担任翻译。

有一天,我在大厅里,突然看见一个满脸歉意的工作人员,正在安慰一个大约4岁的小孩,饱受惊吓的小孩已经哭得筋疲力尽。问明原因之后,我才知道,原来那天小孩特别多,这个工作人员一时疏忽,少算了一个,将这个小孩留在了网球场。

等她发现人数不对时,才赶快跑到网球场,将那小孩带回来。小孩因为在偏远的网球场受到惊吓,哭得十分伤心。

不久,孩子的妈妈来了,看见自己哭得惨兮兮的小孩。

如果你是这个妈妈,你会怎么做?是痛骂那个工作人员一顿,还是直接向主管提出抗议,或是很生气地将小孩带离,再也不参加"儿童俱乐部"了?

都不是!

我亲眼看见那个妈妈，蹲下来安慰那个4岁的小孩，并且很理智地告诉他："已经没事了，这位姐姐因为找不到你而非常紧张，并且十分难过，她不是故意的，现在你必须亲亲那个姐姐的脸颊，安慰她一下。"

当时我看见那个4岁的小孩踮起脚尖，亲了亲蹲在他身旁的工作人员的脸颊，并且轻轻地告诉她说："不要害怕，已经没事了。"

这样教育，孩子怎能没有宽容之心？父母有宽容之心，且只有这样的教育，才能培养出宽容、体贴的孩子。是啊，要想公道，打个颠倒，凡事设身处地替别人想一想，就会减少怨恨。让孩子与宽容为伴，成为金兰之交，友情牢固而融洽，同心合意，生死与共，如同自己的结义兄弟、好朋友。

在建筑学上，有一个名词叫"伸缩缝"，就是说建筑物之间彼此不能完全紧连成一体，必须在适当距离内留一个伸缩的空间。桥梁、马路、房屋等，包括家庭里铺设的地板砖，都必须留有伸缩缝，以备空气冷热变化时结构体收缩膨胀的需要。宽容孩子，就要给他们一个私密空间，就是给孩子提供一个心情舒畅的环境和恢复自我的场所，使其从压抑状态中解脱出来，让他们能无拘无束地生活，并让他们按照自己的愿望来玩、想、做、学。

在生活中喜欢较真的人心胸都有些狭窄，"越气越想越想越气"，容易钻牛角尖，与人产生矛盾，不但自己很生气，把别人也弄得下不来台，还会走极端。在四川曾经有这样一件让人痛心的事，一个七八岁的孩子因为贪玩不听话，他妈妈拿着荆条打了他两下，谁知这孩子用本地人比较难听的话骂了他妈妈，他妈妈一听这还了得，我打你两下你竟敢这样骂我，等长大还不把老娘吃了？要你这样的孩子还不如不要呢。她气不打一处来，且越想越气，就使劲打她儿子，竟然把儿子活活打死。

有些父母经常头痛的是孩子成绩差了怎么办？其实孩子成绩差了，不能硬逼，要知道船到桥头自然直，不要急于施压，关键是让孩子学会做人，不能因为成绩差，把他当作坏孩子。要宽容，允许成绩差，让他先成人再说，当一个自食其力的人，对他人无害的人，对社会有用的人。很多家长看到孩子考试成绩差，不管三七二十一就是一顿老拳，这只能让孩子对学习、对老师、对家长心生怀恨之心，对考试心生恐惧，渐渐父母与孩子的关系就疏远了。

除了学习，孩子在成长过程中还总是会犯这样那样的错误，犯错误是他们的权利，并且在错误的改正过程中，他们不断地积累经验，从而成长起来。西方有句谚语，孩子出错，上帝也会原谅。作为家长要做的是宽容、有耐心，给孩子自由成长的空间，对错误的方向给予引导，对正确的方向给予肯定和鼓励。一方面，父母要放弃对孩子的过高期望值，尤其是不能把自己的梦想强加到孩子身上；另一方面，父母要无限相信孩子的潜力，帮助孩子发现自己的天赋，挖掘生命的潜能，鼓励孩子自信、大胆、坚定地走自己独特的成人、成才之路，孩子有机会成为世界上独一无二的自己。

我们可以感觉到，即使对于最开放、最友好的父母，孩子还是有他们自己的秘密，特别是在青少年时期，他们开始学着和父母分离，越来越多地依靠朋友。我们应该做的只是让他们知道，如果他们需要，你永远在他们身边。距离产生美同样可以运用到教育孩子上。

“我知道父母爱我，可是他们爱得我要死。”一个小学生如是说。父母几乎包办一切，孩子学什么自不必说，甚至连孩子的业余爱好都安排好了，几乎成了透明人，孩子没有个性发展空间，精神上很受压抑，造成孩子的心理反抗，即所谓的“关爱强迫症”。所以很多孩子去追星，他们从影星、歌星等公众人物身上去寻求一种个性张扬，去寻求内心的解放。孩子从小没有感受宽容的魅力，也就不会宽容别人。

九、让孩子聪慧勤奋

我在教小学数学时，曾给学生们出过这样一道题：用 2 元钱能买 1 瓶啤酒，用 4 个空酒瓶能换 1 瓶啤酒，假如家里来了客人，你父亲给你 12 元钱，你能买几瓶啤酒？大部分的学生是这样的答案：能买 7 瓶啤酒。就在此时，一个学生举手站起来说：“老师，我能买到 8 瓶啤酒。”当时听了我就感到挺奇怪，就问他，你在哪儿弄的第 8 瓶。孩子面不改色地说：“借的。”他接着说：“当客人喝完 4 瓶啤酒后，我拿去 4 个瓶，换 1 瓶啤酒，这 1 瓶啤酒喝完后有 3 个空酒瓶，还缺 1 个空酒瓶，我这时可以先借 1 瓶，等爸爸和客人喝完后够 4 个空瓶还给卖啤酒的人。”我听了不由一愣，其他同学也一片唏嘘。从数学的角度，这个学生的答案无疑是错误的。但是把答案放在现实生活中，则是一个合乎情理的巧妙做法。

巧妙借助外界的力量，会让我们得到一份预想以外的收获。

这让我感到现在的孩子太聪明了。随着人们对优生优育的重视，聪明的孩子将越来越多，这是趋势，这些聪明的孩子有明显的共同点。

他们往往对某些事物表现出异乎寻常的兴趣和好奇；他们观察力敏锐，接受能力较强，因此对事物理解较快。但是，他们容易骄傲、逞强，喜欢听赞扬的话，总认为别人不行，自己什么都行。有时还以为学习容易得很，不怎么用功也可得满分，当别人超过自己的时候，容易产生嫉妒心理。

在这样的孩子面前，家长不可流露出得意的神色。特别是有亲朋到来之时，孩子会察言观色，过多的赞赏容易使他们沾沾自喜，忘乎所以。美国哲学家杜威的父亲，在孩子有点名气时，就直言不讳地要来访者答应他一个要求：不要当面夸赞孩子。假如有人还要赞赏时，他总是支开杜威，不让他听见。

聪明的孩子毕竟还是孩子，他们的思想、性格和行为，往往还很天真、幼稚，需要父母多加操心。譬如，如何使聪明的孩子不骄不躁呢？少年大学生谢彦波的父亲教育他的例子，对我们是很有启发的。谢彦波小学时成绩很好，常得满分。有一次，他高兴地对父母说："今天又得了一百分。"父亲看出孩子有骄傲的苗头，觉得让这种思想发展下去，势必妨碍孩子进步。于是规定：今后得满分不一定要告诉父母，如果考不好，不仅要报告，还要检查原因。谢彦波由于受到严格的家庭教育，他在同学中从不炫耀自己的知识，谦虚谨慎，不骄不躁。后来，以优异成绩考上了科技大学。

对用脑过多的孩子，家长应鼓励他们外出玩玩，积极参加体育活动。对聪明的儿童，要注意品质方面的培养，让孩子到集体生活中去，不要孤立自己。融入生活，多接触大自然，使他们学会帮助别人，学会感恩，懂得同情弱者等。

父母不能对孩子早期表现出来的智慧熟视无睹，让其自生自灭；更不能估计过高，把孩子捧坏。有天赋的孩子容易被其才能所累，性格孤僻，与世隔绝。只要了解聪明孩子的特点，有针对性地进行教育，让孩子善问善思，他就能与聪慧手拉手成为挚友，成为至交。今天聪明的孩子，明天可以变得更有才干，这样的孩子才会成为人才，而不是偏才、怪才。

聪明孩子的思维在生活中从来都会与众不同，长大也就会出类拔萃。

美国第九届总统威廉·亨利·哈里森出生在一个小镇上，他小时候性格文静内向，腼腆害羞。镇上的人都喜欢捉弄他，常常故意把一枚一角和一枚五分的硬币同时扔在他的面前,要他从这两枚硬币中拣一枚。哈里森总是拣那个五分的,每一次都会引起人们的哄笑。镇上的很多人都认为他是一个小傻瓜,傻到了连一角和五分哪个面值更大都分不清的程度。

有一次,一位老大娘对他说:“哈里森,你怎么会不知道一角比五分更值钱呢?”哈里森回答说:“当然知道。我要是拣了那个一角的,他们就会没兴趣再扔钱给我了。”

其实,哈里森不仅不傻,而且有超乎常人的聪明。心不可贪,便宜的事不可占尽,占尽便宜,则再没有便宜的事。这就是小哈里森与众不同的思维。

常言道,高度决定视野,思路决定出路,成人异想天开,就能开天辟地。亚里士多德的“地心说”被封建教会奉为不可撼动的真理,是哥白尼别出心裁地提出了“日心说”。“贫油论”让中国默默忍受了进口“洋油”的待遇,是李四光异想天开地发现了我国丰富的石油宝藏。看着今日愈发繁荣的香港、澳门,几十年前连港澳人都怀疑回归祖国制度该怎么办,是邓小平的“一国两制”出乎人们意料的提出,解决了港澳回归的根本问题。

让孩子异想天开,因为思维是能力的核心,是创新的关键。作为家长要鼓励孩子,呵护他们思维的火花,不能用所谓的标准答案禁锢孩子的思想。

在美国一所双语学校,一位中文老师讲课生动有趣,还经常出脑筋急转弯的题目,很受孩子们的欢迎。

有一次这位老师出了这样一道有趣的题目:“把一只鸡和一只鹅放入冰箱,鹅没冻死,鸡冻死了,为什么?”

美国孩子兴致高涨,很快给出了答案。

“冰箱没启动,鸡是闷死的,鹅身体好没被冻死。”

“鸡身上毛少,冻死了,鹅毛厚没被冻死。”

“鹅身体强壮,不甘被关住,推开冰箱门逃脱了,鸡胆子太小。”

“主人打开冰箱后,鸡已被冻死,鹅还没死,如果迟一点开冰箱门,鹅同样会冻死。”

……

老师听后,均给予否定。他又将问题提给另一个班的孩子们,答案也是千奇百怪。老师有点生气,美国孩子怎么这么笨,总想不到答案。

老师生气地说:“那只鹅是企鹅,企鹅不怕冷,因此冻不死。”他说完答案,自豪地笑着,但是孩子们听完,一点儿也不吃惊,没有人觉得好笑。有个孩子说:“这只是你的想法,我不赞同。”其余的孩子也坚持自己的观点。

老师生气地摔门而去,嘴里嘀咕着:“美国孩子又愚蠢又固执,简直不可理喻。”

这个故事说明,有的问题有很多答案,需要教师不能想着一个标准答案,应当答案有道理就行,教师要爱护、呵护孩子的这种创新意识。

犹太民族十分重视求真和创新,给其他民族做出了榜样。他们不仅热爱求知,更热爱求真和创新。这也正是犹太民族能培养出很多世纪级科学家的原因之一。犹太人十分重视培养孩子们的创新能力。孩子放学回家,家长问的第一个问题不是“你今天回答了老师几个问题”,而是“你今天向老师提了几个问题”,这种学习观使得犹太人从小就有探寻真理奥秘的兴趣和能力。正是这些可贵的教育精神,使得犹太民族不仅历尽数千年的浩劫而存在,且成为世界上最耀眼和辉煌的民族之一,成为培养伟大科学家、思想家、经济学家的摇篮。

孩子小,对世界认识有限,对待新鲜事物满脑子问题,作为家长要记住能作答的就作答,不能作答的不能信口开河想当然,该找资料的找资料,也可以共同找资料。任何不当的回答一是给孩子错误的信息,让他很长时间纠正不过来,甚至耽搁他一生,二是当孩子发现你当时是不懂装懂,他会轻看你的。

作为家长千万不能因为自己正忙着而不回答孩子的问题,或者回答不出来就呵斥孩子:你没看见老子正忙着吗?你这一回答不但会挫伤孩子爱动脑的积极性,而且就此造成父子之间、母女之间亲情的疏远。有个妈妈正在厨房洗碗,她听到小儿子在后院蹦蹦跳跳的声音,便对他喊道:“你在做什么?”小男孩儿得意地回答:“我要跳到月球上去。”这个妈妈没有泼孩子冷水,而是说:“好,但不要忘记回来喔。”这个小男孩后来成为第一位登月球的人,他就是阿姆斯特朗。

附:智商也会变

英国伦敦大学学院教授普赖斯领导的研究团队在《自然》杂志上发表论文说,青少年智商可能显著提高或下降,而不像先前普遍认为的那样从儿童时代就稳定不变。

普赖斯说:“我们必须注意,不要因为儿童时代表现不佳就否定一个人,实际上过几年,他们的智商可能显著提高。”

她同时提醒,小时候聪明的孩子,也未必能一直保持聪明。

结合最近一些与大脑能力变化相关的发现,普赖斯推测他们的研究成果不仅仅适用于孩子。“智商测试结果可能也会在成年发生显著变化。(孩子身上表现出来的)可塑性可能贯穿终生。”

既然人的智力高低并非一成不变,经过恰当的训练可以显著提高,研究证明,父母可以从以下几方面入手培养聪明的孩子。

1. 玩字谜游戏。研究显示,玩字谜游戏还可降低患老年痴呆症风险。

2. 锻炼刺激脑细胞。除了让大脑运动能起到提高智力的作用,让身体运动同样可以让人变聪明。美国《国家科学院学报》曾发表一篇研究报告说,加强体育锻炼不仅促进身体健康,而且刺激脑细胞生长,增强记忆力和学习能力。

3. 建立“记忆库”。让孩子要记的事情最好能与一个生动的形象关联在一起,背诵优美文章会使他记忆力增强,理解力提高。

4. 专注胜过“聪明药”。特长就是熟能生巧,让孩子精于一项他确实感兴趣的技能,能够培养他们的专注能力,可以提高大脑工作的效率。

5. 午睡提高认知力。午睡对提高智力的好处不亚于运动。美国加利福尼亚大学伯克利分校心理学教授马修沃克领导的一个研究小组发现,午睡可以提高认知力。

6. 学习外语防痴呆。加拿大约克大学认知神经科学家艾伦比亚雷斯托克发现,经常用两种或更多语言说话可以刺激前额叶皮质活动,从而增强解决问题的能力,提高智商,并且延缓老年痴呆症出现,减轻老年痴呆症症状。

7. 学乐器。弹奏乐器让大脑负责记忆和协调的区域变得更活跃,孩子学乐器能变得更聪明。

十、让孩子养成良好习惯

好习惯是开启成功的钥匙,是存入银行的巨款,会让孩子一生都有享用不尽的利息。坏习惯会使孩子好像背上巨额债务,一生都还不完。因此父母要让孩子与好习惯成为一生一世之交,也就是感情深厚的朋友。

什么是习惯? 习惯是在不断重复中逐渐养成的一种比较稳定的行为倾向。中国著名教育家叶圣陶老先生曾说过:“教育就是习惯的培养。”习惯伴随着人的一生,影响人的生活方式和个人成长的道路,习惯贯穿于人生活的方方面面,习惯对人的生活、学习以至事业上的成就都至关重要。

英国有句谚语:“行动养成习惯,习惯形成性格,性格决定命运。”更能说明习惯对人的一生有着举足轻重的作用,某种意义上来说,有一个好的习惯,是孩子今后事业成功的首要条件。这就要求家长树立正确的观念。在抓学习的同时,也别忘了培养孩子良好的行为习惯。调查发现:孩子的学习成绩与他们的学习习惯是成正比的。凡是学习成绩好而且稳定的孩子,都是从小培养形成了良好的学习习惯;而成绩忽好忽坏的孩子,往往缺乏良好的学习习惯。心理学家王极盛访谈过200多名高考状元,他总结这些状元们的秘诀,就是他们都有优良的学习习惯。可以说,教育孩子的第一责任就是培养孩子的好习惯。

可是在科学技术发展瞬息万变,知识日新月异的今天,我发现许多家长们注重强调知识的作用,强调智力的开发,对孩子的习惯却忽视了。现在的孩子都是独生子女,家长们想尽一切办法让孩子吃好、穿好、过得好,大人包办了孩子的一切,造成孩子养成衣来伸手,饭来张口的习惯。

一个人的行为习惯,很大程度上是在青少年时期形成的。作为家长,应充分认识到培养孩子良好行为习惯的重要性。就其学习的习惯培养来说,五六岁可塑性很大,入学是一个十分重要的开端,小学低年级是习惯养成的关键时期。这一时期容易养成好习惯,也容易养成不良习惯,但即使有了不良习惯,纠正起来也比较容易,如果养成不良习惯等长大了再想改掉就难了。

家长可以从下面几个方面做起:

(一)良好的学习习惯

杰出的思想家培根说:“习惯是人生的主宰,人们应当努力求得好习惯。”学习习惯好，定能取得好的学业成绩。学习习惯包括许多方面的内容。根据平时的调查研究，我认为应该培养孩子以下几个方面的学习习惯：

1. 重视作业质量与速度的习惯

做事不拖拉——养成有作业先写作业的习惯。作业是课堂教学的延续，作业可以检查孩子的学习效果，巩固课堂学到的知识，加深对课本知识的理解。因此，要求孩子做到“今日事今日毕”，独立地按老师要求完成当天的全部作业。这样做既能巩固当天所学的内容，又可防止养成拖拉作业的坏毛病。作业习惯的培养可以按照这样几个步骤进行：回家先做—做完—做好—多做。

孩子在学习时间内，必须让他专心学习，认真完成家庭作业，发现孩子作业质量不好，就要及时提醒，特别是在孩子书写不认真的时候，应让他重写。写作业时，要他做到写字姿势正确，字迹端正，既要做正确，又要有速度；朗读要正确、连贯，声音响亮。孩子作业完成得好，或者有进步，家长要及时地表扬和鼓励，正面教育，对六七岁的孩子来说是特别重要的，打骂只会起到相反效果，让他们讨厌作业。

“孩子写作业慢”经常会和“学习不好”对上号。在现实生活中，也不乏这样的例子，因为家庭作业的问题，许多家长与孩子战争不断。因为家庭作业的问题，孩子对晚上的时间充满了无奈与厌烦。其实，学习慢的孩子大多是生活中独立性差，条理性也差的孩子。

有心理专家指出，有些孩子写作业时没有计划性，对各科作业的先后顺序不懂得合理安排，写作业时文具准备不齐全，用到的时候才慌慌忙忙去找……这样不能合理规划，写作业当然慢。其实如果仔细观察就会发现：他在生活中也是这样，丢三落四，不懂得安排和规划。从这个角度上讲，孩子磨蹭是父母一手包办出来的。觉得孩子做事，会弄得乱七八糟，还不如帮孩子做省时省力，却不知这样剥夺了孩子的锻炼机会，养成了孩子不愿意主动做事、想事的坏习惯。

我们常说“捷思敏想”，就是在很短的时间里，大脑高速运转，思维有高度，有深度，就能找到问题的突破口，就会高效率地完成任务，“下笔如有神”。我们在时间上对孩子学习有一贯性要求，孩子就会改变做事磨磨蹭蹭的习惯。

我的孩子上小学的时候，遇到一个特殊的班主任，她要求孩子写作业时不准用橡皮。孩子刚开始不适应，经常把本子弄个大花脸。因为不能用橡皮，孩子慢慢做到了一下笔写作业就必须认真工整，写作业非常专心，反而养成了认真思考的学习习惯,对自己也有了信心。

怎么能让孩子快速、认真地完成作业而不磨蹭、拖拉,下面我为家长朋友提供两个方法以供参考:

①一分钟限时比赛。孩子写作业的时候,有时候几分钟也没写一个字,写不出一个小题。孩子写作业慢主要是因为没有时间观念,家长要让孩子感受到时间的存在。每天准备一张口算题卡,看孩子一分钟最多能做多少道题,当然年级不同,难度也要不同。或者找一些生字,让孩子试试看在一分钟内最多能写出多少个字。除了学习,做家务的时候,也可以让孩子感受一分钟能做的事。比如,洗菜、洗碗、收拾桌椅……孩子知道了单位时间的可贵,自然会培养起时间观念。为了巩固好习惯,还可以做一个表格,记下每次的情况,并进行对比。

②作业可分段完成。孩子的作业可以分阶段完成,因为孩子的注意力是有限的。家长最好先了解孩子当天的作业量,然后把作业分割成两个或三个阶段,每段时间不可过长。如第一次规定做 15 或者 20 分钟,完后休息一会儿,然后再规定 15 或 20 分钟,再休息。当孩子的注意能力提高以后,所定时间就可以慢慢延长,等养成高度集中学习的好习惯时就不用分割时间了。

2. 让孩子独立解决学习上问题的习惯

孩子学习上有困难请求家长帮助时,家长不能置之不理或敷衍了事,应用热情的语言鼓励孩子自己“试一试”,让他重换一个角度去思考。孩子实在无法独立解决时,也不能包办代替,而要一步一步地耐心启发,使他能在你机智而不露痕迹的引导下,觉得是靠他自己的力量完成的,让他尝到胜利的甘甜,对自己增加信心,勇敢地迎接下一个问题的挑战。同时,也要鼓励孩子去向教师请教,养成向别人学习的习惯,对孩子的今后学习会有很大帮助的,还会让他养成虚心听取别人意见的胸怀——兼听则明,偏听则暗,海纳百川,兼容并蓄。要让孩子尝到成功的滋味,孩子一旦对成绩灰心失望就会产生厌倦情绪,循序渐进才能使他们树起自信心。例如孩子的语文成绩好但数学差,回家做作业就让他先做语文,后做数学;做数学的时候,首先让他做些简易的题目,增加信心后,再去做那些较难的。

3. 写字的姿势习惯

父母要求孩子学习姿势端正,就要给孩子一些规定:身体坐正,手拿笔要一寸;看书要眼与书距离一尺;胸与书桌之间要距离一拳。提出这些要求之后,父母还要认真监督,发现孩子有放松的时候要及时提醒,不要让他们趴在桌子上写作业,这样才能防止近视。日积月累,端坐写字、读书的好习惯就会养成。

4. 培养孩子课前预习的习惯

中国有句古话:"凡事预则立,不预则废。"这句话强调不管做什么事,要事先有充分的准备。孩子学习课程知识,课前的预习,既是心理准备,也是具体内容的准备。预习是促使孩子积极主动学习,提高课堂效率的关键,是激发孩子求知欲、学习兴趣和培养学生自学能力的重要手段。

比如对于语文学科的学习,一般来说,老师都有了解作者和文章的时代背景、读熟课文、识记生字、理解词语、分析课文主要内容、提出不懂的问题等方面的要求。家长可以引导孩子从这些方面预习。因为有了准备,孩子在听课时就能产生一种积极主动、轻松自如的心理状态,就能充满自信,这正是成功的学习所需要的一种心理优势。

学习主动,走在前面,心情好,充满自信,于是成绩就好。成绩好了,学习更主动,学习兴趣更浓,成绩会更好,良性循环链就形成。所以,培养课前预习的习惯尤为重要。同时,也是培养自学习惯,提高自学能力的一种最有效途径。

5. 培养孩子课后复习的习惯

俄国教育家乌申斯基曾经把不能巩固地掌握知识比作喝醉酒的马车夫,忘记了所装载的东西捆在车上,也不往后看看,只是一个劲地往前赶路,东西颠簸丢了也不知道,结果赶回家去的仅是一辆空车。

中国"熊瞎子掰玉米"的故事更可谓妇孺皆知,熊瞎子每掰一个苞米,便夹在腋下,同时扔掉了前一个旧玉米,这样忙了很长时间,还只是有一个玉米。

所以,课后要及时复习,温故知新。课后复习的方法不外乎试图回忆和认真看书。试图回忆,就是"过电影",在大脑的荧光屏上,放映老师上课讲的内容。具体地说,就是下课后自己考一考自己:今天老师主要讲了几个字?哪些生字会写了?那些生字还不会?哪几个句子念起来舒服,听起来悦耳?

当孩子养成了好的学习习惯后,那是他一生的财富,家长也会从中受益不少。

(二)生活习惯

会工作就会生活,这是对大人说的,对孩子来说就是会学习就应当会生活。生活习惯培养很重要。

1. 合理作息的习惯

六七岁的孩子,还不知道怎么去合理地安排、利用时间,一遇到他们喜欢的事,就不会有时间的观念了。所以,家长要针对孩子平时的生活习惯,帮助他们制定出一个合理的作息时间表,让孩子有一个比较明确,又相对固定的活动、娱乐、学习、休息的时间。孩子习惯养成后,就会使生活规律化,对其今后的学习、生活带来很多的益处。对于小学的孩子,尤其刚入学的孩子,我建议家长可以这样让孩子作息:

早上 6:50—7:00 起床,洗漱;

早餐 7:10—7:30 吃早餐;

到校 7:50 或 8:00;

上午放学:11:00;

下午上学提前 20 分钟到校;

下午放学 4:30(冬季) 5:00(春秋季)5:30(夏季);

晚上 8:30 睡觉,至少 9:00 前。

2. 卫生习惯

“不讲卫生要生病,不讲安全要送命。”让孩子讲卫生,洁身自好,减少病从口入的机会,并从小有爱护环境的意识。国际卫生组织几年前到中国西部一些干旱少雨的地方调研,调研后他们说,如果这些地方的人能做到饭前便后洗手,这里的肠胃传染病能减少 75%,你看多么大的比例。防非典、防甲感 H1N1 等有一条共同的要求就是勤用活水洗手,可见讲卫生需要从小事做起就可以了,但是坚持做起来也够难了,如果养成习惯会减少染病的机会。卫生的有关内容前面我已经谈过,这里就不多说了。

(三)文明礼貌的习惯

一个人文明礼貌习惯好,品德就优良。教育孩子文明礼貌可从教育子女孝敬父母做起。一般要求是:听从父母教导,关心父母健康,分担父母忧虑,参与家务劳动,不给父母添乱。要把这些要求变为孩子的实际行动,就应当从日常小事抓起。如关心家长健康方面:要求孩子每天要问候下班回家的父母亲;当父母劳累时,孩子应主动帮助或请父母休息一下;当父母外出时,孩子应提醒父母是否遗忘东西或注意天气变化;当父母有病时,孩子应主动照护,多说宽慰话,替他们接待客人等。孩子应承担必须完成的家务劳动,哪怕是吃饭时摆摆筷子。根据孩子的年龄、能力、学习情况，合理分配，具体指导，耐心训练，热情鼓励。这样不但有利于孩子养成家务劳动的习惯，也有利于孩子不断增强孝敬父母的观念："父母养育了我，我应为他们多做事。"这样，他们接人待物就会彬彬有礼，温文尔雅，受到大家的欢迎。

（四）阅读的习惯

课内阅读和课外阅读是互相促进的，课外阅读得越多，懂得的知识就越多，就越能促进课内阅读，使学习越来越轻松；更重要的是在精神层面上。有人说："如果拥有快乐、饱满的童年，就为今后的人生奠定了一个安全的精神基础，无疑相当于买了一份终生精神保险。""人的生命底色是在童年时代铺就的。"这些都说明了童年时代的重要性。要奠定这个安全的精神基础，拥有这份终生精神保险，一个重要的、最有效的途径就是阅读、阅读、再阅读。课外阅读不仅可以使学生开阔视野，增长知识，培养良好的自学能力和阅读能力，还可以进一步巩固学生在课内学到的各种知识，对于提高学生的认读水平和作文能力，形成良好的道德品格，乃至于整个学科学习都起着极大的推动作用。加强课外阅读，不仅是时代对语文教学的呼唤，更是世界范围教育成功的经验。从心理发展特征和认知能力上来看，小学一、二年级的孩子正好跨在这个门槛，他们对于信息量的需求，几乎接近饥渴的程度，他们的认知能力与日俱增。这就需要让孩子多读书，读好书。相关内容前面我已详谈，这里不再赘述了。

那么如何正确培养孩子阅读的习惯呢？

一是要尊重孩子。家长在选择图书时不可"强加于人"，如果与孩子意见相左，家长可适当引导，但应以孩子兴趣为主，尊重孩子的阅读习惯，孩子喜欢的可以先读。给孩子自由、轻松的阅读，孩子会体会到读书是轻松的、愉快的，从而喜欢上阅读。

二是家长要想办法让孩子阅读，让孩子亲近经典。比如读励志、名人传记类图书对孩子的成长有好处，但孩子不一定爱看。这个时候，家长可以自己先去阅读，随后可以找机会给孩子讲其中有趣或孩子感兴趣的片段，引起孩子的共鸣和求知的欲望，从而诱惑孩子自己去读。

想让孩子多阅读，家长也要率先垂范。如果在家里，大人都在看电视、上网、打麻将，而要求孩子去读书，肯定是困难的。相反，如果孩子看到爸爸妈妈一有时间就捧着书报看，自然也会爱上阅读的。

三是每个孩子都有自己独特的个性，所以要因人而异，找出适合自己孩子的方法。

（五）劳动的习惯

这个话题前面已有涉及，这里就简单强调一下。经常让孩子干点力所能及的家务活，很有必要。培养孩子劳动习惯，父母要形象、直观、具体地提出孩子应该做的事情，要让你的要求看得见、摸得着。父母要培养孩子爱劳动的好习惯，不要总是唠叨"你怎么这么懒？""难道你不会打扫一下你的房间吗"等话，而是要给孩子规定明确的任务：比如每天扫一次地；每天叠自己的被子；每个星期整理自己的书架一次……这样，孩子就可以按照父母的规定去做。

（六）欣赏的习惯

"欣赏别人，更是一种气度，一种发现，一种理解，一种智慧，一种境界。"欣赏他人是一种气度，就会有海纳百川的胸怀，就能发现他人的优点，能用人所长，在欣赏中发展自己，这样自己就会站在别人的肩膀上看世界。让孩子欣赏体育比赛，欣赏音乐，欣赏绘画作品，欣赏手工制作，欣赏山水……使自己不但会生活，而且生活有品位，丰富多彩。

（七）好习惯需要训练

培养孩子良好习惯绝不是一朝一夕的事。作为家长不能想起来就要求一下，想不起来又听之任之，要持之以恒，日复一日地进行训练，反复"历练"，使孩子养成良好习惯。当前，对家长来说最难做到的是严格要求，是将爱与严结合起来。这主要是由于家长在对自己子女的教育上，最容易情感失控。不少家长也知道应该如何要求孩子，但做起来又往往以感情代替理智，这在家庭教育上是常见的情况。例如，说好了不能随便吃零食，但只要孩子一哭一闹，家长就心软，常常迁就、退让，直至"败下阵来"，以妥协告终，继而发展到有求必应，致使孩子养成了随便吃零食的坏习惯。也有不少家长在培养孩子良好习惯方面取得了成效，这是由于他们能理智地爱孩子，把爱与严结合起来，始终如一，坚持不懈地要求和耐心训练的结果。

习惯的养成是一件艰巨的工程，在习惯形成的过程中，经常可以发现今日让你很满意，明天让你大吃一惊。在习惯形成的前期，孩子出现反复是很正常的，在这个过程中，你仔细观察就会发现孩子总是在原有起点前进了一步，只是很微小，需要用放大镜去看，这个放大镜就是老师和家长的爱心加耐心加信心，用放大镜去看孩子,给予孩子心理的支持。

好习惯需要训练。习惯培养毕竟是具体行为的体现,因此,的确需要父母对孩子进行必要的训练和强制。最好是把引导和训练结合起来。在一定时期,光引导孩子是不够的,看到孩子出现某些不良行为习惯时,还要及时进行强制改正。父母可以采取一些有趣的形式,如通过游戏、活动、竞赛、绘画等途径,不断变换形式来进行训练。

行为训练要严格。不同行为习惯有不同的标准,父母在和孩子一起确定标准之后,就要严格遵守,不能放松。有的父母对孩子进行训练,往往根据自己的心情进行,心情好的时候,孩子做得不太好也可以放过去;心情不好的时候,孩子做得好,父母看着也不顺眼;也有的父母反之,心情不好就不管孩子,心情好了就对孩子严格要求,恨不得一天训练出来一个品行优良的人。这些态度都不利于培养孩子的好习惯。所以家长要注意的是:一旦提出要求,不要半途而废,要学会对孩子说“不”。

还要注意的是,孩子是爱模仿的,首先是模仿父母亲和家人。父母对孩子提出的某些要求,如讲究卫生、举止文明等,同时家长自身在日常生活中要有良好的行为习惯,要孩子讲文明礼貌,家长就不能说脏话;要孩子物品用后放回原处,家长更要做到生活上有条有理,东西不能乱扔乱放,如果家长没有良好习惯是不可能培养出孩子的良好习惯的。父母的好习惯对孩子良好行为习惯的形成起到积极强化的作用,孩子在效仿父母的良好习惯的同时,逐渐形成自己的行为习惯。所谓“身教重于言教”,道理正在于此。家长要有意识地把自己的优良传统和良好习惯传教给自己的孩子。

我们都知道“不管三七二十一”、“二十一天孵不出小鸡——坏蛋”等俗语,现在看这些用语很有玄机——好习惯一般经过21天就形成了,这是经过实践得出来的真知。我曾经写博文,连写三个星期,后来不写就不行,经常想着这件事。如果孩子小,习惯培养时间就长了,需要七七四十九天。也难怪,7现在是人们喜欢的一个数字,因为它与“起”谐音,在事业上兴起、起来、站起、立起!

当然,孩子想玩电脑,你可不能让他连着玩,否则他就迷上电脑了。

第六章

让孩子做的几个朋友

一、让孩子与外语是圈友

曾经听到这样一个故事，说的是在一个阿拉伯国家的工地上，有两个中国建筑工人施工时，不符合要求，日本监理看到后很是不满，生气地叫道“八格”，中国工人对这个日本用语耳熟能详，因为在国内的电视节目上经常能听到这句日本话，就开玩笑地回敬道：“八格牙鲁！”谁知这个日本监理听了以后，恼羞成怒，暴跳如雷，伸手来打中国工人，这两名工人一吆喝，一群中国工人都来了，场面非常紧张，险些闹起外交纠纷。这件事后来得到妥善处理，人们从中才得知，日语“八格”是混蛋的意思，“八格牙鲁”是蠢猪的意思，你骂他混蛋可以，但是你骂他蠢猪有辱他的人格，他受不了。

为什么会出现这样的现象呢？关键是语言不通，你不懂外国话的意思，会闹出误会。从这件事上我们也可以感觉到学外语是很重要的一件事。

学好外语的好处自然很多，美国一位科学家认为，从小讲两种或者两种以上语言的孩子将来患老年痴呆症的风险比较小，这是讲双语的益处之一，前面我也提到过。可是生活中，尽管家长希望孩子能学好外语，以后能出国留学，或者是能到外企当白领，外国人来了能和他们交流，何况中招、高招英语和语文、数学分别是120分、150分，占分的比例很大。这已经成为国人的共识，但是能达到所有家长期望的毕竟是少数中的少数，很多人走上社会，英语就“陪饭吃了”，但是在上学当中，被逼学英语而造成厌学的在初中已经显现出来了，为什么呢?

首先是没有家庭语言环境。这里有很明显一个例子,早些年,我国有两个电影百花奖、金鸡奖影后,演的电影可以说是呱呱叫,很受群众喜爱,她们在中国功成名后就都到美国发展。结果呢,一个很多年一直默默无闻,再也没有她的消息,一个后来成为好莱坞出名的演员,而后又成为国际品牌导演,为什么呢?后一个三岁学外语,在家里,外婆、父母都用英语和她交谈,有英语氛围。前一个仅仅是初中学历,一般家庭,到美国时已经人到中年,学外语当然还得从头学起,要想在美国发展好自然很难成功。还有很多例子,就是不会外语到国外生存发展好的打工仔,到那里首先学会了当地口语,在实际环境中加上自己的勤奋,学得自然快,不一定会写,但是说得很地道。

记得从前一家长对孩子要求很严,可是他的孩子不爱学英语,他就经常提问孩子的英语单词,如提问“眼镜”,英文应是“glasses”,他孩子不会,就说“格剥离坎”,他也不懂,听着像英语,提问“桌子”,英文应是“table”,他孩子回答“斯眺忒”,也很像,后来他问邻居大学生,才知道他的孩子在糊弄他:眼镜“格剥离坎”——隔玻璃看;桌子“斯眺忒”——四条腿。孩子说得快,就像英语,家长不懂装懂,孩子就欺骗他。也就是因为父母不懂英语,孩子的英语只能在学校学习,出了英语课堂,英语就像离开水的鱼儿,英语也就有“哑巴英语”、“聋子英语”之说了。

二是学外语花功夫多。学外语应当让孩子有兴趣,不要硬逼。现在在社会上办班最多的是外语班,什么新概念英语,什么能动英语,什么剑桥英语,什么清华少儿英语,什么疯狂英语,什么仁爱英语……加上中国对外开放,向外国学习先进技术,与外国交流合作的内容充斥着大小新闻,英语的温度一路上扬,就像牛市里居高不下飙升的股票,现在变成了全民英语,牵动着每个家长的心。星期天孩子得上英语班学外语,生怕孩子掉队了。这些英语班名气很好,主要是打小学生的主意,以营利为目的,孩子们到初中,这些东西显得太简单、小儿科了,与教材也不配套。

现在初中英语内容很全也比较难,学好课本上的就不错了,再让他们花那么多时间在社会上学英语,使孩子觉得外语是个无底洞,增加了他们的思想负担。学英语,一定要有年龄,有母语基础再学,学生不吃力,不厌恶,才能学好英语。很多孩子因为厌恶英语而导致厌学,以致辍学,学业水平下降都与学得不得法不得势有关。

三是学英语不得法。有的孩子学英语不注意学发音，就在英语单词旁注上汉语，如“glasses”就注上“哥拉斯已死”，“apple”就注上“挨炮”等等，这是学不好的。英语也是需要拼读的，只有会拼读，掌握单词中音标拼读的特殊情况与一般情况，就能读好英语，会读英语。小孩子学了英语，可以让他回来教教父母，父母学上一半句，孩子学英语的兴趣就会很大。当孩子听写英语单词的时候，父母要给他念汉语，给他检查，给他制作英语卡片，上面写三五个英语单词，外出时让他拿几张，抽空背一下，就能分解识记单词任务。这是我们孩子妈妈的做法，很有效。有一年南阳被清华大学录取的高考状元是我们的一个亲戚，谈到自己学外语时，她说老师给大家介绍了一个方法，就是每天做一道英语阅读题，全班就她一个人坚持下来了，每天用一点点时间就能完成的，关键在有恒，所以外语分数很高。

人生激励大师、疯狂英语创始人李阳，以自己不懈的追求和奋斗，演绎了精彩的人生传奇。他凭一口地道的美式英语被破格录取为英语新闻播音员和“Talk show”节目主持人，凭一口地道的美式英语让许多外国人认为他是美籍华人，而他却非英语科班出身，也从未出过国。李阳并非生来就是英语天才。小时候，李阳只是一个普通的孩子，他害羞、内向、不敢见陌生人、不敢接电话、不敢去看电影、甚至做理疗时仪器漏电灼伤了脸也不敢出声。

1986年李阳考进远在大西北的兰州大学工程力学系。进入大学后的李阳，生活没有出现亮色，第一学期期末考试中，李阳名列全年级倒数第一名，英语连续两个学期考试不及格。

大学二年级上学期即将结束的时候，李阳已是13门功课不及格，他觉得很丢人，告诉自己必须从灰色的生活中突围出来！他选择了英语作为突破口，发誓要通过四个月后举行的国家英语四级考试。

这时的李阳，也像别人一样，开始大量做题。很偶然的一次，李阳发现，在大声朗读英语时，注意力会变得很集中，于是他就天天跑到校园的空旷处去大喊英语。十几天后，李阳来到英语角，别人很奇怪地说：“李阳，你的英语听上去好多了。”一语惊醒梦中人！李阳想：这样大喊大叫也许是学英语的一个好方法。

从 1987 年冬一直喊到 1988 年春,4 个月的时间里在兰州大学的烈士亭,李阳和他的同学顶着凛冽的寒风,扯着嗓子喊英语句子。在当年的英语四级考试中,李阳只用 50 分钟,就答完了试卷,并且成绩高居全校第二名,一个考试总不及格的李阳突然成为一个英语高手,这一消息轰动了兰州大学。

初尝成功的李阳,从此开始迈上奋发进取的人生之路。他发现,在大喊的时候,性格开始发生改变,内向、自卑、害羞等人性的弱点在大喊的过程中被击碎了,精力更加集中,记忆更加深刻,自信逐渐建立起来。他想,这种方法在他的身上已取得成功,那么何不把这套方法系统地总结,传授给其他还在英语学习误区中苦苦挣扎的同学呢?内向的李阳作出了一个惊人之举——开讲座,他让自己的同学贴海报说,有一个叫李阳的家伙,在学英语方面有点体会,希望与大家一起分享。演讲开始前的一两个小时,李阳还恐惧得想要放弃,在同学的掌声中,他跌跌撞撞地被推上了讲台,开始了他的人生第一次演讲,这次演讲开启了他的传奇人生。十年后回忆起来这次演讲,李阳说:"当时我前言不搭后语,根本没有什么演讲技巧。但我的观点很特别,方法很有效,就掩盖了演讲技巧和经验的不足。"

至此我要说的圈友就是父母与孩子形成一个英语圈子,彼此成为圈友,促进孩子的英语学习。

最后,我想说的是学外语不要给孩子那么多压力,让他们学得轻松自在,自自然然,不要又卡又压,就是学得一般化也无所谓——现在很多外国人都在学中文,是为以后到中国淘金打基础,是因为他们认识到泱泱中国的未来让人有更多的生存空间,外国人如此,我相信中国人不出国,用中文在自己的土地上会发展得更好。

方方系列故事之二十八

变 态

"耶!"方才对着电视举出"V"字,欢呼道,他感到兴奋,浑身充满了劲，感到体育带给人的快乐。

刘芳也是满面笑意，骄傲之情溢于言表。

只有方方怔怔地坐在那里，若有所失。

"怎么不高兴呢？"方才看着方方的样子，高兴劲减半，就问方方。

方方摇摇头说："遗憾，真遗憾，场面不震撼！"

刘芳满腹狐疑地问："遗憾什么呢？"

"刘翔为什么不失败呢？"方方说。

"他为什么要失败？他刚从伤病中复出，为国争光，夺得冠军，是中国人的骄傲。"刘芳教育孩子。

"如果他摔倒了，脚又受伤了，跑个倒数第一，我才感到精彩呢。"方方说。

"你是不是发烧了？"刘芳赶紧摸摸方方的额头，手却被方方拨了过去。

"我才没发烧呢。"

"看刘翔跨栏，多么入眼，多么富有诗意，有人这样写道：春天像刘翔/我刚打了哈欠/就冲到终点了/看着他挂着金牌/我还是个观众/就进入了夏季。"

"那是说春天短暂。"方才说道。

"春天短暂，也说刘翔跑得快嘛，你说眨眼的工夫，从起点就到了终点。"刘芳说道。

"胜利好看，失败也好看，刘翔摔一跤那才叫棒呢，跑得越快，摔得越精彩。"方方说，"摔得满脸鲜血，就像春天里的鲜花。"

"变态！"方才吼道！

"你吼什么吼，方方说的也是一种观点，"刘芳说，"对事对物都要一分为二地看，允许别人有不同的看法，不要老想着统一思想，老师在开家长会的时候，一再要求家长配合学校，鼓励孩子要学会思维，要独立思维，敢于表达自己的观点，有求异思维，是一种创新的萌芽，要呵护它。"

"爸爸，你忘了，以前看电视直播，你看那个什么人开车飞越黄河的时候，人家成功了，你却说如果他开车一头栽进黄河那才好看呢，"方方说道，"这是我小时候你在电视跟前说的，我记得特清。"

“什么时候的事，我倒不记得，我是这样说的吗？我是这样说的吗？我不会这样说的。”方才一听方方这样说有点窘，说话有点语无伦次。

“肯定是你说的，有其父必有其子。”刘芳说，“不然方方不会这样说，这样看问题，对吧，方方？”

“那当然，不过你们教我独立思考，这可是我自己的看法，没受爸爸的影响，另外我说我爸当年说这样的话，说明他也有不同的观点，爱独立思考嘛！”方方说得理直气壮。

“当时也许是我随口说说而已。”方才挠着头。

“因此，当别人的观点与你不一样，你就不能妄下评论，说什么变态？你才变态。”刘芳说，“要知道这个词我特敏感，我可不希望方方变态。”

“但是，人都会有变态的时候！”方才叫道，他感到如果不叫喊一声，就无法让自己从难堪的境地里解脱出来。

二、让孩子做演讲的忠友

曾经有句老话，就是“男子口大吃四方”，说的是有的人身无分文，没有投资，仅凭着“三寸不烂之舌”走遍天下，为什么呢？能说会道！春秋战国时期的苏秦、张仪能做成“连横”、“合纵”靠的就是一张嘴的游说！能说是一种本事，就是我们常说的“口才”。前面我有哪吒的比喻，这里可以再比一下，也就是口才就像哪吒的风火轮，让你风风火火走天下。

中央电视台《东方时空》曾做了一个“杨利伟怎样成为我国进入太空第一人”的节目，经采访，三个原因诠释这个问题：一是杨利伟在五年多的集训期间，训练成绩一直名列前茅；二是杨利伟处理突发事件的能力特别强，在担任歼击机飞行员时，多次化解飞行险情；三是他的心理素质好，口头表达能力强，说话有条理、有分寸。有以上三个优势，杨利伟最终通过了 1600 人—300 人—14 人—3 人的淘汰考验。

在最终确定三人为首飞候选人之时，三人各方面都十分优秀，难分高下，航天局领导考虑到作为我国第一个进入太空的宇航员，将要面对全世界的瞩目、接受新闻媒体的采访，还将进行巡回演讲，才最后决定让口才好的杨利伟首飞。

第三点原因令人感触颇深，口才竟然能决定一个人的命运！从节目中还了解到：杨利伟认为航天无小事，所以不管做什么事情，都尽自己的最大努力做好。学技术、学政治是如此，训练后的总结会、训练小结也是如此。在总结会上，杨利伟准备充分、积极发言，发言条理清晰，逻辑性强，再加上不慌不忙，故而给领导留下了深刻的印象。所以，当口头表达能力作为选择的一个重要条件时，天平就偏向了杨利伟。

真的是“好汉三分在嘴上”，口才好，娴于辞令，言之有物，就能助你一臂之力——容易与人沟通，迅速打开自己的交际范围，建立良好的人际关系。语言是思维的表达，善于表达的人思维越来越敏捷，说话条理越来越清晰，越来越有说服力，有幽默感，充满魅力，让人易于接近，让人信任，在生活和事业上双丰收。诸葛亮舌战群儒，组成孙刘联盟，赤壁之战以弱胜强，使天下三分。王金战不但是个教育家，而且口才也好，听了他的报告，人们都会由衷地钦佩他。

当代的孩子正处在我国社会经济、政治、文化生活发生巨大变迁和激烈竞争的时代，当他们参加工作走入社会后，要交流思想和经验，要切磋，要面试，要推销，要研究，要汇报，要总结，要交易，要竞岗演说等等，这都需要出口成章，需要有一个“好口才”。因此，做家长的必须要为孩子的一生负责，从小就要高水准、有意识地培养他们的语言素质，练好“口才”。

口才有一个比较书面的词就是演讲，是口语表达的一种，对孩子是非常重要的。演讲能力是一个人充分发挥才能、彰显自我的一项能力。从小培养孩子的演讲能力，不仅有助于提高他们的思考能力、组织语言能力和表达能力，还可以促进他们的学习，使他们更好更快地发展。

演讲的重要意义在于，敢于说话的孩子理性且聪慧，敢于登台演讲的孩子最容易成为社会的精英人才。演讲必须要从娃娃抓起，我国已经进入到了演讲的时代，不仅外交家需要演讲，从政需要演讲，参与社会活动需要演讲，参加会议需要演说，表达意愿。演讲在未来的人生旅程上来说，越来越重要，没有掌握演讲密钥的人生是很枯燥的人生。

孩子在成长过程，在学校经常遇到国旗下演讲，队干部、学生会、班干部都要竞聘演讲，还有各种各样的发言，老师布置的给家长讲故事、口述课文等，这都是演讲的初始阶段，家长要认真聆听，即使手中有活儿也要放下，如果可能，孩子在国旗下演讲，家长不但亲自参加，能给孩子照相留念就更好了。一次成功的演讲，给孩子人生一个很高很好的起点。让孩子从以下几方面做一做，成为演讲忠实的朋友。

演讲要有的放矢。演讲内容的确定直接关系到演讲的效果。内容的确定要从实际出发，要考虑听众的需要，收集一些大家关注的问题，做到有针对性，这样听众才能有兴趣听。

演讲需要激情。演讲者要有感情、有激情，先感动自己，才能去感染听众，缺乏激情的演讲只能让人昏昏欲睡，甚至使听众拂袖而去。

演讲需要技巧。同样是一篇故事，有的人表演得绘声绘色，有的人讲得让人感觉平淡无味，更有的让人听起来前言不搭后语，甚至是一种噪音，究其原因，没有正确的方法而已。这说明演讲也有技巧，掌握这些技巧可以使演讲效果更理想。一是演讲要讲究自然，演讲时所表露的感情，应与内容相吻合，只有真情实意才能抓住听众，打动听众。演讲的节奏要有变换，时而疾，时而缓，滔滔不绝，连绵不断，不能出现冷场。二是演讲开始一般不绕圈子，开门见山，单刀直入，不说多余话，抓住听众的“心”。三是利用形体语言。声音、表情、身体动作及小道具尽量辅助演讲，因为丰富多样又适当的手势或姿态，不仅能吸引听众的注意力，而且绘声绘色也会给听众留下深刻的印象。

演讲是需要练习的。演讲与一般说话不同，交谈只是信息的小交流，可以随意，而演讲是信息的大交流，说话不能随便。因为当众演讲面对的是大庭广众，其影响要比一般交流大得多，所以演讲比说话的难度要大。可以让孩子对着镜子练习，先给父母讲等。

演讲从讲故事开始。让孩子从小讲故事，是最基础的演讲锻炼，因为能将一个故事声情并茂、完整地表达出来，这就需要孩子有一定的语言素质和良好的语言情感表达能力。

三、让孩子把失败当作难友

巴尔扎克说过：“苦难是人生的一块垫脚石，对于强者是一笔财富，对于弱者却是万丈深渊。”丘吉尔也在自传中这样写道：“苦难是财富还是屈辱？当你战胜了苦难时，它就是你的财富；可当苦难战胜了你时，它就是你的屈辱。”

山上庙里有尊雕刻精美的佛像,前来拜佛的人络绎不绝。铺在山路上的石阶开始抱怨:"大家同是石头,凭什么我被人蹬来踩去,你却被人供在殿堂?"佛像笑了笑:"当年,您只挨了六刀,做了一方石阶,而我经历了千刀万凿之后,才有了现在的形状!"是啊,今天的坎坷,都是为自己的未来塑造着形象。

台湾作家林清玄告诉我们这样一个故事:有一年上帝看见农夫种的麦子结实累累,感到很开心。而农夫见到上帝却说,50年来我没有一天停止祈祷,祈祷年年不要有风雨、冰雹,不要有干旱、虫灾。可无论我怎样祈祷总不能如愿。农夫突然吻着上帝的脚道:"全能的主呀!您可不可以明年允诺我的请求,只要一年的时间,不要大风雨、不要烈日干旱、不要有虫灾?"上帝说:"好吧,明年一定如你所愿。"第二年,因为没有狂风暴雨、烈日与虫灾,农夫的田里果然结出许多麦穗,比往年的多了一倍,农夫兴奋不已。可等到收割的时候,农夫发现麦穗竟全是瘪瘪的,没有什么好籽粒。农夫含泪问上帝:这是怎么回事?上帝告诉他:因为你的麦穗避开了所有的考验,才变成这样。

一粒麦子,尚离不开风雨、干旱、烈日、虫灾等挫折的考验,对于一个人,更是如此。

"是福不是祸,是祸躲不过"。让孩子把失败、错误当作难友,要正视它,从中汲取教训,成为人生智慧。把失败当作暂时性挫折,不要因为一次失败就给孩子贴上笨的标签,必须相信孩子具有无与伦比的潜力并帮助他们充分发掘潜力。错误也是孩子人生体验的资本,"不经一番寒彻骨,哪得梅花扑鼻香"。"自古雄才多磨难,从来纨绔少伟男"。因为顺境中的人容易受迷惑,他们往往贪图享受,不知奋进,不知道苦难为何物。而没有志向,没有进取心的人,又怎么能成才呢?孩子受挫折了,本身并不好受,作为家长不能呵斥,而要帮孩子分析受挫的原因,把"失败只是有点让人伤心,但并不可怕"的种子在自己的心里扎下根,随着岁月的沉淀和滋养会慢慢发芽,"不经历风雨怎么见彩虹"这样的曲子就会不离他的口,他会明白,失败挫折是成功的前奏。摔倒了,就在摔倒的地方爬起来,当回首往事的时候,那个地方有朵花在摇曳。失败再遭到批评,无异于落井下石,甚至是在伤口上撒把盐,孩子失败都不知道原因,下一次遇到同样的事会有同样的结局,他们会两次"跳到同一条河流里"。我的小儿子李灏舟在上初中二年级的时候遇到了这样一件事,我把他的这两次经历编在方方系列故事里了,题目叫《作弊》。

在困境中，乐观心态很重要。拿破仑曾告诫人们，人与人之间的差异是很小的，但这种很小的差异却往往造成了巨大的差异！很小的差异就是所具备的心态是积极的，还是消极的；巨大的差异就是成功与失败。有这样的例子，到非洲考察鞋子市场，悲观的人回来摇头："没有前途，他们都不穿鞋。"乐观的人却可能报喜："太好了，他们都没鞋穿！"在野外办活动，天气突然转寒。悲观的人抱怨："为什么早不冷、晚不冷，偏偏今天冷。"乐观的人却说："多好啊！原先怕野地蚊子多，天一冷，蚊子都不来了。"让孩子有辉煌的前程，必须有乐观自信的心态。

看这样一个自然故事，我相信你和我一样内心感到震撼！

"帝王蛾"产于南美洲，体型巨大，双翼展开足有十几厘米长，持久的耐力和强大的攻击力使它成为当之无愧的蝶中王者。然而，"帝王蛾"在破茧而出时却历尽九死一生。原来，它的茧洞特别小，必须用尽全力才能撕开，有的终因耗尽力气而困死茧中。科学家把茧口剪大让幼蛾顺利爬出，可是这样的幼蛾却怎么也飞不起来。原来，幼蛾只有从狭小的洞口挤出时血液才能挤压到翅膀里，这样才能获得生长的能量。

从自然界、从生活中、从我们成长的经历中，可知美丽的、丰富的、光鲜闪耀的现实背后，有着种种的忧伤和痛苦，都有着磨难的陪伴，磨难在考验着自然和我们人类自身。没有含泪的播种与耕耘，就不会有含笑的收获，没有流过血的手指，就弹奏不出人间绝唱！古往今来，所有成功无不是建立在荆棘丛中，建立在披荆斩棘的奋斗历程中。

溪水撞击岩石才有美丽的浪花，要想让孩子成才，就必须让他们经历一下磨难，该碰的钉子还要让他们碰，该受的苦还要让他们受：夏天突下大雨，不去给他送伞，让他淋一下雨，自己想办法回家，自己即使成为落汤鸡也是锻炼，千万别让疼爱代替行动；生活中受到委屈遭受白眼让他哭一场也不是坏事；不要一味答应他们的要求，要会拒绝他们的过高甚至无理要求，让他们在拒绝中学会行事；要横下心来让他们在体育锻炼中磨练意志，冬练三九夏练三伏；要狠下心来让他们在经常性家务劳动中练就毅力，脏的累的一齐来……

我们学校曾经有一位刚上班的年轻女老师，也想把教学搞好，但是教学不得法，事与愿违。有一个学生写作业十题九错，这位老师下了很大劲儿辅导，还错了三道题，再讲，还有错！把这个老师恨得牙直痒痒，恨铁不成钢的劲儿出来了，她在无人处狠狠掐了这个女孩的大腿。这个女孩虽然没有告诉家长，但是周末妈妈带她洗澡时发现那些淤痕，就直接把这个老师告到了新任教体局的局长那里了。局长一听，这还了得，这不是体罚学生吗？就派纪检监察室主任亲自来，准备当反面典型严肃处理，并通报全区。学校对这位教师进行批评教育后，只好把她的工作进行了调整。这个班有几位家长听说以后觉得，孩子今后走上社会不会一帆风顺的，什么人什么事都会遇到，让他们见识见识各种老师，见识见识各色人等不是坏事，现在他们小，上学期间遇到不同的老师当属正常，等于是提前经受磨炼，是件好事。他们还不太愿意学校调整这个老师的工作。

方方系列故事之二十九

调　位

下午1点多突然下起雨来，到了3点，雨还下个不停，刘芳到学校给方方送伞，发现方方竟坐在最后一排角上，脸上顿时感到火辣辣的，表情有些窘。

她到家和方才在屋里议论半天。

“一个班里八九十个人，天高皇帝远，方方坐在后边能学好？”方才说。

“坐在后面等于被老师放弃了。”刘芳说，“难道方方又调皮了？”

“我估计不是调皮了，一个班里就那几个好位，等方方回来问问原因。”方才说。

“人家美国一个班才二十来个人，坐哪儿都没有人有意见。”刘芳嘟囔着道。

“那是美国，不是中国，谁让我们是人口大国，人太多了。”方才说。

“坐不到好位，容易被老师忽略，他就学不好，学习成绩就会下降，学习成绩下降，就考不到好学校，就不能上好大学，就不能有好工作，找不到好工作就当宅男，到时候连个媳妇也说不来，我们老了怎么办？”刘芳感到天要塌下来，自己很无助。

“说得有道理，可是你能让孩子坐到哪里？”方才说，“其实孩子只要想学好，坐在哪里不一样？”

“放你娘那屁，座位能一样？我告诉你，第三排正中间是最好的位，既与黑板有一定的距离，又是老师最好的视点，在老师眼皮底下，孩子受到的关注多，思维自然随着老师转，不会开小差。”刘芳说。

“怎样能让方方坐到那个位置呢？”

“送礼呗！”

“送礼？没想到，座位也是个资源。”

方方回来了，方才问；“你为啥坐到最后一排？嗯？”见方方嘴抿得紧紧的，理也不理，方才可火了，“咋，你没听见？”方方大声地说：“谁知道！你问我们老师去！”

刘芳过来瞪了方才一眼，柔声对方方说：“你们第二排、第三排中间的三个位都坐的谁呀？”

“谁？第二排中间坐的是星岛房地产老板的女儿，挨着她的是体育老师的亲戚和数学老师的女儿。”

“第三排呢？”

“第三排正中间坐的是卖电脑老板的儿子，边上是诺贝尔瓷砖总代理的女儿，还有市政府一个当官的儿子。”

“哇，都是些有头有脸的人的孩子。”方才听了，刚才的火一下子被一桶水浇灭了，连灰底都被冲净了，心里感到一阵黯然失色，他现在感到不让孩子输在起跑线上的另一种含义。

“没有投入就没有产出。”

“给老师送礼，哼，真是小咱身份。”

“小你什么身份，不论你做多么大的官，在老师跟前都是一样的，家长！”刘芳指着方才的鼻子说道，“要想让老师给咱办事，只有给老师送礼。在人家屋檐下不能不低头。”

“现在的老师黑着呢。”一想到方方在小学还得两年，方才感到无助无奈，“送什么呢？”

“请老师吃顿饭，再塞个红包。”

“成本太高了吧，现在吃顿饭带上烟酒最少也得千把元。请人家吃，我们再找个陪客的，一场下来，老师也没有吃多少，我们都吃了，效果不好。再说给老师送一箱鸡蛋、一件牛奶不就打发了?”方才一听刘芳又要请吃又要送礼，心里直嘀咕，为了孩子，这女人简直要豁出去了。

一听方才的分析，刘芳觉得有道理，就说：“不吃饭算了，但是礼得送的像样点，不能简单。”

俩人达成共识。

晚上两人让方方爷爷来陪孩子，左拐右拐，带着礼品，找到方方老师张燕家。

当他们敲开张老师家时，张燕见他们俩满脸堆笑拎着、抱着牛奶、白酒、王老吉也是一怔，夜猫子进宅，无事不来，这不年不节的，这两位家长拿这么多东西干什么来？肯定是为座位，她心里猜度着。

天南地北家事国事侃了半天，最后谈到了孩子的座位，张老师叹了一口气说：“学生要想学好坐到哪儿都一样，再说座位换一次就让我绞尽脑汁。个子低了不能坐后头，个子高了也不能经常坐后头，还得安排好的与差的同桌，好动的与好静的同桌，互相带动带动。”方才道：“这么复杂哟。”张老师笑了笑，侧脸看着刘芳，又看着方才说：“座位对任何人来说都是永远不公平的，除非是一人的班，说起来可笑，咱这学校有个刘老师，曾经无可奈何地收了他们班一位家长的礼，这个学生本身就是不爱人，事稠，小动作多话也多，坐到哪儿都骚扰一圈儿，哪儿都有学生家长提意见。在一次调位时给他调到前头中间，可是好座位，可是过了一段时间，又调位时，由于各方面原因吧，给他调到第六排靠墙，家长马上写信给校长并四处散布，我给老师送点儿礼，老师就让俺娃儿坐好位，停一段儿不送礼了就又坐到坏位了，结果老师受到了批评还落下了不好的名声，何苦呢？最后老师被迫辞去了班主任职务，本来刘老师也是挺能干的。”张老师顿了顿，说：“方方的座位早晚会根据情况来调整的，不会让他坐一期的。”方才脸色倒是有点热，喃喃道，还有这事儿，还有这事，难以预料！

又坐了一会儿，他们起身告辞。

张老师说道：“礼物你们拎回去吧，孩子的座位我自会考虑的。”

刘芳连忙道：“张老师，张老师见外了，我和方才老早就说过来看望您了，您够辛苦了，孩子给您找了不少麻烦。”

张老师说道："找啥麻烦了，都是自己的学生，这说不上麻烦。"

张老师死活不收礼，刘芳可是非留下不可，两人出现了相持阶段，方才在一旁可是干着急也没办法上去助刘芳一臂之力，这一切可都是出乎意料的。最后还是方才使出来绝招："你瞅张老师，你别推让了，你要是不收我们就不走了，你收了，收了算了。我们走了，以后您摔出去都中。"话到这份上，还是张老师先妥协，松了手，只好在一旁喃喃道："你们也真是的，以后别这样了，别这样。"刘芳弓腰把礼小心地放好，边说："看老师是应该的。"

方才此时如获胜的将军气度大方地说："张老师，方方在学校不听话你只管打他骂他了，全当自己的孩子。"

星期五调座位，方方坐到了第四排正中间，方才一家到饭店还庆祝了一番。

四、让孩子与意志是恒友

意志，是人自觉地确定目的，并根据目的调节支配自身的行动，克服困难，实现预定目标的心理过程，它应当与孩子终生相伴，当为恒友也。绳锯木断，水滴石穿，靠的都是恒心与意志。

意志与毅力是近义词，美国总统柯立兹对"毅力"的描述，也是对意志的描述："毅力"是无可取代的美德。才气无法取代毅力，世上到处可见才气纵横的失败者；天分无法取代毅力，无成就的天分如同笑柄；教育无法取代毅力，街上多的是受过教育的无业游民；毅力与决心是至高无上的。人类的问题只有靠努力不懈才能解决。

有一天古希腊大哲学家苏格拉底对学生们说："今天咱们只学一件最简单也是最容易做的事儿。每人把胳膊尽量往前甩，然后再尽量往后甩。"说着，苏格拉底示范做了一遍。"从今天开始，每天做 300 下。大家能做到吗？"学生们都笑了。这么简单的事，有什么做不到的？过了一个月，苏格拉底问学生们："每天甩手 300 下，哪些同学坚持了？"有 90% 的同学骄傲地举起了手。又过了一个月，苏格拉底又问，这回，坚持下来的学生只剩下八成。一年过后，苏格拉底再一次问大家:“请告诉我,最简单的甩手运动,还有哪几位同学坚持了?”这时,整个教室里,只有一人举起了手。这个学生就是后来成为古希腊另一位大哲学家的柏拉图。世间最容易的事是坚持,最难的事也是坚持。说它容易,是因为只要愿意做,人人都能做到;说它难,是因为真正能做到的,终究只是少数人。成功在于坚持。这是一个并不神秘的秘诀。

一个没控制力、缺乏意志品质的孩子将来是不可能成功的;聪明的小孩不一定能成功,聪明又能控制住自己的小孩才能成功。美国著名心理学家瓦尔特·米歇尔曾经做过一个实验:四岁孩子的意志力对他将来的成功有什么影响。他找来了十个四岁的小孩,把他们集中在一个房间里,给每个小孩一块软糖,然后跟他们说:“老师要出去一小时再回来。如果老师没有回来之前,哪个小朋友吃掉这一块软糖,老师回来就不再给他糖了;如果你没吃掉这块糖,那么老师回来时就再奖励两块给你。”说完他就出去了。一小时后,他回来了,看到有的小孩控制不住自己已经把糖吃掉了;有的小孩,口水都流出来了,正准备吃;有的小孩耐心地等待他回来再给两块糖。结果,二十多年后,这十个四岁的小孩到了三十岁的时候,教授去追踪调查这十个人,发现凡是当年把糖吃掉的都没成功,控制力太差,做什么事都半途而废;凡是耐心地等待再得到两块糖的孩子都成功了。这说明小孩的意志对他将来的成功不成功有着重要的作用。我们家长一定要用成功学去教自己的小孩:你要成功,必须学会控制自己。

一位开采油田的投资商,在一个据说蕴藏大量石油的地区钻井开采石油,可是钻到地下100米时还没有见到石油。于是,他移开一段距离后又重新钻挖,可是这次钻了100米时还是没有见到石油。他又气愤地移到别处开采,如此反复七八次后,总是未能如愿,最后他只好放弃了开采计划。有意思的是,在他放弃以后,他的另一位商友在得知此事后,便安排人马来到他曾经钻过的地方,继续往下钻,等钻到地下约120米时,大量的石油滚滚而出,因而获得了大量的回报。这说明意志力缺乏一点点与滚滚财富就会失之交臂。

我们都知道在当今世界上,对宇宙黑洞理论的研究取得最为辉煌成就的,莫过于“轮椅上的奇才”英国的史蒂芬·霍金,他的《时间简史》已成为享誉全球的名著。其实他小时候学习并不好,但是,霍金对周围的事物充满了好奇心,喜欢刨根问底,看见新奇的东西,总喜欢拆开看个明白。他小时候的理想就是当科学家,但他的这个理想却被很多人当成一个笑话。

后来,霍金发奋学习,常常到了忘我的状态,17岁时,霍金进了牛津大学,21岁,霍金患重病住进了医院,他天天与病魔作斗争,但他没有因病放弃自己的志向,他把宇宙学定为自己的研究领域。

医生曾断言霍金只能活两年。他之所以能坚持到今天并取得卓越成就,最主要的是他具有强烈的使命感和坚强的意志。霍金的一生是人类意志力的体现,也是科学精神创造的奇迹。

孩子小时,本身是没有自制力的,但是需要培养他的自我控制能力和遵循社会规范的意识。比如,饭已做好,但是还没有到开饭时间,可是孩子饿了,嚷嚷着要求提前开饭,这时候做父母的就要教育孩子遵守规矩,任何人不能随心所欲,破坏规矩,要学会忍耐,尤其做父母的不能对孩子有求必应。吞下一点苦,需要的是勇敢和坚持;忍住甜的诱惑,需要的是信念和毅力。当然,家长也要给孩子时间,让他形成意志品质,因为成长需要等待。

儿子上小学一年级时,第一学期考试结果,语文、数学合计197分,位居全班第17名。学校开家长会,会上为考双百的学生发奖。我的孩子自然与奖无缘,儿子很沮丧。我问儿子是否清楚答卷错在哪里,他把每道题错的地方一一讲来。我问他为什么错了,他说粗心大意,数学题计算之后忘了写单位。我摸摸他的头,温和地说,以后注意,别再粗心大意。儿子紧张的脸上露出天真的笑容,愉快地去写作业了。

不久,儿子的学校请我去为老师讲讲儿童心理教育问题,许多老师以为我的儿子自然应该考出好成绩,然而却只考了全班第17名。问我如何看待这个问题,我在黑板上写道:“成长需要等待!”全场哗然。

孩子刚读一年级,学业生涯刚刚起步,不能以第一次考试成绩去评价他的未来。我不认为儿子今天考17名,日后的学业上就不优秀。孩子的发展是一个长期的过程:一种能力的形成和稳定,一个好习惯的养成和保持;从幼稚的孩子到意志坚强的青年,从一种细小的感觉到世界观形成,都需要时间。儿童生性活泼、好动,做事考虑不周,粗心,顾此失彼,这是发展中的正常现象,随着孩子年龄的增长,知识与技能的丰厚与完善,他会逐渐克服的，意志品质会渐渐形成，成为他今后人生发展的动力。

许多家长望子成龙，从孩子一入学，就快马加鞭，拧着孩子出成绩。其实，生活中我们常常看到，有些孩子儿时成绩好，长大未必有成就；而有些孩子小时成绩平平，但长大后却很有出息。好多英雄本色在儿时是看不出来的。所以，我们不必根据孩子一两次学习成绩就急于给孩子下结论。

有些家长不能等待是因为自己强烈的虚荣心，把孩子外在的成功和荣誉看得重于一切。有些家长在孩子进入小学的第一天，就紧张地注视着孩子在班里居于什么位置。殊不知父母过于看重荣誉，会增加孩子的思想负担，同时也会引起孩子盲目地与他人攀比，会缺乏信心，产生嫉妒心理或自卑感。

每个孩子都有自己的特点和成长规律，家长需要耐心等待，等待孩子成长，同时给予正确的引导，他们有了意志品质就会战胜人生路上不断出现的困难。

五、让内向的孩子与豁达做挚友

有篇短文，看后印象很深，它说的是一个出租车司机如何对待情绪“垃圾车”。

出租车在它该行使的车道上前行，一辆黑色小轿车突然从前方的一个停车位上冲了过来。出租车司机猛地踩下刹车，猛打方向盘，车子侧滑，和另外一辆车擦身而过。那辆小轿车的司机却立马扭头，冲着出租车司机大喊大叫。出租车司机只是笑了笑，友好地向那个人挥了挥手。

车上的乘客不解，明明是黑色小轿车的错，为什么不跟他理论一番。出租车司机这时说了“垃圾车法则”：许多人就像垃圾车一样，他们装载着挫败感、愤怒、失望等情绪垃圾四处奔跑。当他们的垃圾堆积到一定程度后，便需要一个地方倒掉。有时，会凑巧倒你身上，这时，不要把它们接过来，笑一笑，挥挥手，祝他们好运，然后继续前行。千万不要接受他们的垃圾，然后散布给你的同事、家人或是路人，更不能让这种情绪垃圾左右你的生活，妨碍你的愉快心境，进而影响你的生活质量。

从这个故事里，我们可以理解什么叫豁达，并由此可以看出，豁达其实是一种心境，指人的心胸开阔，性格开朗，能容人容事。豁达是一种大度和宽容，豁达是一种品格和美德，也是一种高度。豁达也是善待自己的一种表现，并且研究证实，与内向型人相比，外向型人感冒几率更低，这是因为社会交往会增强机体的抵抗力。社会交往多的人患心脏病的少，寿命更长。

人们常说，内向的人心里做事——哑巴吃饺子，心里有数，内向的孩子的确有很多优点，但是也容易得抑郁症甚至狂躁症，某些时候就是危险品。很多事例都说明，内向的孩子不善交流，想不开的事、心里不满的事会越积越多，“垃圾成堆”，脑子里就会出现“堰塞湖”，不知什么时候就要爆发，后果不堪设想。作为家长，发现这种情况，一定要赶快放下身段倾听，慢慢寻找话题，让他开口说话，让他们学会倾诉，适时给他们减压，让他们把心中的痛苦、委屈、悲伤、压抑、不快等说给自己听，作为孩子的朋友，要用自己丰富的阅历、丰富的人生经验，给他们以忠告，帮他们排解心中的不快，给他指明人生的方向，不能火上浇油。

如果不愿意说出来就让他们把自己的烦恼、忧愁、悲愤写出来，写在日记里，写在博客里，写信与父母亲戚交流。忧愤出诗人，很多作家就是这样炼成的。

实在憋屈得很，就让他大哭一场，让他去 KTV 里唱唱歌，有时间让孩子走出自己的小屋到大自然里去呼吸新鲜空气，经常在一起游戏、读书等，心情就会快乐起来。到山顶吼几声等，关键是让他们宣泄出来，让他结交几个小伙伴，平日里应该让他多说一些内容丰富、有较强哲理性或逻辑性的话，因为大脑中有专司语言的叶区，经常说话也会促进大脑的发育和锻炼大脑的功能。因此你也就知道整日沉默寡言、不苟言笑的人并不一定就聪明。

切记父母要少唠叨，因为唠叨的副产品是使孩子变得固执、内敛。

一个唠叨的人身边总会有个固执的人。“唠叨”和“固执”是一个对子。她越着急，越唠叨，他越不听，越固执，结果导致沟通途径阻断。“唠叨”会培养“固执”，会培养一颗封闭的心，不仅对唠叨的妈妈是封闭的，对其他人也是封闭的。因为听的能力已经在长年累月的唠叨中被摧残得所剩无几，于是会对唠叨格外敏感和反感，从而产生沟通排斥。许多家庭都有这样的情景：妈妈一看到儿子在电脑前打游戏气就不打一处来，于是在一旁一遍又一遍地规劝孩子。儿子开始还敷衍几句，但妈妈感觉自己说的不起作用，儿子是一个耳朵进一个耳朵出，随即又多说几遍，希望自己的话能对儿子入脑入心。可是儿子越听越烦，最后对妈妈吼了一句："你烦不烦啊！我的事你别管！"妈妈先是一愣，吓了一跳，随后很伤心地哭了起来。儿子意识到自己对妈妈发脾气了，立刻后悔了，口气软了下来，可能还道了歉。但是，过了几天，类似的故事又发生了，久而久之孩子性格越来越内向。由此可知，内向的孩子都是家庭造成的。所以爱唠叨的人应该反思和提醒自己，要逐步改变唠叨的习惯，使自己轻松自在，让孩子和家人也轻松愉快。

本书开头我举的例子，那自杀的孩子父亲是个"愤青"，在家里基本不说话，他母亲则掌握着家里的话语主导权，爱唠叨，孩子就内向。孩子自杀，说这个家、说他母亲爱唠叨责任不小有点残酷，但事实就是这样。我有个亲戚，他妈妈也是家里家外的"发言人"，对孩子有一点问题不问青红皂白，就是一阵急风暴雨似的呵斥，高声低调地嚷，唯恐天下人不知道她在家的女皇地位，她的"正确教导"。她这样使她的孩子不但胆子变得愈来愈小，办事唯唯诺诺，左右不是，站着不是坐那儿歪，干什么得看他老娘眼色行事，本来说话很正常，长大以后说话倒是期期艾艾结结巴巴，落了个口吃的毛病，多可惜。

儿童的烦恼谁知晓

1. 自尊心受到打击。几乎100%的孩子认为，被同班同学"嘲笑"、"瞧不起"是最大的羞耻。

2. 孤独寂寞。儿童特别害怕孤单一人，担心将发生什么可怕之事。

3. 父母吵架或离异。100%的儿童害怕父母争吵、打架，当父母说要离婚时，他们更是恐惧得不得了。

4. 受了委屈不准哭。孩子受到了训斥或体罚，特别是受了冤枉，只有哭才能发泄心中的"委屈"，不然会伤身子。

5. 父母不听自己的意见，这对孩子的自尊心伤害很大。

6. 考试成绩不好，几乎100%的儿童怕自己考试成绩不好。孩子考试成绩不理想，父母也要问问自己在辅导孩子学习中尽了多少力。

方方系列故事之三十

“飞来横祸”

“谁干的事，西瓜皮乱扔，砸在老娘头上，真是太缺德了，没素质，没教养。”刘芳正往家里走，楼上一块西瓜皮从天而降，不偏不倚，正中她的头顶，让她一阵眩晕，红红的瓜汁还溅在她的肩上。她闭上眼睛，定定神，抹了一把脸，心里很是生气，看看上头，没有一个人，她决定骂一骂，对这种人进行警示，这时候敢扔西瓜皮，以后还敢扔砖头，那还不把人砸死？亏来住在这多层，如果住在高层，一块西瓜皮也可以把人撂倒。

“娘那腿，妈那脚，真是贱骨头贱肉，你乱扔西瓜皮，小心你从楼上摔下来摔死，出门被汽车撞死！你乱扔西瓜皮，你妈那×……”（作者这里省去152个字。）

刘芳的一阵骂，引来这六层楼36家中的35家人或从楼上往下看，或从一楼出来围观，她家没人往下看，她家住在五楼。

“这真是不像话，就得骂他，不然楼下就成了垃圾场，谁想扔什么扔什么，没规没矩，成何体统。”

“现在敢扔西瓜皮，以后还敢扔石头呢。北京就有人从高层上扔一块水泥片，竟然把一个老头砸死了。”

“TMD，真是不像话，知道是谁，我们一人给他一嘴巴。”

“会不会是谁家小孩啊？”

“就算是，也是有娘生没娘管。”

……

（这里作者省去379个字。）

老的少的，都在群起而攻之。

刘芳感觉达到目的了，“山是高昂的头”，得胜一般上楼了。她推开门，看见茶几上放着几块西瓜，方方坐在那里怯生生地看着她，她忽然间什么都明白了，“砰”地一声关上门，表情是七十二变，顾不上换鞋，拿起拖鞋就朝方方走去，扬起，见方方抱着头，表情恐惧，就把鞋扔下，想吼他，但是刚才的情景又使她做声不得，真是哑巴吃黄连有苦难言，两人别别扭扭吃了一顿午饭。

吃完饭，刘芳坐在沙发上，方方讨好地给她按肩，忽然看见刘芳头上有一根白头发，方方就问："妈妈，你为啥头上长白头发？"

刘芳说："因为你不听我的话，妈妈头上才长白头发。"

方方："哦，怪不得我姥姥的头发全白了。"

刘芳一听，哭笑不得，没理睬他。

晚上方才回来，刘芳把今天的事一五一十地告诉他，方才心里就有"一堆干柴"，他问方方："人家东东都当了学习委员，你咋老是个小组长？"

方方哪里知道爸爸要找茬了，白了他一眼道："人家东东爸都当了副局长，你咋连个科长也没当上？"

这可是"火星"，把方才"那堆柴"给点着了，他用拳脚给方方上了一堂"政治课"。

六、让孩子做时间的石友

人生规划都是以时间为单位的。有人说得好，一生的勤奋和节俭，即一生的开源与节流，等于与时间做了一辈子情谊坚如磐石的朋友，你不抛弃时间，时间也不抛弃你，早晨不起误一天的事，幼时不学误一生的事。道理很简单。有这样一个故事。

一个流浪汉呜呜地哭着，时光老人问："你是谁？为什么哭？"

流浪汉叹口气说："我少年时代玩玻璃球，青年时代玩纸牌，中年时代打麻将，家产都败光啦。如今我一无所有，我真后悔。"

时光老人看他哭得可怜，就试探地问："假如你能返老还童……"

"返老还童？"流浪汉抬头将老人打量了一番，突然"扑通"一声跪下，苦苦哀求道："假如给我一个青春，我一定从头做起，做个勤奋好学的人！"

"好吧，你会如愿的，不过你可得说到做到哟！"时光老人说完便消失了。

惊呆了的流浪汉低头一看，自己已变成了一个十来岁的少年，肩上还背着书包呢！他兴奋极了。

他想到自己说的话，就向一所自己熟悉的小学走去，他想去上学。可是路上他看到几个孩子正在玩玻璃球，不禁手又痒了，也挤进去玩起来。他仍然按老样子生活，虚度一生。到了老年，他又伤心地痛哭起来，正巧，他又碰到了时光老人。他故技重施，再次跪下，哀求时光老人再给他一个青春。

“我做了件蠢事。”时光老人冷笑着说，“给你再多的青春，你也不会得到真正的生命的。”

流浪汉悔恨自己当初没有遵守自己的诺言，没有珍惜这个寸阴寸金的时间，现在说什么都已经晚了。

时光老人接受了教训，从此以后，他给每个人的时间都一样，谁也别想多得到一分一秒！

这个故事告诉我们：“时间给勤奋者留下智慧和力量，给懒惰者留下空虚和懊悔。”所以我们一定不要浪费一分一秒，不让时间悄悄溜走！

“百川东到海，何时复西归；少壮不努力，老大徒伤悲。”从小要让孩子有时间观念，生活有规律，时间就是价值，就会有效益。不能脚踩西瓜皮，滑到哪里算哪里。经常有这样的孩子，一过周末，就去玩，到了星期日晚上，才想起作业，突击写到十一二点，第二天上学，一个新周的开始却无精打采。有的孩子一放寒暑假就尽情地玩，快开学了，开始连明彻夜地写作业，这样“暴食暴饮”，三天打鱼两天晒网的结果，作业、学习一点也没有效果。

对孩子来说，进行时间规划，就是让孩子计划一学期的目标，计划寒暑假怎么过，小长假怎么过，周末怎么过，今天一天做什么，就不会让时间白白流失。比如，每周早上6:30起床，上午下午在校上学，晚上6:00前做完作业，然后看一会儿动画片，9:00上床睡觉，从周一到周五不上电脑玩游戏。星期六“睡到自然醒”，上午起床后写作业，下午打篮球，逛逛书店，上网查查资料，晚上和父母一起看电视。星期日上午学画画，下午和小伙伴做游戏等。一日之计在于晨，每天干什么都要做到心中有数，经常这样做，就会有时效，就会有好习惯，就会有好生活。一年之计在于春，让孩子从童年时期就合理使用时间，他们的一生就会过得有意义，有成就。我们都知道，没有时间观念，人过得就会浑浑噩噩，做起事来会半途而废，人生就会很失败，因为失败与时间限制有关，时间是公平的，给每个人都是一样的，但是合理利用时间，时间就像海绵，能挤出很多水。

明朝画家文嘉的诗可以让孩子记着。一首是《明日歌》："明日复明日，明日何其多，日日待明日，万事成蹉跎；世人皆被明日累，明日无穷老将至；晨昏滚滚水东流，今古悠悠日西坠，百年明日能几何，请君听我明日歌。"另一首是《今日诗》："今日复今日，今日何其少，明日又不为，此事何时了。人生百年几今日，今日不为真可惜；若言姑待明朝至，明朝又有明朝事；为君聊赋今日诗，努力请从今日始。"这对孩子就是提醒和教育。

七、让孩子与课余生活是乐友

先来看看这样一段话。

> 在家里，妈妈对我看电视也限制很严，只允许我看科普类的节目，我已经很久没看过动画片。好不容易有机会坐在电视机前，遥控器却始终被妈妈牢牢掌握，而我只能看科教频道的科普节目，因为这些节目对学习有帮助。我偶尔趁妈妈不注意，换台看一眼动画片，那种感觉就像过年一样。

这样的孩子幸福吗？这样的孩子快乐吗？难道学习非得"苦作舟"吗？

其实，做父母的要创造舒适的家庭环境，需要让孩子的课余生活丰富多彩，不能让孩子在单一、枯燥的环境里生活，否则他们感受不到生活的乐趣，会让他们走向自闭甚至极端，快乐成长才能有幸福的生活，而快乐成长需要丰富多彩的生活。对孩子来说，不能让他在学校家庭两点一线上像个梭子一样来回穿梭，否则他们会晕头转向地不分南北，时不知四季。

我的孩子上初中时，特别爱看电视的妻子做的第一件事是把有线电视停了，把电脑也关闭了，目的是为孩子创造安静的环境，让他们写作业、复习、预习。

才上初中，科目一下子多了起来，他们小心应付，早上 6 点多起来就得吃饭，7:20 前还要赶到学校进到教室，晚上回到家做完作业都 9 点多快 10 点了，写完作业就得睡觉。他们不能看电视,不能玩电脑,也没时间干这些事。刚开始还没有问题,坚持到了初三时,就出现了问题。我们租的房子在中心市场,中心市场什么都有。妻子有段时间发现孩子们平时七分钟的路程竟走了半个小时,她要我马上跟踪他们,看看他们在路上干什么,由于忙我一直没有时间去跟踪。直到一个星期五的晚上,我到他们学校门口,准备接他俩外出吃饭,我在路边等了好一阵子,走了很多学生却没见到他们,于是我马上先到租住的地方,也没见他俩到屋,我原路往回走,在一个卖玩具的店铺,忽然看见他俩站在里面看《铁甲小宝》,前面还站着两个四五岁的孩子,看着他们专心的样子,我恨不得上去狠狠踢他们两脚。吃完晚饭,到家里,我们就打开电视(出租屋安有有线电视),让他俩看他们反而不看,我把他们往电视旁边拉,拉不来,也拉不动。一连几天,我和他们妈妈说,可以不学习,看电视吧,他们反而不看了。后来,我们也反思,回来就问他们今天学的啥,课堂表现怎样,久而久之,他们心里不高兴。在学校学得足足的,到家脑子还要绷得紧紧的,整天就是学习学习,烦透了,家里也没有一点吸引力,就不急着回家了。

想着我上初中的时候,因为看《三国演义》受到父亲的严厉批评,书被没收,在家里只能学习、学习、再学习,我就偷偷睡在被窝里看,打着手电筒看完了《说岳全传》,借着屋里微弱的光囫囵吞枣地把《水浒传》看了一遍,造成了我眼睛近视的情况。

于是我们决定以后还是让他们每天看点电视,譬如《新闻30分》、《新闻联播》、《焦点访谈》、《今日说法》等,有时间看看别的电视节目等;双休日带他们看美国大片,逛逛量贩让他们买自己喜欢吃的零食;我和他们打打篮球、打打羽毛球,到书店去买书——大儿子想看《福尔摩斯探案集》,就给他买一套,小长假带他们去旅游、去爬山,去游泳,路途中互相讲小笑话、彼此笑口常开。有一次他们几个同学到我学校打篮球,打了很长时间,天都黑透了,但还是不下场,见此,我就把车开到操场边,车不熄火,打开汽车大灯,给他们照着,他们多打了快半个小时。从球场上下来浑身汗淋淋,但是感觉特别爽快,非常快乐。

这样做,后来他们反而到家及时了,感到生活有趣味了,学习是他们生活的一部分,不是全部,他们反而能静下心学习,学习效率大大提高了。

快期末考试了,他们还想看电视,我就对他们说,考试前一个星期不能看电视、电影,否则影响注意力、记忆力,考完试你们可以看电视、玩电脑。李灏舸说，让我们玩个通宵，我说可以，但是不能超过11点。孩子还是很讲理的，于是充满期待地投入到复习之中了。

方方系列故事之三十一

要　妹　妹

“要是再有个女孩有多好！”方才感叹道。

“是啊，女孩是他爸爸的贴身小棉袄，男孩和他妈走的近，女孩和他爸走的近。”刘芳说道。

方方随旅行社参加夏令营活动，屋里一下子静悄悄的，没有往日的热闹，两个人感到很是寂寞，你看看我，我看看你，大眼瞪小眼。

“要不咱再要个女孩吧？”方才试探道。

“你还真想要啊，你看我都三四十岁的人了，再生一个小孩不成了老妖精。”刘芳想到再有一个孩子，自己的形象该是多尴尬。

“老妖精怎么了，只要我喜欢。”方才做工作道。“儿女双全，方方也有个伴，以后方方负担就轻了。”

“方方今年十二岁了，再要个孩子，明年出生，正好和方方一个属相，咱家再加上我，一家三只虎，虎虎生威啊。算命的说一家有三个相同的属相，家业兴旺。”

“想要你生吧。”刘芳说，“我可不想再生了。”

“我是个大男人，肚里没有生孩子的工具。”

“手术一下不就行了？报纸上登过一外国男人替老婆生孩子的事。”

“咱国的技术不行，哎，别扯闲了。我给你说，现在有借腹生子这一说，有人专门代孕，你还能保持体型。”方才说，“这样两全其美。”

“那得多少钱？”刘芳说。

见刘芳认真，方才心动了，“十万元。”

“呦，天文数字嘛，谁给我十万，我给他代孕十个月，十个月十万元，这生意能做。”刘芳说。

“别弄颠倒，让你挣钱替人家怀孕，你上班不上班？要不要工作？还能不能保持体型?”方才心想,这女人的心真是夏天的天气,说变就变。

“你有多少家底让人家代孕,我还不知道?”刘芳说。

“你要是有个姐姐或者妹妹就好了,她可以帮你这个忙。”方才说道。

“你要是有个姐姐妹妹也能帮你忙。”刘芳感到恶心,“噢,对了,不行让你妈帮你这个忙。我想起来了,报纸上有报道外国就有这样的事。”

“呸,亏你说得出口。让你妈代孕也行啦。外国人什么事做不出来?”方才很是懊恼,说这事陷到了淤泥里。

“哈哈,你别胡思乱想了,让我生个女孩,你有那么把握吗?万一又是个男孩呢?”刘芳见方才生气了,不想给他加气,打了个哈哈。

“你同意了?”方才听了刘芳的话,转怒为喜。

“要生,也要正大光明地生,”刘芳说,“不过,你要问问方方同意不同意。”

“生孩子的事问他干吗?”方才说。

“他是咱家的‘一把手’嘛,你封的,怎能不问问呢?”

“好好,方方一定会同意的。”方才信心十足。

方方从夏令营回来的第二个晚上,他们一家来到西餐厅吃饭。

看着方方熟练地使用刀叉切割牛排,方才说:“方方,爸爸想和你商量一个事儿。”

“什么事儿?”方方边吃牛排边问。

“我和你妈妈商量,想要给你生个妹妹?”

“什么?给我要个妹妹?今晚请我吃牛排是鸿门宴啊。”方方放下刀叉,脸露不快,“我想想啊。”

方才、刘芳看着方方郑重其事地想着,想笑但忍住了。刘芳说:“给你要个妹妹,以后你也有伴,将来你有个孩子能有个姑喊,我们老了,你们两个人伺候,压力也小点。”

“不行,我不同意!你们挣个家业也不容易,再要个妹妹还要付出许多辛苦,遗产还得分两份,不如我一个独得。”方方摇头道。

“姑娘长大了,就嫁给别人了,只需三两万元嫁妆就行了。她不会回来和你争遗产。”方才解释道。

“男女平等,都可以要遗产,电视上《今日说法》我都看过了。”方方坚持道。

“这——”方才感觉自己理屈词穷，“那我们想要呢？”

“别想！”方方声嘶力竭道。

“方方，你一上大学，家里只留下你爸爸和我，多可怜，如果你有个妹妹和我们做伴就好了。”刘芳说道。

“那我常回来看看你们。”方方说。

“上大学在外地，回来不方便。”方才说。

“不方便啊，你得学习，放假才能回来，回来得勤了，得花许多路费。”刘芳说。

“那我天天打电话给你们。”方方说，他不想妥协，他感觉要个妹妹没什么意思。“如果你们要妹妹，不等她长大，我给她掐死。”

“……”这话让方才和刘芳面面相觑。

方才和刘芳决定偷偷行动，但是申报二胎，头胎必须有残疾才行。有人给方才说，没什么，只要报方方弱视都行。

方才带方方到医院做鉴定，路上方才和刘芳一再说，医生给他验视力时，只看三四行“E”就行了，方方说：“你们为什么让我说瞎话？是不是还是为了给我要妹妹？”刘芳点点头。

方方说：“你们别做梦了，我的眼睛一点五，一点也不近视，学校刚体检过。”

“以后你会近视的，上初中以后，你不近视也近视。我可以肯定地告诉你。”方才说。

“那时再说吧。”方方说道。

到医院验视力。方方的视力还是一点五，他一点也不配合父母塞红包的医生，医生也是无可奈何的样子，本想说到零点五就不验了，可是方方坚持要他验完，场面很是让医生不愉快……

回家的路上，方才和刘芳决定放弃这个指标，他们怕方方从此以后和他们较上劲了，影响他的学习和成长。

八、让孩子做性别的素友

孩子四五岁的时候，常会问妈妈："我是从哪里来的？"很多妈妈就显得很慌张，这孩子怎么问这个问题呢？我不能说是我生的，不然他再问怎么生的，我该怎么回答？妈妈感到难堪尴尬！为了遮盖这个令妈妈羞涩的问题，妈妈就理直气壮地撒了个谎："你是从河滩捡来的。"孩子一听，心里很是失落，甚至是恐慌：我不是妈妈的孩子。

女孩学着男孩的样子也站着撒尿，家长就呵斥，不能学小哥哥站着撒尿，女孩问为什么，家长瞪了女孩一眼，说叫你怎么尿你就怎么尿，反正女孩不能站着撒尿。女孩一脸困惑，但是不再站着撒尿了。

一位妈妈正在忙，忽然她的小囡囡跑来，问妈妈，"妈妈，妈妈，小弟弟都有小鸡鸡，我怎么没有？"妈妈一听瞠目结舌，很是无语。

其实，作为父母要正确对待这些事，逃避正面回答，只能加重孩子的好奇心，让这些问题成为孩子成长中解不开的小疙瘩。作为父母可以让孩子知道自己是妈妈怀胎十月，生下来的。告诉女孩，自己没有小鸡鸡是因为以后要当妈妈的，小弟弟有小鸡鸡以后要做父亲的。正大光明地告诉孩子，但是注意措辞让孩子懂，他就没有神秘感了，甚至可以让他们看看有关生育的光碟，他们就会受到教育。

到了青春期，男孩对女性的身体就更好奇了，窥探欲使他们时不时偷看女同学甚至其他女性的身体。一个青春期的男孩，经常对女性身体充满了想象，甚至到了着迷的程度，他后妈知道后，和自己的丈夫商量对策，他们怕孩子误入歧途，出现意想不到的后果。于是有天晚上，他后妈在家里，站在灯光下，让孩子看看自己的裸体形象，孩子看完以后，对女性身体的神秘感消失了，又能专心学习了。

因此在孩子性别教育上要及早——让孩子从小和自己的性别是素友，这是非常必要的。素友，也好理解，就是情谊纯真的朋友。

有关专家认为，对性的探索是人类的本能，随着孩子的成长，父母对孩子在这方面说什么、怎么说却成为了难题。其实，对性教育可以分成三块，分别是性，即男人女人的区别；性别，即让孩子预约接纳自己的性别；性安全。儿童早期所接受的有关性别问题的准则和观念，是青少年和成年后性心理的基础，对人的性格乃至一生有着重要的影响。

有人问起：“性别教育从什么时候开始？”答案是：“从出生时开始。”也就是说，性别差异并不仅仅只是不同的生物遗传，事实上，几乎所有的社会文化都赋予不同性别以不同的期待，男孩与女孩，他们从出生的那一天起，就必然地带着性别的标签按照其性别角色慢慢长大。

3—6岁是孩子性别意识形成的关键时期，在这个时期如果不能给孩子一个明确的“男女有别”的概念，长大后有可能出现性别混淆的情况，会带来许多家长不愿看到的恶果，给孩子一生带来许多痛苦。妈妈期望自己的男孩以后能文文静静，把他当作女孩一样梳妆打扮，梳个小头发辫，让他和女孩子玩女孩子的游戏，给他买布娃娃；父亲把女孩子当作男孩子培养，经常让她和男孩子玩游戏，为的是让她“野”一点……并且父母“重男轻女”的态度，会使孩子对自己的性别不满意。变性专家陈焕然博士指出，父母把女孩当男孩或者把男孩当女孩来养，会人为地造成孩子心理性别上的混乱甚至扭曲，他所接触的要求变性的案例中，30%由此原因造成。

一位妈妈很苦恼，她对我说，她十来岁的女儿经常穿男生衣服，到现在还是男生头发，不留长发。原来她女儿从小跟爷爷，三岁多才彻底跟她。周围人都批评她不好好打扮孩子，可没人知道她的苦心。“今天又吵吵要买男生衣服，怎么讲她都不听，我该怎么办？”

我说，这件事情上你得注意了，你需要纠正孩子“女孩男性化”倾向。给你女儿买男装可给她讲条件，同时买一身女装，让她轮换着穿。穿女装时，让亲戚朋友邻居说还是穿女装漂亮好看，还要告诉孩子，妈妈听到这样的评价很幸福！你要女儿幸福着妈妈的幸福，这样她会慢慢喜欢上女装的！另外，慢慢找到她为什么喜欢穿男装的原因，好对症下药！

后来她在这方面下了很大气力，现在这个女孩留了长发，喜欢上裙子，性格上也没有那么“疯狂”了。

中国人有种传统的幸福观，就是儿女双全，凑成一个“好”字。如果没有，那么退而求其次，给孩子找一个“青梅竹马”的玩伴吧。男孩女孩做朋友，男孩会因此更像男孩，女孩会因此更像女孩，这是最简单最自然的性别教育。

有的男孩小时候喜欢玩洋娃娃，发现这种情况，父母大可不必干涉，当然也不必鼓励，可以有意识地引导他玩“男性化”的游戏，比如警察抓小偷、舞刀弄枪等。

男孩要有男孩的腔调，女孩要有女孩的内涵。男孩子应该为自己是男孩而高兴，女孩子也应该为自己是女孩而自豪。父母则应该让孩子知道，他们对他们的性别很满意，这一点非常重要，父亲不能在孩子面前对母亲要“大男子主义”，母亲也不要在孩子面前大搞“女权主义”。

此外，让孩子要学会的健康的性别意识之一，是认为身体的每一个部分都是美好的，包括隐私部分。

方方系列故事之三十二

三岁看老

1.“老奶奶请你向后退一点。”方方身上斜挂着印有“小手拉大手·安全你我他”的绶带，挥动着三角小红旗，对骑着一辆破旧小三轮的老太婆喊道，她的小三轮前面两个轮子停在了斑马线上，后轮在斑马线外人行道边上，她这架势好像要争第一，想第一个过马路，看看她的年龄，给人一种“笨鸟先飞”的感觉。

“什么，你喊我老太太？你有没有礼貌？”老太婆狠狠地瞪着方方，“你看我这么大岁数了，你应该喊我老奶奶！”

“我喊的就是老奶奶。”方方理直气壮道。

“你喊的是老太太！我听得很清。”老太婆声音提高了没有八度也有六度，“什么素质，什么素质，嗯——你们老师是怎么教你呢？你得给我道歉！”

“我真的是喊你老奶奶。”方方听她这么出乎意料的一喊，声音露怯了，这个地盘只有他一个人，但是他没有做错，不可能道歉。

“你妈那个×，老师没教你尊敬老人？老太太能是你喊的？”后面过马路的可是一群人，她觉得这个小孩子这么一说，让她很没面子，张口就骂了起来。

“啊——”方方怎么也没想到这个老太太态度这样，还骂他，眼泪“哗”的一下子流了出来。

“喊你个老太太也没有喊错。”后面有人说道。

“怎么也该喊我个老奶奶，老太太是他这个小龟孙儿喊的？”老太婆扭过头去，满脸的皱纹与满头的花白头发很是配套，人们看着她，觉得她那皱纹就像干枯的菊叶刻到了脸上，头发灰白僵硬就像干枯的菊秆。

“就是啊，喊你个老太太能有错？难道你不是老太太？”又有人接着说。

“我喊的就是老奶奶，不是老太太。”方方边擦眼泪边哽咽着，纠正人们的说法，自己是这样喊的，没有错误，不能因为自己是小孩子有错就让大家原谅。

“她耳朵背，把老奶奶听成了老太太。”有人安慰方方道。

“谁说我耳朵背？”她扭着头吼道，“我眼不花，耳不背，背不驼。”

“就是素质不好。”有人小声接了一声，人群中一阵大笑。

老太婆没听清，脸上有些惘然，但是狠狠地瞪了大家一眼。

“绿灯亮了，走吧走吧。”有人说道，“以后别‘小手拉大手’了，谁想出来的馊主意，小孩子能拉着大人的手让他不违规？何况惹不起的老太太！”

匆匆的步履像决口的流水，很快流过去，也有一股水流了过来。

不一会儿，大队辅导员过来了，问是怎么回事儿，方方的泪越发多了，好不容易把经过说了一遍，老师拭着他的泪，望着已经远去的老太太磨洗得发光的后衣襟，又看着对角处警亭边的警察气定神闲，安慰道：“你做得对，孩子！要知道，做好事是要付出代价的，是会受到委屈的。”

2.“和我一起去吧，方方，我们老同学的小儿子结婚，你陪我去吧，明天正好星期天。”那边奶奶打着电话，想让孙子一起去参加婚宴。

“我和同学约好出去参加一个活动呢。”方方捂着听筒，征询的目光掠过爸爸妈妈的脸，他不喜欢参加什么宴席。

“不会又是‘小手拉大手’吧。”方才问。

“不是。”

“如果再去，我给你当保镖！”方才踱着步，“去吧去吧，你和你奶奶一起去，她会很高兴的。”

“方方！我给你说过，以后什么‘小手拉大手’这样的事你不能再参加了，雷锋你们是学不来的，现在这个社会环境你们学雷锋就是找扁。本打算这个星期我带你到新思维图书城去的，又去不成了。唉，想着你说的那个老不死的东西，我真想上去扇她两嘴巴，当时硬是我不在场。你们老师那一会儿上厕所去了，还是逛商店去了？”刘芳听见“小手拉大手”气不打一处来了，“现在是老龄化社会，老不死的特多，还事儿稠。”

“你？”方才一听，觉得她话里有话，胸中觉得一阵火往外冒，“咋说话呢？你这不是看着和尚骂贼秃吗？”他想着不能当着儿子的面吵架，就把“你妈你爸不也在‘老不死’的行列里吗”这句话生生咽了下去。

“好，我去，我跟奶奶去。”方方感觉家里气氛不对，赶紧挂了电话，说，“哎哟，哎哟，你们可别斗嘴，我妈妈不是说我奶奶的。”

“我说的是那个老太婆，说你奶奶干什么，你奶奶不会是这样的人，我也惹不起。”刘芳说，“我说的就是现在有些老太婆老头缠不起，他们摔倒了谁也不敢去扶，不然就赖你是你把她撞倒的。人家的理由还很充足，不是你撞倒的，你干吗扶她呢？”

方才听着，看了刘芳一眼，不语，这件事的确给他们家里添堵。

3.“啊？”方方心里咯噔一下，这不是那个老太婆吗？这么巧，真是芝麻掉到针眼里了，只不过这个老太婆今天穿着一身大红对襟唐装，看着方方是一脸笑意。

“这是我孙子！”方方奶奶介绍道。

“哟，长得真人才，真帅。”老太婆觉得有些眼熟，“上几年级了？”

“五年级。”方方看着她，想着上星期的事，心里阴影出现了，感到有些恐怖，眼圈发热，但他还是镇定地说道：“老奶奶，你不认识我？”

“不认识，今天才认识你呀。”老太婆先是摇摇头，然后扭过头对方方奶奶说：“你看这孩子多乖，多有礼貌，多有教养。前几天，我在那个十字路口走，一个跟你孙子差不多高的龟孙竟然喊我老太太，也不问我喊个奶奶，太让我恼火了，跟你这孙子比真是天上掉地下……”

4.回来的的士上，方方一五一十地对奶奶说上个星期天“拉手”那事儿的主角就是她这位老太太同学时，方方奶奶笑了一阵，说：“这个老龟孙什么事都能做出来。对了，方方，你不要想着她是个老人，就素质好了，诚所谓江山易改本性难移呀。她上小学都是个女痞子，不写作业，上学迟到，爱和男同学疯着玩，书包就被老师从教室里扔出去好几回了，上学纯是混的，初中没毕业就不上学了。你看看，到老还有这事儿，真是不想让人抬举。”说到这里，她止住笑，叹了一口气，又咬咬牙说道：“以后我见她这个老龟孙了，我不依她，一定给我孙子出出气！”

“原来如此啊。像这样的人就得惩罚她。”方方得意地说道。

“怎么惩罚她呢？”方方奶奶问。

“你看我今天中午吃得特饱，就是多吃她的东西。原来我认出她，想一走了之，怎能吃下她家的饭呢？后来一想，不能便宜这个老太婆，对，这个老龟孙，我就留下来陪你，我多吃她的菜，多吃她的肉，算是解解气！”方方高兴啊。

“哈，乖孙子，有心计，人小鬼大，做得对，咱跟人赌气，但不跟饭菜赌气，吃穷她个老龟孙！”方方奶奶扶了扶眼镜说道。

第七章

不能让孩子做的几个朋友

交友不慎，贻误终生。这里交友不慎指的是父母一要注意孩子交的都是什么朋友，千万不能交不良朋友，二是父母的行为举止不能让孩子误入歧途，是孩子不当的朋友，三是孩子身上不能有的毛病。比较常见的是“八戒”，作为父母的要上心，从小注意。

一、酒　友

酒友这里是三层意思，不让孩子与酒为友，父母不与孩子做酒友，也不能让孩子结交酒肉朋友。

酒的危害国人都清楚，对青少年尤甚。酒的重要成分是酒精。酒有麻醉作用，引起血管扩张，心跳加快，血压升高，发生急性酒精中毒。饮酒可能导致溃疡病和肝硬化，对脑细胞也有损害。成人经常饮酒都会给自己造成很大伤害，青少年的内脏器官发育还不成熟，对酒精等毒素的耐受力低，更易发生酒精中毒，会造成胃炎、消化不良、神经衰弱、发烧抽风、智力下降、营养不良、维生素缺乏等不良后果。少年学生经常饮酒，可能因上瘾而养成酗酒恶习。至于酒醉后要酒疯，其后果就更严重了。为了孩子的心身健康，家长一定不要纵容孩子饮酒，特别要杜绝“从小培养”、“点滴做起”，不要期望从酒的培养上让孩子能适应社会。

有这样一个令人痛心的故事，一个初三的学生初一、初二学习还很优秀，但是因为经常到网吧玩游戏，中招报名时被劝退，因为他已经错过了理化生加试。学生还想上学，于是家长央人托已四处找关系，最后有领导出面说服学校让他参加了中招，他很努力，见此家长估计他能考400多分，中招成绩出来了，重点高中分数线是530分左右，可是他才考了200多分。这个孩子对过去很是后悔，对家长说自己很想上高中，希望能给他一个机会。家长感觉很欣慰，感到看到了希望，又求亲拜友，掏高价上了本地一所重点高中。他上学的确是很努力，可是成绩并不见得有提升，因为基础太差了，已经跟不上趟了。一个多月后过完星期天，临回校，他要拿两瓶酒，他妈妈问为什么要拿酒，他说，晚上学习喝一口提提神，他妈妈问，老师让带酒？他说，老师让带。谁知第二天晚上，他喝了一瓶多酒有一斤多，"酒壮人胆"，他从学校的七楼上跳了下来。一个年轻的生命就这样陨灭了，令人扼腕叹息。他妈妈难道就不知道喝酒对孩子，接近成人的高中生来说也是危害很大的吗？当然，孩子的心事家长哪里知道？只知道给他提供好学校，不做他的好朋友，没有走到他心里，不知道他的心事，没有心理疏导，就会有这样的悲剧发生。

我那一对双胞胎儿子，小时候养他们精力毕竟有限，有一段时间小儿子李灏舟就住在他爷爷家，也就是他两三岁的时候，他爷爷家里来客人的时候总要设家宴招待，当然要喝两盅酒，他就好奇地盯着爷爷喝酒，他爷爷就用筷子蘸一下酒，让他尝尝，他感觉不到辣，当然能哄他吃两口菜，因为他吃饭比较少。这样他爷爷也开心，以后就经常这样逗他。及至他十来岁，有时能在酒桌上替我喝一杯，我觉得很有面子，很好玩。后来我们外出有事，他哥俩在家，他竟然把自酿的葡萄酒喝了一杯，见我们时满脸通红，坐在那里身体软得像根面条，把我们吓了一跳，赶紧下劲制止，看到我们两个大人大惊小怪、大惊失色地批评，加上他自己的感受，渐渐制止住了他喝酒的念头，到高中都没有再让他喝一杯酒，他也不再对酒有兴趣了。

方方系列故事之三十三

初中作业

“刚上初中有什么感受?”刘芳微笑着在门口迎候着方方。

“挺新鲜的。”方方取下书包。

“今天都上什么课了?”刘芳满怀期待,她也感到新鲜,希望能得到新鲜信息。

“英语、数学、语文、地理、音乐,明天还有历史课、生物课,这么多课。”方方说。

“方方回来了。”方才回到屋里,打断他们的话,向方方打招呼道。儿子上初中了,好像是一个新人,长大了,新的起点,得有新的气象,不能怠慢。

“回来了。”方方应道,伸出手与父亲击掌,然后摆出一个挽弓射雕的姿势。

“上初中了,和小学的要求就会不一样。”方才说,“老师都说了什么?”

“‘老班’对我们说,自今天起,你们就是一名初中生了,从今天晚上起,11 点前就不要睡觉了。”方方学着他们老师的样子说道。

“啊,11 点前不能睡觉。”方才顿觉不爽,以前 11 点自己可是早已酣然入梦,现在如果儿子还在灯光下苦读,自己去睡,这是不是有点残酷?他意识到自己以后也不能那么得劲儿了,得陪陪孩子写作业,上初中可是要决定孩子人生的走向呢。

“‘老班’是什么意思?”刘芳不解地问道。

“初中班主任都叫‘老班’,是刘老师自己说的,他说以后都问他喊‘老班‘就行。”

“哟,我还以为你给老师起的外号呢。”刘芳说道。

“哈,老虎拉车——谁敢(赶)。”方才听了笑道。“‘老班’,‘老班’,是不是‘老板’的意思?因为谐音嘛。”

“少说废话,老师可不是那种意思,别曲解了老师的意思,班主任俗称‘班妈’,妈妈俗称‘老娘’,让学生喊老班就跟孩子喊自己妈妈老娘老妈是一个意思……"

"老师还说了，我们做作业的时候，家长不能看电视、玩电脑。"方方打断他们的辩解。

"这个我们能做到。"刘芳边往餐桌上菜边说。

"好好，为孩子做点牺牲也是应该的。"方才说，他感到自己这是在痛苦地下决心。不让他玩电脑陪孩子到 11 点，这怎么熬啊？

"吃饭，吃饭。"刘芳饭也端齐了。

"不行不行，你们现在得到学校门口的书店买课时达标，去得晚了都买不到了，这是我们老班说的。"

"你们都有什么作业啊？"

"英语单词听写、默写课文，数学一个练习是奥数题，语文是一张卷子，地理写一个达标卷。啊哦，对了，音乐，音乐老师让买一个竖笛。"

"都什么啊，乱七八糟的东西。"方才听得脑子都炸了，"我们上初中可没有这么多作业，地理还有作业，这可是副科啊。"

"那时候条件差，吃得不好，穿得不好，学的科目也少，作业就少，知识面就窄，哪像现在的孩子什么都知道。"刘芳白了方才一眼，说，"得适应这种新情况。方才你去买'达标'，方方先吃饭，你买回来刚好赶上方方写作业，我等着你回来吃饭。"

方才应了一声，换鞋掩门买"达标"去了。

星期四晚上，方方到家满脸不高兴，刘芳忙问："咋了咋了，谁欺负你了？"

"没有啊。"方方把书包"啪"地扔在书桌旁。

"是不是老师批评你了？"刘芳心悬了起来。

"批评你了！你个乌鸦嘴！臊气嘴！"方方最不希望听到这句话。

"好好，只要老师没批评你就好。"刘芳知道老师的批评对孩子的打击更大。她这一会儿不在意方方说她什么。

"今天晚上，英语是一单元单词听写，第三课默写；数学课时达标两面，语文背默古诗唐朝王湾的诗《次北固山下》，阅读题一道；地理、历史课时达标练习一个，生物政治作业一面。真是使死老子了。"

这么多，估计 12 点也做不完。刘芳想到。"哪些作业老师改？"

“数学、英语都改，语文阅读题要求自改，古诗当堂抽查；地理历史那些副科老师不改，有时同桌对对答案。”方方说。

“做了不改，等于没做。这样吧，生物、地理考高中时不考，妈妈替你做，政治、历史中招时候开卷考试，我帮你找答案，你填写，怎样，你只要把主科学好就行了。”刘芳下决心地说道，毕竟主科学好就行了，副科对付过去就行了，做得多了，就是做无用功，耗时耗力不见效。

“好好，谢谢妈妈，以后都这样做，不过你得模仿我的字。”方方与妈妈击掌，感到压力小了一些。

方才回来，刘芳把自己的决定告诉了他，方才刚开始头摇得像拨浪鼓，后来听刘芳的解释，不置可否。

就这样这天晚上方方作业还写到了10:40。

又过了一星期，方方对妈妈说，老师不让家长替写作业。刘芳问老师点名没有，方方说没有，刘芳就说，管他呢，决定还是替儿子做这些作业。

二、烟　友

“烟酒不分家”，也不能让孩子与烟为友。不用多说，烟对人是有百害无一利的，烟的危害对成人都非常大，对孩子的危害就更大了。虽然现在每种烟每个烟盒上都印有“吸烟有害健康”警示，但是上瘾的成人想戒掉都非常难。

有人曾经总结烟的三个好处，我曾经写成一篇文章，现在看还是有点警示作用的。

现在为了告诫爱吸烟的人，有关部门要求香烟盒上印上骷髅图案，以警示人们少吸烟，不吸烟，吓退小烟民们。据有关数据表明，我国是香烟消费大国，3.5亿人喜好享受吞云吐雾的感觉。小烟民平均年龄为10岁左右，低龄化趋势越来越严重，少儿市场已经得到开发。

制定政策的人也不想想，不从源头上想办法，而在末节上下气力，怎么做都是枉然。你不生产卷烟，烟民没得吸的，不就制止住了。但是卷烟本小利大，给地方给国家税收带来无法估量的利益，怎么可能让卷烟厂关门？

从这一点上说,吸烟是一种爱国行动。

吸烟既然利国利民,利国上面我已经说了,怎么利民呢?有这样一个三字经说吸烟的好处:“贼不偷,狗不咬,活不老。”

“贼不偷”就是说吸烟有防盗功能。现在盗贼猖獗,夜半三更黑灯瞎火时,是小偷的作案良机。当他蹑手蹑脚到你家门前的时候,你因吸烟引起的剧烈咳嗽使贼子望而却步——你还没有入睡,他怎敢作案?他听到你一声连一声的咳嗽声会望风而逃。其实你是在睡梦里咳嗽。你梦里退贼,如果贼子在阳台,你的咳嗽会让他惊惶失措,有可能跌下阳台一命呜呼。看看,和平年代吸烟能吓死盗贼,也算是功劳大大的。

“狗不咬”就是说吸烟具有防身功能。现在几乎能养宠物的都养宠物,尤其是狗。狼狗、牧羊犬、藏獒、京巴……无不让人望而生畏。别的人怕狗,吸烟的人不怕狗。因为“狼怕一庹,狗怕一摸”。就是说狼怕人拿着一庹长的棍子打它,狗怕人弯腰捡拾石头砸自己。你想吸烟的人因咳嗽要咳痰,常伛偻着腰,像个大龙虾,一咳嗽,就弯下腰,状若捡拾石头,那吠叫着的家狗、流浪狗看见了,以为要挨砸,只会夹着尾巴狼狈而逃。你可以从容全身而过。

“活不老”就是说,现在人人都是谈癌色变,吸烟的人倒是天不怕地不怕,明知山有虎,偏向虎山行,好像癌能奈我何?人家都说吸烟能得肺癌,我吸烟就不怕得癌。得癌了,能提前驾烟云上西方极乐世界,享受仙境快乐,不用活那么大岁数,让人称自己是老不死的,讨儿女嫌,这样岂不两便?

因为熬夜写材料,我抽过烟,曾经一天两盒,也戒了好几次,不但早上咳嗽得厉害,不敢开口笑,牙根黑黢黢的,而且我的烟放在那里,两个孩子没事都学着我的样子衔一根烟照镜子,还让我们看,耍酷,为此我下决心戒烟。在闹非典那一年,我为戒烟专门去洁洁牙,现在彻底戒掉了,他两个到现在对烟都不再感兴趣。下面是一个反面例子,很让人痛心。

由于年轻父母管教不当,3 岁的小顽童明明嗜烟成瘾,成了名副其实的瘾君子。这样的怪事近日发生在安丘市关王乡某村。

明明之所以与烟成为“好伙伴,”缘于那年 4 月他与母亲去大姨家的一次经历。当时姨夫觉得明明机灵好玩,点烟时也递了一支给明明,未想到明明竟学着大人的样子吸了起来,当时家人觉得明明挺有趣,纷纷夸他聪明伶俐,对其吸烟之举未加介意。此后明明每见别人吸烟,总跑上去要烟,村人觉得小家伙可爱,也经常拿烟给他抽。明明每次接过烟,慢慢地吐着烟圈,轻轻地弹弹烟灰,有时挤眉弄眼,不时点头哈腰地做些滑稽的动作,引人发笑。明明吸烟上了瘾,父母很是心焦,赶紧采取紧急措施"亡羊补牢",但嗜烟成瘾的明明非但屡教不改,而且越来越"狡猾",在家里哭闹找不到烟时,就到大街上向人要,要不到时就捡烟头儿,然后,跑到隐蔽的地方如痴如醉地吸。明明的父母现在只好求助关王乡人民医院,为顽童根治烟瘾。

方方系列故事之三十四

英语培训班

"现在学好英语非常重要,以后到外国留学需要英语,外国人到中国旅游,接待什么的需要英语。"刘芳正在和方方同学刘东东的妈妈黄燕攀谈着,两人都在校园门口不远处等着接孩子。

"那是,初中升高中,英语和数学、语文一样满分都是120分,高中考大学,150分,占的比例比较大。"黄燕认可刘芳的观点,"现在啥都离不开英语,考研究生要英语,医生晋职称要考外语…… 多啦。"

"初中非常重要,是孩子们第一个有决定去向的十字口,学好英语也决定他们的人生走向。"刘芳又道。她有一个心思,想要黄燕的支持与配合。

"会门外语,多一份人生的选择,青少年时期基础打好,以后他们少吃亏。"黄燕不知道刘芳的话里还有其他目的,但是她支持"英语主要,学好英语"的观点。

"学外语也非常累。"刘芳说。

"不受苦中苦,难熬人上人。"黄燕说。

"你们儿子参加课外班没有。"刘芳见时机成熟,就问黄燕。

"没有啊,你们方方上了?"黄燕问。

"上小学四年级的时候跟着社会上的新概念英语班学了两年,"刘芳看了一眼飞驰而过的车辆,"你们东东以前没学?"

"断断续续学了两年,也不咋地,我和他爸不懂英语,也不知道学得咋样,心里不踏实。"黄燕摇头道。

"是啊,咱上学的那点外语,早配饭吃了,教不了他们,上社会班我们也不放心。"刘芳觉得话题得转到正题上,"要是能跟着他们的英语老师学就好了。"

"咋跟着英语老师学?"黄燕没听懂刘芳的话。

"也就是星期六、星期天让老师给他们开小灶,咱给钱。"刘芳眼睛盯着前方,余光留意黄燕的反应。

"是个不错的主意,咱给钱。再说咱们辛苦挣钱为谁呢?还不是为他们,一个月百儿八十的,给得起,老师也算收咱们的礼,多一点收入,上课再多关注一下,他们的英语不就上去了,学得好了,咱也省心了。"黄燕一拍手,高兴啊,这可是好事。

"这样吧,咱们分分工,给这个事办成。你组织十来个家长,再帮忙收个钱。我呢,联系老师,再联系教室,培训班不就成了,我们也不用担心他们外语了。"刘芳见黄燕思想上和自己高度一致,英雄所见略同,就没有什么顾虑了,直接开始分工。

两人这时还都有一种培训班创始人的感觉,心里热情似火。

她们俩给英语老师说这事的时候,英语老师开始不同意,感到不好意思,但是拗不住她两个的"实在劲儿",半推半就地同意了。

很快英语培训班就开始了。一个学生一个月80元钱,一期一交,每周上一个下午三个小时课。

方方学了一段时间,一天刘芳问他英语学了什么?方方说:"学的有新概念英语,课本上的提前讲讲,讲得比课堂上的细,还做英语试卷。"

刘芳听了,很是满意。

方才在一旁听了,说道:"方方,你要记住:要想不学英语,必须把汉语推向世界;把汉语推向世界,必须先学好英语。"

方方点点头。

初三时候，方方爷爷奶奶看到方方一家星期天回来看他们的次数越来越少，心里也有些难受，他爷爷就打电话给方才说："平时课堂学好就行了，再上课外班他们能好好听？再说外语下功夫大了，汉语就学不好，大脑就那么一点空间，英语占住了，汉语就少占了，你没看报道说上海现在青年人英语水平高了，汉语水平低了吗？"

方才一听，知道老爸的意思："方方星期六上午数学免费辅导，下午写作业，星期日上午学物理，下午学英语，晚上6点到9点学化学，化学找的是有名的老师，一小时25元，中考保证考分最多丢2分。现在初三方方忙得是放屁空都没有。"方才顿了顿又说道："抽时间放假我们回去看你们。"

方方爷爷听了，叹了一口气，看着老伴自是无语。

刘芳听了方才"汇报"的话，不满地说道："什么大脑空间有限？科学家还说开发大脑呢，大脑很多空间还空着呢。"

方才听了不言语。

三、赌　　友

赌在中国可是有传统的，但"十赌九输"，它危害着人们的心理和生理，能让人家破人亡，能让人走投无路，或走上违法犯罪的道路，或让自己的生命轻于鸿毛，留下可悲可叹的人生结局。父母给孩子留下金山银山，如果他爱赌，一夜之间会让自己的家庭回到"原始社会"，真可谓"辛辛苦苦三十年，一下回到解放前"。

俗话说：富不过三代。所谓"三代"，并非一个确切的时限，有的可能是当代、二代，有的可能是四代、五代，如今"富不过二代"现象频发，比常规的要来得快，这就令人担忧了。为什么会产生这种怪现象？一般地说，首代都是披星戴月艰苦创业、勤俭持家"打江山"的；后代由于家境优越，"大树底下好乘凉"，就可能贪图安逸了。他们从小享受父祖辈的福荫，依仗父祖辈的权势，要风得风，要雨得雨，享尽人间奢华，渐渐地就丧失进取心，不少成了"败家子"、"衙内"、"恶少"，横行一方，无所不为。人们没有想到，2011年前在无锡有一支婚车车队的豪华程度令人咂舌，被网友称为"无锡最牛×的富二代迎亲车队"。那场颇为招摇婚礼的新郎就是从事珠宝生意“钻石家族”的施“公子”。他在澳门豪赌输了15个亿,借媳妇家的8000万也输了,结果他离婚,企业破产,和父母一家三口人间蒸发。近年来类似这种富豪家族败落现象,屡见于新闻媒体,令人为之诧异。

林则徐写有一副对联:“子孙若如我,留财做什么?贤而多财,则损其志。子孙不如我,留钱做什么?愚而多财,益增其过。”意思是说,如果子孙后代像我这样能干,留钱给他干什么,他本来就很贤慧和聪明,我把钱和财产留给他反而损害了他奋斗的意志。子孙不如我,那留钱给他,反而使他好逸恶劳,坐吃山空。留的钱越多,他就越是胡作非为,越是增加其过错。如果孩子爱赌,再富有也会输得一无所有。

赌,最大的危害就是让人在不知不觉中迷失自我,陷入其中却难以自拔。有人认为小赌怡情,大赌才伤人,其实都一样,只是小赌的危害一时还显现不出来。

有的家长朋友家里设着麻将室,要么隔三差五来一回,要么天天来,对孩子也不回避,十块八块,五十一百,或者“斗地主”,孩子都看在眼里,即使不用心记,也会成为他的潜意识,“无心插柳柳成荫”,早晚他会对此感兴趣的。有个孩子妈妈在和其他妈妈聊天的时候,不无得意地说,我们的孩子三岁就认识“万”了,“三万”、“五万”都记得,是她抱着孩子搓麻将,没教他他自己说出来的。她在夸耀自己的孩子真聪明,这样从小受到熏陶,将来还怕成不了“赌圣”?有个上一年级的孩子组词是这样组的,白——白板,中——红中,九——九筒,鸡——幺鸡吧,条——老油条等,让老师哭笑不得。

方方系列故事之三十五

作　弊

方方满脸不高兴地回到家,细心的刘芳一眼就看出来了,但她没吱声,因为她深知期中考试正如火如荼没有结束,她听专家说过正考试时不要问孩子考得怎么样,这样影响他下面科目的考试,因此她感到不能乱插言,怕打断孩子的思路,扰乱孩子的心绪。她要等方方自己说出来,她装作不在意的样子。

果然，等刘芳将饭菜端到桌上，方方自己说道："今天数学考砸了。"

"考砸算了，下午还要考历史、英语呢。"

"不是一般的考砸了，是要算零分。"

"啊？"刘芳一听大吃一惊，忙问："怎么回事儿？"

"就是上午考试快结束时，李甲赫扔过来一个纸条，我刚打开，被监考的音乐老师发现了，她说我们传纸条，说平时你们老师都干什么了，没好好教育你们，考试作弊，将我们告到学校。我们俩的成绩都算零。"方方低着头说，眼泪也潸然而下。

"那你们是不是传纸条？"刘芳一听感觉心里一震，这可是非同小可的事，但感到狗咬刺猬——无法下口，可这是她要弄明白的。

"哪里是传纸条？"方方似乎满腹委屈，说话的腔调都变了，"李甲赫是和我对答案的，他传的纸条写的就是答案。"

"考场上怎么准许你们对答案？"刘芳说，"是不是你……不会让李甲赫给你传答案？"

"放你那麻辣五香拐弯出溜狗屁！"方方气得口不择言。

"你做错了，你还嘴硬。"刘芳听了方方发明的这句偶尔骂人话，心里还是释然一些：方方应该是无辜的。

方才回来听刘芳这么一说，不禁火冒三丈，但又"烧"不着东西——他不能打方方，正考试着呢，"投鼠忌器"，他苦瓜着脸对方方说："孩子，做人得有底线，你帮助他，考场可不是地方，做人要有原则。再说，要守规矩，不同地方有不同规矩，你要学会遵守。"

"你们老班说你们没有？"刘芳问。

"老班给我们训了一顿。还说数学老师的成绩也受影响。"方方心情似乎好了一些。

"那当然受影响，你们零分，一下子就把老师半期的功劳扔到垃圾池里了。分分，学生的命根，也是老师的命根。"方才说，但是他想这不对劲啊，得跟他们老师解释解释。

方才忙借故出去给班主任打了电话，田老师说，经据理力争，学校不再给他们零分，但是要通报批评他俩的"作弊行为"他才吁了一口气。

无独有偶。

方才这天晚上去接方方，左等右等不见方方出来，学校教室里的灯都熄了，方方还没有出来，他决定进学校找一找。门卫保安拦着他不让进，他打电话给班主任田老师，听出来田老师抑制住怒火，略显耐心地说道："我正在批评你儿子，他马上就下去。"

"他又犯什么错了，您告诉我，回来我收拾他。"

"事不大，就是今天的小考方方又传纸条了。"说完田老师挂了电话。

"又犯这样低级的错误？"方才对着手机自言自语。

方方狼狈地走了出来，脸上似有泪痕。方才见了，不言语，和他一起走出校园。

"跪下！"回到屋里，方才是怒不可遏，取下塑料扫帚把儿，对准方方的臀部就是几下，"上次算是白告诉你了，做人要有原则，小考又传纸条儿，你算是没一点儿记性。"

"你今天老老实实给我说说今天咋回事儿，不然今晚不让你吃饭，不让你写作业。"方才会审的腔调。

方方一声不吭。

方才又是几下，打得塑料笤帚把儿都弯了扁了，但是方方倔强地挺着，一言不发，一声不吭。

方才扔掉笤帚把儿，拎起拖鞋照着方方的脊背又是几下。打那么狠，方方竟没掉眼泪，方才心里想，这是怎么回事儿？方方这么顽强，真是没办法。

"打吧，打吧，打死去球！"方方瞪着墙不看方才。

方才一听失去理智，没头没脑地又朝方方头上打了起来。

刘芳见状，赶紧一把拉过方才，瞪了一眼方才。

"人哪能跳进同一条河流里？"这种表现刘芳感到儿子前途一片灰暗，看着跪下的儿子被方才打得浑身颤栗却咬紧牙关，一会儿又心疼起来，想起那句有哲理的话儿说了出来。她深呼吸了一下似是叹息，柔声问道："到底是怎么回事儿？给妈妈说说好不好，妈不想让你受委屈。"

妈妈的一句柔声话语让硬挺的方方一下子流出了委屈的泪水。

"老班第三节要让我们进行物理小考，他去开会去了，让我们班最差的尤里监考,反正他考不考一个样儿。他让我写写答案,他说他下去对对。谁知,他让坏学生都抄抄我写的答案,回来让老师抓住了。”

“你是不是有点怕尤里?”刘芳突然问道,她听说这是个劣种。

“是,有点怕,他坏哩很。”方方嗫嚅道。

原来如此,方才听了,心里一阵悲凉,这一刻真想找着这家伙揍他一顿,但转念一想,我揍他一顿,他父亲知道了能善罢甘休?他父亲再打方方一顿,冤冤相报,会没完没了,何况方方还有前途,这样方方的学习不就完了?这些孩子的家长也不想一想,这样的差学生到这出名重点初中上学能脱胎换骨?真是一个老鼠坏锅汤。

四、损　　友

“损友”就是对自己有害的朋友,对自己的品行产生不良影响的朋友,与“益友”相对。父母很早就把孩子送出去留学,实际上就是做孩子的“损友”。

不少孩子父母未等孩子身心发育成熟就急着把孩子送到陌生的国度,认为送得越早越好,国外的教育先进,学生课业负担小,尤其是大学好考等。其实中国的基础教育扎实在世界上是比较有名的,一般在国内完成高中学业比较好。我的一个朋友有四家企业,总资产几个亿,两个孩子现在一个上三年级,一个上四年级,就想把孩子送到澳大利亚去留学,说是为他们今后有个好的发展。这两个孩子学习一般化,其中小家伙调皮,上课不注意听讲,经常完不成家庭作业,是班级里的“留校生”。在国内有父母招呼还这样,送到国外就能脱胎换骨?外国的教育就是万能的?

一个十八岁的姑娘小娜,为了去新西兰考了三次雅思,可是只有高中英语水平的她屡次考试都没有通过,考到第四次总算是勉强过关,可是单为了这语言关,家里花了将近10万元。

原以为从此可以松口气了,没想到更大的困难在后头。到新西兰后,语言压力、心理压力,甚至是吃喝住的压力无时无刻不向她袭来。所有压力当中,最大的压力是她内心的孤独感。自从远离父母和自己的亲朋好友后,小娜为了排遣内心的孤独,于是就频繁地、长时间地打电话给国内的同学,有一次打电话竟花了200多美元！即便如此，她心中的孤独寂寞还是如影随形没有得到解脱。有时候她忍不住暗暗埋怨：父母为何忍心将自己抛到这个完全陌生的世界？

另一位在美国留学的小留学生小田说："很多父母一门心思把孩子送到国外读书，他们以为这样的决定是正确的，但是这样的决定忽略了我们自己的想法和意愿。我和身边很多中国留学生一样，最大的心酸是精神上的孤寂，这不是靠钱可以解决的。"

在加拿大留学的少女婷婷则真切地品尝到了受"洋罪"的滋味。有一次，一位当地的女同学因为一件小事看她不顺眼，拿着一瓶可乐从她头上往下浇，她感到十分难堪，羞怒难当，却只能回到宿舍里抱着被子哭个不停；还有一次，婷婷在超市里打工收银，不知出于什么原因，一位上了年纪的女顾客暴跳如雷，朝她大叫："中国猪，滚回去！"遭遇类似"洋罪"的并非个例。可是，当他们给家里打电话或写信时，几乎都是报喜不报忧，极少向父母吐露自己的苦楚。因为他们知道父母为了自己留学已经背负了巨额的外债，不能再增加他们的精神压力。想当初自己决定出国留学时，父母和亲戚朋友都倍觉光彩，同学们羡慕得要死，如今怎么好意思说自己在这里受尽委屈、倍感孤独？真是打掉牙齿往肚里咽，死要面子活受罪。

曾在加拿大留学多年的"大留学生"、华南师范大学教授周炽成归国后写了一本书《少年留学，三思而行》，批评了几种关于少年留学的非正常现象。

有些父母看到别人的孩子出国，就觉得自己的孩子还在国内读书是低人一等；有些父母还没有慎重考虑，没有通盘筹划就匆忙将孩子送出国，认为这很有面子……青少年由于年纪偏小，生活自理能力和应付复杂局面的能力明显不足，勉强"被留学"，结局往往不尽如人意：轻者使留学初衷不能实现，重者会导致孩子走上歧路，生活颓废，成为问题少年，甚至犯罪。出外本来是镀金，结果镀的是铜，甚至是一身泥土回来了，是不是得不偿失？

中国在20世纪经历了4次留学潮，专家从中研究发现，留学的最佳年龄应为23至27岁，而低于19岁则被视为留学的不佳年龄。经过调查，可以得出这个结论，历史上留学成功的人士，都是19岁以后才出国的，低于此年龄的留学生，人生观、世界观都没有形成，身心尚未发育成熟，脱离父母的监护，容易受到不良影响，很难独立应付留学生活的风风雨雨。

经验证明，如果家长执意送未满19岁的孩子出国留学，必须至少有一方陪孩子出去。孩子到国外留学后，家长别指望孩子打工赚钱，因为国外对少年打工有法律上的限制，而且对于一个来自异国他乡、没有工作经验、语言还不是那么通畅的孩子来说，赚钱比学业更有可能压垮他。

如果在小留学生上的投资失败了，所损失的不仅仅是金钱，更重要的是浪费了孩子的大好青春，甚至是让他们美丽的梦想破灭，那是任何东西都无法弥补的。

我认为，选择孩子出国留学的时机，要考虑孩子的实际情况。如果孩子的学习成绩不太理想，在国内考不上一所理想的大学，可以出去上高中。如果孩子的高中学习成绩非常优秀，在国内可以考一所名牌大学，完全可以等到大学毕业以后再出国读研究生，这样既可以节省大量的留学费用，又可以使孩子的世界观、人生观基本定型，到国外去留学也比较放心。如果是读大学期间出去，一般出去以后还要读语言学校，先过语言关，还要重新上大学，形成学习上的浪费。

方方系列故事之三十六

广　告　纸

期末考试结束后方才接着方方去饭店吃饭，为他祝贺，也是安慰。他们深知孩子过这一关的不易。

刘芳点了几个方方爱吃的菜，方方却闷头不语，她感到方方的表现有些异常，不是考试不好，但是好像是心情也不畅荡。以前方方每次考完试都是兴高采烈的，不是说都会就是说考得好。

刘芳意味深长地看着吐烟圈的方才，方才因儿子考试完而放松，没有看懂刘芳的心思。方才这几天忙啊，他每天准时接送方方，推掉所有的应酬，方方复习考试，饭菜要照菜谱做得可口，吃的时候热凉舒口——他亲自做菜，他不放心刘芳，方方喜欢他做的饭菜，说他做的饭菜有味，因为他常在外面吃饭，见多识广，摸索着做几样，味道受到儿子的热捧，自然乐意做。他调剂着让方方吃好，三顿饭菜品种不一样，变化着，他用心做事当然也很上心，半夜上厕所都小心翼翼的，生怕打扰了方方的睡眠。他不想打听孩子考得怎么样,中等靠上的成绩保持着就行。他心里有底,学生们竞争激烈,想跃进难度大。

“方方,考得怎么样?”刘芳还是憋不住了。

“妈,老班今天打我了。”方方答非所问。

“咋打你了?”方才一听头懵了,被老师打是不是考试又作弊了?被老师体罚,那可是坏学生的象征啊。

“就是老班给我们一人发一张广告纸,配眼镜的广告,我把它揉成团扔了,老班拿起我的作业本就朝我头上打了几下。”说着,方方眼圈一红,眼泪流了出来。

方才一听,心里松了一口气,但是仍暗暗骂了一句,这什么事儿?这龟孙老师敢打我孩子,太不像话了,他嘴上却说:“你不该当着他的面扔广告纸,你这是给老师难堪,你想扔等他不在班里时扔,或者出校门扔?戒急用忍,识时务者为俊杰嘛!”

“别的同学把广告纸叠成飞机扔他也打了。”方方说。

“天塌压大家,不是你一个人,我还以为是你一个人呢。你们老班以前不是不发广告吗?”刘芳听方方这么一说,心里难过得要流泪。这年轻的老班太不像话了,干什么事都是简单粗暴,经常送礼也难维持住他,但是嘴上没有这样说,她决定今年春节“免礼平身”。

“一定是他亲戚开的眼镜店,下这么大功夫。”方方揉干眼泪,咬牙长出一口气,“以前的广告纸学校让他拿来他也没发。”

“这是你的不对,不管老师发什么都是为你们好,他以前不发广告纸,成沓的广告当成废纸说明那些广告不好,现在发广告是因为这广告为你们着想,比如眼镜好,有优惠为你们推荐一下,你眼睛近视了,而你却不让老师关心你的视力,他由爱生恨,恨亲恨亲的!”刘芳赶紧给老师解脱。

“这些人请过你们老班,吃人家的嘴软,拿人家的手短,拿人钱财替人消灾,这很正常,以后你可不能吃这样的亏了。”

看着方方一声不响地吃着饭,方才心里也闪过一念,今年过节礼就免了吧!他心里此时还有些气,他手有些痒了,他想捶老师一顿。给方方转走,转到别的学校,但是初三只有一期了,转学可不是吹糖人的,算了,在人家下巴颏下求涎水,低低头就这半期了。

五、贼　　友

古人云,利则相攘(争夺),患则相倾(倾轧),贼友也。贼友就是那些利害倾轧,两面三刀的人。当你一帆风顺时,他以朋友的面孔出现,阿谀奉承,亲热异常;当你有个三灾六难时,他又会为自己的得失,出卖灵魂,落井下石。与这种人交朋友,正如纸孩子玩火,到头来烧掉的是自己。这里我说的当然不是这个意思,父母不会与孩子争夺利益,我说的是很多家长在早恋上对孩子有一种小偷的态度,家长“高度紧张”,偷偷地“盯梢”,都如贼一般。

歌德先生说过:“哪个少年不善钟情,哪个少女不善怀春?”孩子进入青春期后,早恋没早恋,仔细观察会发现一些端倪,孩子早恋的信号大致有以下几点:

1. 孩子变得特别爱打扮,十分注重修饰,常对着镜子左顾右盼,从前早晨起床洗漱完毕才5分钟,现在磨磨蹭蹭半个小时也没搞定,要求父母添置时髦服装,不是名牌就不穿。

2. 原来学习成绩较好的孩子,突然学习成绩下降,上课时注意力无法集中。

3. 活泼好动的性格,突然变得沉默,不愿和父母多说话,对弟妹的态度变得粗暴起来。

4. 放学回家喜欢一个人躲在房间里,或呆在一角想心事,时常失神发呆。

5. 情绪起伏大,有时兴奋,有时忧郁,有时烦躁不安,做事没有耐心。

6. 对描写爱情的文艺作品特别感兴趣,对电影、电视中的爱情镜头特别关注,目不转睛。

一般说来,朦胧的早恋是横亘在绝大部分青春期的孩子面前的一条小溪,能否跃过去,需要父母的引导,如果引导不当,孩子会沉溺其中,影响一生。对于已有早恋问题的孩子,学校和家长都要冷静处理,正确引导,不要声张,更不能搞得满城风雨,因为他们正处于青春期,逆反心理强;另一方面可能对孩子今后的人生也留下心理阴影,如在恋爱和婚姻方面。要晓以利弊,动之以情,引导他们解脱。还有一点很重要,要尊重孩子的人格、情感和隐私。在对有早恋问题的孩子进行疏导时,注意适度,把握分寸。只需把握问题的关键和实质,不必过分追究具体细节,以免造成对孩子隐私的侵害和自尊心的挫伤。只有大家一起帮助孩子们走出早恋误区,他们才能健康成长。关注早恋,家长的态度是关键,父母要做的就是与孩子一起面对青春期的躁动和困惑,找出问题发生的原因,才能真正解决问题。早恋的未成年人,尤其是造成严重不良后果的孩子都有其不同的原因,有的是家庭不和,孩子长期得不到关爱,转而在同龄异性身上找到心理寄托;有的是电视、漫画等引导加上年幼对两性问题不懂而造成不可挽回的后果。一位叫婉茹的家长在她的博客里写下了自己的经验,她说家长千万不要谈"恋"色变。作为身处纷繁多变社会里的青少年,由于身心的巨大变化,"早恋"常常成为他们绕不过去的情结,有的甚至付出巨大的代价。作为家长要做的是疏导,而不是高压手段。同时,家长要负起必要的监护责任。她建议家长对孩子监护严格一点,如规定回家的时间,不要给孩子们亲密接触的机会;多给孩子贴心的关爱,多倾听孩子的心声。这位家长称她主张三多——"多鼓励,多关爱,多赞美。"三不——"不挖苦,不埋怨,不放弃。"

其实,在很多发达国家,并不存在"早恋"一词。如果孩子上高中还没有谈过恋爱家长就会带他去看医生,家长会认为自己的孩子是自闭症或性趋向有问题。在日本、美国,家长最担心的不是孩子过早地对异性产生好感,而是某天孩子告诉父母他喜欢上了一个同性。

国外的孩子包括小学生如果喜欢上某个人,他们会告诉父母,寻求解决方案,父母会帮他们出谋划策。如果上初中的孩子有"性"的想法,家长一般不会直接干涉或制止,而是告诉孩子会有什么样的后果,以及提醒孩子做好安全措施。这都值得中国父母借鉴。既要做到在他们面前掀起性教育的面纱,还要引导他们避免过早地偷食禁果,同时还要告诉他们如何安全避孕,让孩子们树立安全健康的性意识和避孕知识。下面是一个关于早恋的悲剧新闻故事。

日前,宜宾县警方破获一起16岁少女毒杀父母案。令人惊异的是,此案的发生只因父母不准该少女"耍朋友"。

据了解,该少女叫晓芳,家住宜宾县隆兴乡双石村。去年7月,经人介绍,晓芳同该县观音镇双渔村一20余岁的小伙子邓某"耍朋友",继而偷食禁果。今年5月,晓芳做了引产手术后,父母不准晓芳与邓某来往,并采用打骂、罚跪等手段加以阻止。晓芳认为父母管束太严,遂与邓商量毒杀父母。9月15日,晓芳中午做饭时将灭鼠药放在炒好的蔬菜里,父母食后呕吐不止，其母在送医院途中死亡，其父经抢救，保住性命。目前，晓芳及邓某已被刑拘，此案正在进一步审理之中。

方方系列故事之三十七

体育加试

“爸，教委你认识人不？”方方一进屋，就问爸爸。

“教委认识不认识人怎么了？”方才见方方这么问，一头雾水。

“今天我们发理化生加试准考证，和体育加试一个证，我们老班说了，都要动用自己的关系找人，确保体育30分不失，认识教委的人更好。”方方充满希望地望着方才的脸。

“理化生加试不用找人？”刘芳问道。

“理化生一般没事，我们经常做实验，老班说99%的都能过，这15分等于白送的。”方方说。

“都能过还考试啥？”刘芳有些疑惑。

“不考，谁还做实验？”方才说，“如果体育不加试，初三他们都没人上体育了，你想他们时间多紧啊。这一考试，学校才重视，不然他们的体质会更差。”

“中招这占30分，1分也不能丢，这分可是考家长的。”刘芳道。

“上一中少1分可是一万八啊，说什么也得找人。”方才说，“没事，牛皮不是人吹的，火车不是人推的。娃子，你放心，老子一定让你得满分。教委咱不直接认识人，但是咱有资源，你欧阳表叔的同学在教委上班，我找你表叔就行了。”

“我们老师说了，找人请客送点礼塞个红包，30分没问题。”方方说。

“你只管好好学，这个不用你操心，该花多少钱我们有准备。”刘芳说道。

“我以后早上也不用拼命练跑步、练跳绳了。”方方解脱一般。

“该锻炼还要锻炼，你不能差距太大，比如跳绳规定180下是满分，你至少一分钟跳120下，150下更好，这样人家也好给你添分，如果你一分钟只跳 80 下，差距不是更大了？给你添分太明显，弄不好会有人咬糟，作假也要作得像。再说身体锻炼好没错，‘身体倍棒吃嘛嘛香’。”方才开导方方。

“那你现在就联系，联系晚了恐怕找的人多。”刘芳看着方才道。

于是方才就“现场办公”，开始给这个叔伯老表打电话，可是打了几个都是忙音，看着刘芳万千温柔的表情，他想表现一下，就再打。后来终于打通了。

这个老表从电话里说，已经好几个人找他朋友了。

方才说：“不管几个人找，咱孩子的事是大事，一定得满分才行。你明天晚上约他出来吃顿饭，我们一起坐坐。”

刘芳把耳朵贴到方才的手机上，清晰地听到手机里老表说：“坐就免了吧，请吃饭这两天排不上队。不行这样吧，你准备两千元钱，把方方的准考证号发到我手机上就行了，我给他钱时，我再传到他手机上。”

“好咧，2000 元就行，不用请客了？”

“省你一顿吧，不然的话你得请客，还得送礼。去年一个同事的小孩体育加试我都是这样办的，最后，满分。咱们啥关系呀，能省则省。”

“我以后请你。”

“没问题。”

关上手机，方才对方方说：“儿子，没问题，一个电话解决问题了。”

“耶！”方方与笑吟吟的妈妈击了一下掌，心里一块石头落了地，但是还是有些不舍：“找人还得 2000 元？”

“嗐，这不是你操心的事，写作业去吧。”方才说，“要知道空口无凭，有钱能使鬼推磨！”

“现在都是这样办事的。只要你能考上一中，两万妈妈也舍得。”刘芳心里甚是畅快。

方方右手伸出“V”字，用力挥了一下，写作业去了。

六、恶　　友

“猛兽不可畏,恶友不可不畏。因猛兽只破身,而恶友则破心”是说猛兽不可怕,品行坏的朋友才可怕。猛兽只是伤害你的身体,恶友却能伤害你的心。

父母打骂孩子,其实就在做孩子的恶友,这是一种家庭暴力。家庭暴力,顾名思义,是发生在家庭中的、有婚姻关系、血缘关系和收养关系的人之间的一种暴力行为,这种暴力一般是对身体的摧残、折磨、伤害,手段多采用殴打、限制人身自由等残害身体健康的行为。对未成年人的家庭暴力,指的是家长滥用打骂等方式管教孩子,给孩子身心造成极大伤害的暴力行为,就是孩子的“恶友”。

在我国,“不打不成器”的传统观念仍然很严重,许多家长认为打孩子天经地义。虽然现代父母暴力惩罚、打骂孩子的现象已远远不如以前那么频繁和严重,但不代表这种伤害就消失了。中国首份亲子交流现状调查报告显示,7 成以上的家长曾对孩子实施暴力。一个青少年研究所在对独生子女父母教育下一代方式的调查中发现,一半以上父母会采取打骂的方式教育孩子。

调查中,承认“经常打骂孩子,不打不成器”的有 5.94%;承认“偶尔会打骂孩子,孩子气得你没办法”的高达 48.51%;表示“从不打骂孩子,打骂孩子是家长无能的表现,也是违法的”有 36.63%;选择“其他”的占 8.91%。

调查显示,有一半多家长的儿童权利意识、法律意识淡薄,对孩子缺乏足够的尊重和理解,当孩子出现问题时,采取打骂这种最简单粗暴的方法来解决。周女士说:“在中国,可能家长权利在没有监管的前提下,多数人会像我一样打孩子无所顾忌。”

看看孩子对施暴的妈妈的评价——在外面特和气的妈妈,在家有时像魔鬼。

10 岁的安安品学兼优,每天送他上学的漂亮妈妈和蔼可亲,这样的家庭总是让人羡慕。然而安安的同学却不止一次听到他的抱怨:“你别看我妈在外面跟谁都特和气,但回到家就不是那么回事了。”据安安的同学反映,安安的妈妈为了能让安安小升初时上一个重点中学,从小学一年级开始就给安安报了各种课外培训班。“有时因为我想多玩一会儿或是单词少背了几个,我妈妈就会用尺子甚至跳绳打我。”安安委屈地对记者说。“有一次，要不是我躲得快，我妈妈从厨房里扔出的飞刀就扎着我了，我们家墙上至今还留着那个小刀子扎过的痕迹呢。妈妈有时看起来像魔鬼……”

同样，安安的同学机灵可爱的小龙提起自己的挨打经历也是一肚子的委屈，“我爸一般急了就用他的皮带打我，挺疼挺疼的。”小龙说，有一次自己的数学考得不理想，没敢给家长看试卷，就自己模仿爸爸的笔迹签了字，但最后还是被老师发现告诉了家长，“那次我印象特深，好几天屁股上的红印子都没掉。”

有人问：“那你以后还敢不给你爸看卷子吗？”

“不敢了。”小龙笑着说。

记者在北京一所小学门口随机采访了几名小学生，在听到“是否在家里有挨打经历”时，多数孩子都是点头承认，“爸妈也是为我好，尽管他们气急了会打我，但‘挨打’并不经常发生。”

新罕布什尔海大学研究员斯特劳斯说：“常挨打的小孩不是变得比较笨，而是认知能力的发展会较迟缓。”

斯特劳斯和帕斯查尔是该大学家庭研究中心的研究员，他们共同撰写的报告指出：从小常挨打、挨骂的小孩在智商测验中平均得分为 98 分，不常挨打或几乎不曾挨骂的小孩平均得分为 102 分。这 4 分之差可能来自于不打小孩的父母亲花较多的时间讲理、解释。有些父母认为这岂不白费时间？但研究显示，语言上的亲子互动有助于提高儿童的认知能力。

父母打孩子往往出于一时冲动，大多没有经过深思熟虑，但如果经常打孩子就会造成不可弥补的严重后果。

一是说谎。有的家长一点发现孩子做错事就“打”，孩子为免受“皮肉之苦”，于是就“阳奉阴违”、“瞒天过海”，久而久之，就养成了说谎的毛病。二是粗暴。家长打孩子的示范效应，会让他用同样的手段“教训”比他小的孩子，并且会“一脉传承”下去。三是固执。打孩子损害了他的自尊心，对家长就会产生对立情绪、逆反心理，和家长“对着干”，你让他往东，他偏要往西，以示反抗。四是懦弱。经常挨打的孩子有的胆子会变小，看见家长就成了“避猫鼠”，对大人的话“惟命是从”，渐渐就会自卑懦弱。五是孤独。经常挨打的孩子会感到“孤立无援”，促使孩子的“排他”倾向，沉默、压抑，不愿意和别人交谈。

其实，你想打孩子，在打之前，你可以先问自己几个问题：①如果孩子有能力还手,你还会打吗? ②如果你的亲朋好友不听你的话,你会打吗? ③如果孩子犯的错有你的责任,你还打吗? ④你自己以身作则了吗? ⑤你从孩子的角度考虑问题了吗? ⑥除了"用拳头说话",你没有别的选择了吗?

让人感到欣喜的是,如今信奉"没有不好的孩子,只有不合格的家长"理念的人不在少数。有一个小学生的家长冯先生就是持这种观念的人,"打孩子是愚蠢的行为,我坚决反对打孩子,打孩子是父母没有用科学方法教育孩子的一种表现"。父母打孩子往往出于一时冲动,大多没有经过深思熟虑,但如果经常打孩子,就会造成不可弥补的严重后果,使孩子产生不良心态和心理偏差。诸如懦弱、孤独、固执、粗暴、阳奉阴违等等。此外,儿童时期的孩子能够清楚地记住父母对自己曾经的暴力行为,给心灵蒙上一层阴影。

我们看看下面一个孩子生命的代价换来的教训。

孩子的屁股也打不得

据报道,兰州有一男孩平时很顽皮,学习成绩又很差,考试总是挂"红灯"。他爸爸既急又气,将其按在床上,用手掌连续打屁股40余下。孩子被打后臀部剧痛难忍。第二天臀部严重红肿,不能坐立,紧接着发烧,尿少,嗜睡,经送医院抢救无效死亡。法医鉴定认为该男孩被其父掌击臀部后,因局部组织坏死分解,有毒物质进入血液循环,继发外伤性休克致死。

一般认为,孩子的头、脸是要害部位,打不得,但屁股上肉多,打了没事。其实,这是一种误解。经常打孩子的屁股,当用力较轻时,虽然不会直接造成肌肉、肢体的损伤,但疼痛的感觉会通过神经中枢的传导,使大脑受到刺激,这对孩子的精神、心理与身体发育极为不利。此外,经常打孩子易使孩子从小养成虚伪、说谎的坏毛病;个性倔强的孩子越打越倔强;个性软弱的孩子则变得胆小懦弱、畏首畏尾;出于一种发泄和报复心理,孩子会养成动辄打人、欺弱畏强的不良性格。

孩子的臀部肌肉组织比较柔软娇嫩,若打屁股的力量过大,容易引起挫伤,导致体表毛细血管破裂,使孩子臀部出现广泛性疼痛。打孩子的屁股,还容易累及肾脏。受伤后的肌肉组织会分解出一种叫作铁卟啉的物质。这种物质可以引起微循环障碍,影响肾小管的吸收与排泄作用,使肾功能出现异常。少数严重者甚至继发外伤性休克。

所以，孩子不听话时，应进行耐心细致、循循善诱的说服教育。

方方系列故事之三十八

看电视

初三下学期都过半了，方方还边看电视边写作业，作业写完，接着看。

每到这时，方才已是酣然入梦，刘芳也熬得哈欠连连。

“别看了，睡吧睡吧，我的宝贝。”刘芳打着哈欠，催促道。

“你先睡吧，我还得复习一下。”方方不耐烦地拿出历史课本。

“好好，复习完就去睡觉。”刘芳睡觉去了。

“狭路相逢要勇于亮剑”，方方看着电视剧《亮剑》，觉得心中充满了豪气，比起课堂来说，吸引力要大 3 倍。

班主任田老师见到刘芳说：“方方最近上课老走神，作为家长，你们要找找原因。”见着老师刘芳腿就软，听了老师的话她唯唯诺诺。回家见到方才，她才找到了当家的感觉，说话也清晰起来。

“最近方方上课老走神。”刘芳对方才说。

“怎么又走神了，你问问，不行我揍他。”方才感到是个问题，可是除了揍方方，自己觉得手里没有什么法宝。使方方听话，自己的拳头就像铁塔李天王手里整日托着的那个铁塔，否则哪吒哪里把他这个父亲看在眼里。

“在家我们能看着他写作业、预习、复习，到学校我们就鞭长莫及了。”刘芳分析道。

“在学校就是老师的事儿，可是他不听讲，我们总不能拽着他的耳朵往里边倒吧。内因不动，使死先生，内身力不到，家长急得乱跳。”方才踱着步说。

“是不是方方谈恋爱了。”刘芳自言自语，“可是方方也不是这么早开窍那种人，应该不会吧。”

“一切皆有可能，现在电视上的多不健康，什么情啊，爱啊，说亲就亲，把学生们都教坏了，回来我们严刑拷打阻止他。”方才说起打儿子，感觉自己在家是权威,挺直了腰杆,的确是一家之长。

“是不是,看电视看得多了,思想抛锚了,看电视看得时间长了,上课打不起精神?”刘芳说道。

“你爱看电视,电视就是你的情人,你的第二个丈夫,爱看电视这个基因遗传给了儿子。”方才一听刘芳提起电视,怒火不打一处来。

“看看看,儿子学习要完蛋。电视我砸了就安生了。”说着,顺手将茶几上的一个茶杯砸在电视上。“哗啦”一下,电视荧光屏破了。

刘芳好像输了理,虽然恼怒方才这样做,砸电视能是个好方法?但是长痛不如短痛,一时也没办法。

放学后,方方进屋一如既往,放好书包,摆好作业,去开电视,方方看见电视破了,就说:“电视咋了?”刘芳说:“最近你上课老走神,就是看电视看的了。写作业要专心。”

方才说:“初中三年级多重要,决定你一生的去向,你就别看了,考上大学想咋看就咋看。”

“不行,不看电视,作业写到九点半我就困得写不下去,可是每次都要写到11点多,你们把电视砸了,换个新的,不然,今晚我就不写作业。”

“不看电视,你可以专一写作业嘛。”方才说。

“不行,不行,你们不想让我看电视,我就不上学了,上学有什么意思?整天就是考试,考试做卷子,日他妈,我恶心死了,上学上学,唉!”说着,把书包推到餐桌一旁,难受地哭了起来。

两人没辙了,方方这样的表现大大出乎刘芳、方才的意料,方才准备的鸡毛掸子也放在一边了。

“买电视,明天买,好不好,你先写作业。”刘芳既气方方,又恼方才,两个月又白干了,电视怎么说砸就砸呢?

方才、刘芳第二天买了一个液晶电视,但是心里也不好受,总觉得心里窝一口气。

“上初一还没有这个现象,晚上还能熬,上初三关键时候,晚上做作业还得靠电视,真是不像话。”方才说。

“积劳成疾,连着几年都这样,孩子们受不了。”刘芳说,“现在他们正处在逆反期呢。可是这也不是法,写作业得有电视陪伴,我们陪着就不行,怎么办呢?"

刘芳想了半天,不知道怎么办才好,想起来"逆水行舟"这个词,她眉头一皱计上心来,就对方才说:"这几天让方方好好看电视,别拦着他,你少说话。"方才不知道她葫芦里卖的什么药,点点头。

中午方方到家,刘芳主动打开电视,说道:"方方,快看电视,新闻三十分,还有星光大道,看什么?"

方方看着妈妈笑了,接过遥控器。

下午放学,方方刚进屋,刘芳说:"快点儿子,看电视,妈妈给你打开电视。"

方方怡然自得。

吃饭了,刘芳说:"快,儿子看电视,电视拌饭,好吃。"

方方脸上掠过一丝不快。

吃完饭,方方准备写作业,刘芳又道:"儿子,看电视,边看电视边写作业,能打开思路。"方方只要低头写了一会儿作业,刘芳就喊他看电视。

方方瞪了一眼妈妈。

第二天早上,刘芳起来就打开电视边开边说:"方方,快起嘛,看电视。"

……

一连两天刘芳都这样喊方方。

后来的一天晚上,方方又写作业时,妈妈还是那一句:"方方,快看电视,边写作业边看电视,作业能写完!"

"妈妈,你烦不烦,啰啰嗦嗦的,你让我看电视,我偏不看,我不看电视了!"方方简直就是一只被惹恼的狮子,咆哮着。

刘芳一听,放下心来:总算成功了!儿子不看电视了。

七、钱　　友

让孩子与钱为友,容易被钱牵着鼻子,歧路亡羊。

最近看到这么一段话:穷人的孩子上学读MBA,是为了以后挣钱。富人的孩子读文学,是为了享受钱的感觉,而富人的孙子读的却是鉴赏和收藏,至于孙子的儿子,则要考虑怎样保持不破产了!

可以看出,这是一段非常有意思的话,它不但比较形象地勾勒出了贫富家庭之间,家庭成员的生活意识形态,也把金钱在人们心中的无上地位准确地表现了出来。

从上面这段话也可以看出,金钱贯穿人的一生!而事实正是如此,因为至今也没有人敢说:“我的一生不需要钱!”而最现实的道理也恰恰就是“金钱虽然不是万能的,可没有金钱却是万万不能的!”

但是,切莫让孩子有金钱万能的想法,从小就崇拜金钱。孩子喜欢钱,本身并不是一个“可怕的问题”。但是传媒的不当宣传、家长的不当引导、成人社会对金钱不恰当地运用所造成的“示范效应”,却可能使一些孩子从小形成“拜金主义”的价值观——“金钱至上”,“金钱万能”!给他们未来的人生道路留下巨大隐患。现在的孩子花钱不节制,家长又不想让他受父辈的苦,孩子要一块给十块,过生日让孩子和自己的同学、朋友到大酒店消费等,都在误导着孩子。

11 岁的肖肖是贵州省某县实验小学的学生。肖肖有自己的存折,每年的压岁钱收了多少,他对谁也不透露。肖肖喜欢过年,他说春节是他“领工资的时间”,大人们每个月发一次工资,而他每年发一次工资,“要是一年多过几次年就好了”。与对金钱的渴望越来越强烈相对应的是孩子对艰苦生活的不了解和不适应。据肖肖的家人说,今年春节,到乡下老家探亲的肖肖刚到乡镇就嚷着要去逛街。当他发现“街上连超市都没有,而且电视只能收 5 个频道”时,立即表示不能接受。

9 岁的冉冉与肖肖同在一个学校。跟着大人进超市购物,冉冉会毫不客气地随手拿起他喜欢的东西就放进购物车里,并且不看价格。当大人让他倒杯水时,冉冉会说:“你给我多少钱?”———他开出的价码是倒一杯水 10 元钱。这是失败的家教。

法国的卢梭说:“金钱不能买到灵魂所需要的东西。”的确,金钱能买到婚姻,但是买不到爱情;金钱能买到高级睡床,但是买不到睡眠;金钱能买到书籍,但是买不到知识;金钱能买到贵重药品,但是买不到健康;金钱能买到文凭,但是买不到真才实学;金钱能买到仙丹,但是买不到生命。至圣先师孔子说:“君子喻于义,小人喻于利。”

“钱财如粪土,仁义值千金”,这是一种正确的金钱观。持这种观点的人认为,不是什么事情都可以用金钱来代替、衡量的。

英国的思想家培根说得好,钱应当用正当的手段去谋求,应当谨慎地使用,应当慷慨地用以济世,而到临死应当无留恋地与之分手。他说的就是君子爱财,取之有道。这就是我们对待金钱的正确态度!“小时偷针,大时偷金”这样的故事屡屡发生,就是因为对待金钱的态度出现了偏差。

有一句名言:“金钱是好仆人、坏主人。”是做金钱的主人,还是做金钱的奴隶?孰是孰非,我想,做父母的看到这里都会考虑这件事。

方方系列故事之三十九

打　劫

“你看看”,方才刚进屋,正低头换拖鞋,刘芳就将一张彩页广告递过去。“让我换好鞋再说好不好,什么广告你这么上心?”方才险些跌倒,有一丝愠色,身子晃了几晃,才站好。

“还不是为你儿子的。”刘芳看他脸上呈现一丝不快,脸上掠过十分不快。

“今年中考考什么?怎么考?怎么才能在有限的时间内突破瓶颈,稳拿高分?今年中招冲刺名师讲座将为你点击考点,创造中考奇迹!为此,省会三月三文化传媒有限公司特聘请多次参加中招命题的专家及省实验中学、省会八中、省外国语学校等名校所组成的中考团队来我市举办语文、数学、英语、物理、化学、政治、历史七科考前讲座,助广大考生一臂之力。”方才看着上面“抓住一次机会,改变一生命运!”眼睛出神。

刘芳说:“去年人家都来过,市内几个重点初中的学生都去听了,方方的老班说了,听了能提二三十分呢,咱方方的成绩如果能提这二三十分,上一中没问题。”

“何以见得能提高二三十分?是不是他们老班拿人家好处了,做这样的广告?"

"嘘,小声点。"刘芳指指方方的房间,"宁可信其有,不可信其无。老师也是好心,焦麦炸豆了,需要提升一下。"

"多少钱?"

"一门一百?"

"什么什么?"

"得七百啊!"

"你中午没有回来,我钱已经交了了,这是讲座日程表。"刘芳说着,拿出一张纸递给方才,"我给他姑家雅红的钱也缴上了。""他姑"是方才的堂叔伯妹子,她女儿和方方一个学校一个年级。

"一千四啊,一门两个小时,这不是要人命吗?"方才心疼不已,自己的手机都出现"白板"了,还没有舍得换呢。

"七门都交了,优惠一百元呢,总共交了一千二。去年去世博会,他姑替咱们儿子交的钱,这个情利用这次机会咱得还。"

"趁火打劫!"方才感到身上一阵颤栗,心里骂道,这些文化骗子,真是生财有道啊,时机找得真准,这时候和家长、孩子们开玩笑,将近两天,他们还怎么休息,怎么做作业?连轴转可是半个月啊!真想杀了他们。

吃饭时,方才问方方:"这几门你都需要学?"

"我只想学学语文,听听数学和外语,其他没必要。"

"都听听吧,这可都是名家啊。"刘芳满脸堆笑,讨好地看着儿子。

"好吧。"

第二天,方才上班途中遇见高中老同学李惠,李惠的儿子和方方一个班,说起中考冲刺名师讲座的事,李惠说:"别相信他们的瞎话,他们纯粹是来骗钱的,如果两个小时的课能把三年所学的拔高一个层次,提二三十分,除非他们是神仙。我们孩子的爸爸也迷信这,但我们商量半天,只报了数学和物理。什么传媒公司,我在网上查了半天也没有查到,他们提供的教师名字网上一个也查不到,来的肯定是无名小卒,籍籍无名。"

方才一听,说:"我们都报了,但是你嫂子没有和我商量。"

"为了孩子你们可以不商量,你们老财嘛!"李惠说道。

"别笑话我们了,供一个学生,我现在烟都戒了。"

“这好这好，戒烟对身体有好处。”

方才笑了一下，他感觉自己的笑带点窘味儿，“我可不支持骗子，一会儿打电话让我老婆退几门。”

“明天星期六，今天退还来得及。”李惠和方才道别。

中午方才提前回来，刘芳说：“你今天上午给我打了电话，我就去退钱，人家开始很不愿意，还说怎么退？我说你不退我就宣传你们，何况我不是全退，是因为儿子还要参加别的辅导。那女的嘟嘟囔囔，满脸不情愿给我退了。”

“骗子抓的机会可是真准啊。”方才感叹道，心里有火，但是无处发，没门。

星期日下午4点，方才开着朋友的车到银河宾馆门口接方方和雅红，两人坐在车上议论这次讲座。

方方道：“数学最差，老师课堂上讲笑话。”

雅红说：“语文还差不多，老师说她的名字在百度里能找到，还敢给我们留个电话。听说其他老师只留个邮箱，也不说自己叫什么，只说自己叫张老师、米老师的。”

“米老鼠！”方才递腔道。

“哈哈！”两人笑道。

“骗人的，骗人的，骗钱的，以后我给后来的三年级学生说说。”方方道。

“就是，应该这样，别让他们再上当。”雅红说道。

“不行，我们上当了，以后也让他们上上当。”方方突然转向。

“对，我们不能告诉他们骗钱，我们上当了，谁问就说讲得好得很！让他们接着上当，就没有人笑话我们了。”

方才听了，不相信自己的耳朵，怎么他们变化这么快，会这么想！

八、弃　　友

在生活中是不是有这样的事：有些父母叫不动孩子做家务事，干脆自己做；

嫌孩子不会买东西,索性自己出门去买;认定孩子作业没必要做,帮他一题题写写……久而久之,孩子想,父母一定会伸援手,乐得坐享其成,而让自己的“天资”睡着了。所以,当父母埋怨孩子懒惰时,不妨扪心自问,自己是否把孩子表现的机会放弃了。既然给孩子学习机会,就要耐心等待孩子发挥潜力。

孩子学习差了,更不能放弃。要知道,每一朵花都有盛开的理由,每一棵草都有泛绿的时候。

择校现在是教育的流行病,其实所谓的“名校”都是家长捧起的,主要以人多势众出名,这是家长推脱自己教育责任的一种表现,也是潜意识里放弃责任,认为把孩子放到学校就完事大吉了,认为教育孩子是学校的事,是老师的事,这种推脱方法使孩子感受父母监督的空当,从而放松自我要求。曾经有位家长,堵住一位高中年轻的女班主任破口大骂:为啥我家孩子会考不及格?教的学生毕不了业,算什么老师?学生的学习成绩都成了老师的责任。其实对于孩子学习困难,跟不上趟这种情况,家长要切记:“从来就没有什么救世主,也不靠神仙皇帝。要创造人类的幸福,全靠我们自己……”

我的好朋友张玉成的儿子张菲自小学习不好,也没有特长,父母忙,托教没有兴起的时候,就跟着老师吃住。成绩好听点是一般化,实际上是中下等,不用讳言,我经常陪着他们的副校长吃饭,就是希望副校长能给老师打招呼,学习差不受歧视。上初中也是找的我,想办法上的是好中学,我陪过孩子的中学老师吃饭,从中知道这孩子学习跟不上,中招考了300多分,掏钱上的重点高中。后来高二分科上的文科,在班级里排名竟是23名,还非常爱学习,最后还考上了省内二类大学,这就是不放弃造就的奇迹。

有一个孩子上小学一年级学习跟不上班里的同学,给人发育迟滞甚至弱智的感觉,二十以内的加减法口算、笔算都跟不上趟,甚至不会,老师告诉家长这个孩子有问题。他妈妈听了,接受了这个现实,但是她没有悲哀,没有放弃,而是想出一个办法,就是找来扑克牌,两张两张来,先是算加法,再算减法,每天晚上给孩子做这种游戏,孩子开始是慢慢算,掰手指头,然后能口答出来,再后来能快速地一口算出来,再后来三张牌拿出来也一口答上来,仅仅一年的工夫,孩子开窍了,智力开发了,不但跟上了班里的同学们,而且成绩能名列前茅。这也是不放弃制造的奇迹,试想,如果放弃了这个孩子,这个孩子以后有顺顺当当的人生,有机会成为一个正常的孩子吗?

2008 年奥运会，美国游泳运动员菲尔普斯在北京水立方里，超越了美国游泳运动员施皮茨在 1972 年慕尼黑运动会夺得 7 枚金牌的纪录，实现了自己的梦想，为奥林匹克运动史书写了辉煌一笔。一人夺得 8 枚金牌，打破 7 项世界纪录，轰动了全球。菲尔普斯成为第 29 届北京奥运会最伟大的运动员，国际泳联还特别向他颁发了荣誉勋章。但据透露，菲尔普斯从小就是一个不听话的孩子，调皮捣蛋，不爱学习，经常恶作剧，使得学校和家长都很头疼。从常人眼里看，菲尔普斯简直就是一个“朽木”，不可雕也。但 11 岁的时候，他的启蒙教练发现这个“捣蛋”孩子，他的长臂、宽掌、短腿被同学讥笑的缺陷，却变成了举世难得的游泳天赋，潜力无限，具有奥运冠军的素质。于是，教练向他的家人展示了他的计划：“2000 年参加奥运会选拔赛；2004 年参加奥运会：2008 年打破世界纪录；到 2012 年……”

从此以后，菲尔普斯几乎泡在水里，在教练不断地刺激和激励之下，刻苦训练，终成正果。他最终的成绩甚至比他教练的预言还早了四年成为现实，终于成就了今天的奥运第一人。一个曾经被老师评价得一塌糊涂的学生，甚至已经到了“朽木不可雕也”的地步，竟然会取得如此辉煌的成绩！这应当给我们家长朋友巨大的激励和鼓舞。

对孩子的教育什么时候也不能放弃，如果放弃，就会毁了他的一生，也是放弃了家庭的未来；不放弃，就会有希望，就会有奇迹。

方方系列故事之四十

“三　迁”

“说啥也得让孩子上一中。”方才说道。“何况咱们提前在一中门口租了房子。”

“唉，这一去得一万八，咱们一家一年的净收入。”刘芳叹气道。

“谁叫这臭小子不争气，说过如果他考上一中，这一万八没有交给学校，给他打卡上存着，以后上大学用。或者买个三五万的车算方方入股了。”方才有点恨铁不成钢。

“算了，错 6 分，差得也不算远，到好高中能有个新的起点，以后撵上其他同学,能考上好大学。”刘芳说。

“也是,你看俺们单位小刘的表哥开着公司,人家儿子分数比咱方方还少一百五六十分也掏钱上一中。人家家长有眼光,说是儿子考上考不上没关系,关键是能认识一帮同学,以后都是社会资源可以利用。”方才说。

“人比人气死人,分数这么少上一中还振振有词,脸皮真厚。”刘芳说,“分数错那么多,这样的学生到那里能脱胎换骨?能学好?”

“你说做生意的有几个人的脸皮不厚,不过这社会就认这脸皮厚的,为了方方的未来,还是上一中吧,不管谁提起来也好听些。”方才说,“我们脸皮不厚,但不是没脸皮。”

刘芳也同意,其实他们同意掏高价上一中,上一中两人也要交流思想,统一认识,两人认识不一致,但目标一致,这就对了,交流就为统一的目标找到了各种说法,关键是不管谁问起孩子在哪里上学——一中,省重点高中,去那里上学,就是一只脚踏入了大学的门槛了。

这可是第三次赁房子了,上小学、初中、高中三个阶段租三次房子。自己的家这十二年未住,光住别人的还是蜗居体的,回家像度假。

“真是钱发烧。”交完钱,刘芳进屋就对方才说。

“孟母三迁嘛,谁叫咱们住的地方没有好学校,这也是城市流行病,为了孩子的未来,家长急得团团转。”

“别说了,交钱的事少说点儿,别给方方压力大了,不然他在同学跟前抬不起头来。”刘芳交代方才。

方方这两天电脑游戏正玩得热火朝天,他与父母有约,考完高中,好好玩几天电子游戏。对考试成绩,上不上一中的事儿是不管不问的,权当没这回事儿,可释放释放,放松放松。

当他们领着方方到一中报名时,方方还高高兴兴的,下午放学,方方满脸不高兴。

方才问:“学校不一样吧。”

“当然不一样,我才知道我掏钱上的一中,一中上不了,上个普通高中也行,非让我上一中,你们美了,有面子,我可遭罪了。”

“怎么遭罪?”刘芳关切地问。

“老师排位只排了二十多名后,说下面是掏钱的同学,自己找座位,让我好难堪。”方方说。

“老师怎么这样揭孩子的伤疤，搞歧视呢？”方才有点生气，老师也不知道保护孩子的自尊。

“老师还说，今年学校新要求，军训后都得住校，高三才可以回去住。”

“啊，这可怎么办？我们可是交了一年的房租了。”刘芳大为诧异，她有点后悔，如果让方方上普通高中，在那里是数一数二的名次，老师呵护着多好，宁为鸡首不为牛后。再转念一想，上普通高中她不放心，心里更没底，但一中老师怎么这样呢。

“没事儿，你做好了，送饭。近了，冬天饭菜送去还不冷。”方才解释道。

再后来，刘芳中午送饭菜，在大门口隔着门栅栏递给方方，感到真是如同探监一般。

第八章

把孩子当作朋友
孩子会成什么样的人

很有必要给家长朋友说一说“第十名现象”。“第十名现象”，据说是杭州的一位小学老师周武发现的。媒体介绍，这位从教近20年的老师，有意识地对1990年前后毕业的150名小学生作了跟踪调查，结果在这些如今已上大学或工作了的学生中间，发现了一个“耐人寻味”的“第十名现象”，即前三名之后，第十名前后直至20名的学生，在后来的学习和工作中“出乎意料地表现出色”，并成长为“栋梁型”人才；相反，那些当年备受老师宠爱、成绩数一数二的优秀学生，长大后却淡出优秀行列，“泯然众人矣”，甚至在其后的升学和就业等方面屡屡受挫。

当然这里所指的第十名，并非刚刚排在第十名的学生，而是指成绩中等的学生。根据这位教师的解释，这个群体的共同特征是：虽然成绩不是最优秀的，但是他们大都比较活泼，灵活性强，学得较为轻松，兴趣广泛。因为老师不大注意这些学生，因此其学习的独立能力较强，有很大的潜力。

这种现象也说明了一个观点：一个人能否成功不取决于学习成绩的高低。因为成绩考查学生的主要是逻辑思维能力和语言能力。而人际交往能力、领导管理能力、艺术创作能力、实践能力等，却在考试中难以体现出来。

现在家长都在督促、强迫孩子挤进“前三名”或“前五名”，过分强化学科成绩，这些孩子整日被“小鞭子”“抽”着，使他们不顾一切地往前跑，有的甚至成了“惊弓之鸟”，成绩偶尔下降一次，家长忧心忡忡，孩子闷闷不乐。这样特别关注成绩，他们的压力特别大，反而抑制了这些孩子的兴趣爱好、潜能、学习自主性和个性，一门心思死读书，读死书，造就了一批“书呆子”，学习哪里还有乐趣，他们感叹“学海无涯苦作舟”，就是很努力还不一定挤进老师家长希望的名次里去。在体育比赛中，只有短跑才拼起跑，谁见过马拉松比赛中有人抢跑？而且在长跑中，没人愿意一路领跑，因为第一位的那个运动员跑起来最吃力，风险最大。“不能输在起跑线上”是某些教育机构招揽生意的广告，但从孩子一生而言，却是十分荒谬的。

并且，追求第一、二名的孩子心理不健康，名利思想严重，经不起挫折、失败。所以状元云集的清华大学每年都有学生跳楼，这可是清华大学一位毕业生在一篇文章中透露的。

作为大人要知道，过高的期望，带来孩子的无望；过度的保护，带来孩子的无能；过分的溺爱，带来孩子的无情；过多的干涉，带来孩子的无奈；过度的指责，带来孩子的无措！不要以成败论英雄，不以成绩论成败，只要学生努力了、尽心了，有好的学习态度、学习习惯，以后他们的记忆里就没有遗憾，何况他们的理解力、领悟力还会发展，他们还有脱颖而出的机会。家长要有这样的心态，这样的认识，孩子感受生活是幸福的，学习是快乐的，“学海无涯乐作舟”，才能茁壮成长为社会栋梁！

中国男子台球队运动员丁俊晖，亚洲斯诺克选手，从 8 岁开始，就在父亲严厉的训练下，进行着近似与世隔绝的“封闭式训练”。丁俊晖在这种环境下，加上他的悟性，球技进步很快。13 岁时，丁俊晖就获得了亚洲邀请赛季军。从此，“神童”称号不胫而走，被英媒体称做“东方之星”。2005 年，丁俊晖夺得了中国公开赛冠军；2009 年 12 月，斯诺克英锦赛中，丁俊晖以 10∶8 战胜希金斯封王，震惊世界体育界；2011 年，丁俊晖成功打入 2010/2011 赛季最后收关大战———世界斯诺克锦标赛四强，2011 年获温布利大师赛冠军，2012 年 2 月获斯诺克威尔士公开赛冠军，取得了人生的辉煌。

丁俊晖的巨大成功，使许多望子成龙的家长竞相效仿。他们都想复制丁俊晖成长的模式，用“魔鬼训练”打造自己家的“神童”，好让孩子能尽早摘下最大、最红的“幸福果”。一时间，“台球少年班”成为一股持久不降温的热潮。

然而，丁俊晖是怎样看待自己的成功和幸福的呢？他在回答记者提问时，目光中闪烁着一丝晶莹的泪光。他说，如果让我重新选择人生的话，我是绝不会打台球的。因为打台球，我失去了童年应有的快乐和童趣，我甚至连一个童年的小伙伴也没有。在那种单调、乏味的封闭式训练中，我成了不会说话的木偶，循规蹈矩、亦步亦趋。这是一种痛苦，更是一种不幸。

那些在山野中上树摘果，在池塘里打水仗，在操场上嬉笑游戏的孩子，那些在无忧无虑的快乐中度过童年的普通成年人怎么也想不到，他们羡慕的大明星丁俊晖，竟然向往他们童年的快乐、幸福。

那么把孩子当作朋友，会把孩子培养成什么样的人？读本书到此的家长朋友，我相信会理智起来，也就不再狂热地把孩子平时考试得第一，以后上清华北大当作人生的一大目标，只要孩子努力了，成绩一般也行，只要孩子快乐了，一般大学也行，因为成人比成功重要，成长比成绩重要，经历比名次重要！这样的孩子身上会有以下特性闪闪发光。

1. 与人为善。孩子能与善良、感恩等为伍，就会与人为善。与人为善是中华民族的传统美德，是社会和谐的润滑剂，更是我们处理好人际关系的必备素质。只有做到与人为善，才能造就和谐的人际关系。善待别人，其实质就是善待自己。待人处世哲学，最紧要的，莫过于善待别人；善待别人的结果是自己受益，有爱人的能力和被爱的能力。

2. 爱好广泛。这样的孩子兴趣爱好广泛。琴棋书画样样精通的人能发现自己真正的潜能和优势，知道自己最擅长的是什么，才能够因势利导，有更多的选择，才能为将来所用。多才多艺是自己在竞争激烈的社会中推销自己的一张名片，也是自己打造一片天、一个辉煌未来的法宝，还使自己生活多姿多彩有滋有味的。

3. 健康快乐。健康快乐的孩子热爱生活，能深切感受生活的美好和生活中的乐趣，积极憧憬美好的未来。无数的例子告诉我们：人生最终的目标，不是成名成才、发财致富，而是快乐和幸福。强健体魄是建立积极人生态度的基础，“身体倍儿棒，吃嘛嘛香”，心理健康的孩子心底阳光，能保持平静的情绪，敏锐的智能，适于社会环境，在乐观、满意等积极情绪体验方面占优势，能容忍生活中挫折的打击。快乐是幸福的源泉，快乐成长，就能成就幸福美好的人生。只要孩子快乐，不拿成绩说话，只要孩子尽力了，尽心了，他就能乐观面对生活。

4. 自信自立。自信是成功的第一秘诀。相信自己，既能客观评价他人，更重要的是能正确认识自己和把握自己。“我自信我成功”是这种孩子的座右铭，他离开妈妈的怀抱，在风雨中变得坚强，“咬定青山不放松，立根原在破岩中。千磨万击还坚韧，任尔东西南北风”。能自我要求，管好自己，尊重他人，理解他人，善于学习别人的长处补己之短，并能用友善、宽容的态度与别人相处。

5. 知书达理。这样的孩子爱学习，爱读书，聪慧——腹有诗书气自华；对人有礼貌，有涵养，有魅力——待人彬彬有礼，显得温文尔雅。知书达理的人，做事情有分寸，识大体有大局意识，有气质涵养，易于受到别人的尊重。

其他还有幽默、开朗等品质。

和孩子成为朋友，越早越好。即使你现在明白了，孩子大了，也不算晚。

第九章

把孩子当作朋友　父母幸福快乐

父母与孩子成为朋友，孩子阳光、快乐，前景美好，父母自然也会有一份不菲的收获。

(1)健康长寿。父母把孩子当作朋友，永葆童心，就会快乐一世，无忧无虑，自然健康长寿。童心就是真诚。明朝李贽《童心说》："夫童心者，绝假纯真，最初一念之本心也。"童心，让人心上无邪，身上无恶，形上无垢，影上无尘。君不闻冰心老先生成为世纪老人，活到99岁，童心为小读者，为一代又一代小读者健康成长，写文《寄小读者》、《再寄小读者》等。

(2)心胸开阔。有了孩子，家庭就增添了欢乐，曾经单调的世界就变得精彩，曾经灰暗的心里就有了亮色，对工作就多了一份乐趣，对他人就多了一份宽容，对父母就多了一份感恩；为孩子的成长，站得高看得远，"眼界高时无物碍，心源开处有波清"，大道至简，情理相通，对工作对生活都如此。

(3)阅历丰富。孩子教育从胎教开始，然后到呱呱坠地，然后到蹒跚学步……直到大学毕业，二十年间，日子充实，每天都是父母贡献的日子，也是在享受每一天，人生不空虚，学习可谓丰富，教育学、心理学、营养学、医学、保健常识、文学、古诗词等等广泛涉猎，人生积淀厚实。

(4)幸福快乐。幸福快乐也有三个层次：因为是孩子的朋友，所以在家教过程中就能"因为梦着你的梦，因为苦着你的苦，所以幸福着你的幸福，快乐着你的快乐"；因为"投入地爱一次，忘了自己"，忘我的境地就是快乐的，投入地用平等的姿态对待孩子，就是幸福的；孩子的人生是快乐的，有了这样的家教结果，自己是快乐的。

(5)成就非凡。认真做事,能把事做对;用心做事,能把事做成功。孩子教好了,自己工作起来无后顾之忧,工作就会创造卓越。在婚前或没有孩子以前,同事、朋友的祝福是“爱情事业双丰收”,有了孩子,同事、朋友的祝福是“事业家庭双丰收”!即使事业平平淡淡,但是孩子能立足社会,这一家教成就会是你人生最大的慰藉,没准你会成为一个家庭教育专家。

不知道你是否读过被称为中国版《哈佛家训》、时代版的《傅雷家书》——《爸爸的唠叨》这本教育专著,王仁元先生的《爸爸的唠叨》,可以说是作者在一年内写给他在高三复读的女儿的家书集。作者从古今中外和现实生活中搜集教育案例作为引子,结合女儿的实际情况,有针对性地“唠叨”,既是慈父对女儿的谆谆教诲,又如高级咨询师与孩子的娓娓交谈,春风化雨,润物无声,其字里行间流动着父辈对子辈的关爱,可谓字字情真,句句意切。他在《益者三友,损者三友》中这样“唠叨”道:“重点学校集中了同级学校中的精英老师和精英学生。在重点学校中,聪明的大脑有精英老师的正确指导,良性互动,就能成就更多的聪明人,其中就会有更多的益友。反之,普通学校,即使有个别精英老师,也形成不了气候,有部分聪明的学生,却也会营养不良,成就起来更加艰难。因为,聪明的大脑就像肥沃的田地,不长庄稼,就会长出茂密的野草。正确的思想、观点、知识、习惯不能及时地占领他们的大脑,他们成就的机会少了,成为益友的机会少了。他们的大脑不能得到最为有效的开发,就会被次一等的知识,被闲情琐事所挤占,甚至长出茂密的野草,自然,损友就会相对多一些。这也是我处心积虑地让你上重点学校,明年考上个重点大学的苦心所在。”唯有真情能动人,他的女儿读着家书如沐春风,变得懂事而进取,阳光而智慧,一年提升了高考成绩一百多分,考入重点大学东南大学。在与女儿笔谈的一年间,王仁元父女之间没有了不平、争吵和委屈,取而代之的是信任、理解和默契,各自也在悄然发生着变化:父亲变得充实愉快、守时重信、严慈相济;女儿变得善解人意、阳光自信、积极进取,学习成绩也提升很快。作为教了近20年中文的教师,王仁元的“唠叨”经常被女儿驳得体无完肤,有很多篇都是按照女儿的意见重新修改、充实和完善的。王老师为此深感欣慰:自己是和女儿一起成长的。

英国斯宾塞著的《斯宾塞的快乐教育》一书的思想曾引起美国的教育革命,“统治”美国教育达30年之久,奠定了美国近百年来人才优势,纵贯整本书的就是“快乐”。这本半是自传，半是札记的书，对人类有着恒久的价值，就像宝石，经过时光的打磨，更加光彩夺目。因此许多科学家、教育学家称斯宾塞为“人类历史上的第二个牛顿”。这都是幸福老爸的幸福事。

卡尔·威特是19世纪德国的一个著名天才。他八九岁时就能自由运用德语、法语等六国语言。并通晓动物学、植物学、物理学、化学，尤其擅长数学。9岁时进入了哥廷根大学，16岁前获得哲学、法学博士学位，23岁发表《但丁的误解》一书。他一生都在德国的著名大学里教学，直到1883年逝世为止。卡尔·威特能取得这番惊人的成就并不是由于他的天赋有多高超——恰恰相反他出生就被认为是个有些痴呆的婴儿。当时就连卡尔的母亲都绝望地说“这样的傻孩子教也只是白费力气罢了”。但卡尔的父亲没有绝望，他为孩子制定出周密而严格的教育方法。卡尔的成功全赖他父亲教育有方。卡尔的父亲把小卡尔长到14岁以前的成长过程，以及自己教子的心得和独辟蹊径的教育方法写成了一本书，这就是《卡尔·威特的教育》。“哈佛女孩刘亦婷”就是这种教育的受益者。

后 记

家教现在是个热门话题,并且自国家实行独生子女政策以来变得尤为重要,已成为家庭的头等大事。自己从教二十多年来,耳闻目睹很多家长朋友在教育孩子上下了很大功夫,却收效甚微,甚至走了很多弯路,通过访谈很多成功的家长,决定写一部让大家看了能改变不当的家教方法,随便翻阅就有收获,认真看就能理清思路,用心读就能感受成功的书。

积攒有二十来年的资料,积攒自刚刚走上讲台至今的案例,原来是想写一部给大人看的孩子成长系列故事的书,希望能达到"只可意会不可言传"的效果,让家长朋友正确育儿,在写本书的过程中,我把一部分故事附在文中,希望家长朋友读后能有会心的一笑,从中感悟家教无处不在,生活即教育。

因为在家长学校给一年级家长做过讲座,看到年轻的家长听得津津有味,反响很好的时候,就动起笔。在写的过程中,优秀老师也是优秀家长的李晓丽、张耘、周博润、李奇琪等都给予大力支持,还有优秀家长张立勋、王雪、贺缨髭的妈妈等,都看了我的草稿,都给予了一定肯定,在此我深表谢意。

其中张耘老师还写有读后感:本书中内容非常全面,实例丰富生动,有些例子感人至深,发人深省,看过后很受启发,很受教育,如果每个孩子的父母都能静下心来认真阅读,并在生活中努力做到,那么孩子们该会有多么幸运、幸福啊!

通过看你的这本书作,我感受到一位到深爱孩子的父亲,付出了自己多少的心血来精心地、耐心地、不断地总结经验,调整方法培养孩子们,这书中有你全部的爱……

前面的感受是我期望的,后面我感觉有点愧不敢当,因为写完这部书时,我的双胞胎儿子李灏舸、李灏舟正上高一,还没有以考上某部名牌大学、或重点大学为我这部书锦上添花，成为这部书的结果成为这部书的噱头让大家来看我这部书。实际上，在家教上我也走了不少弯路，比如小儿子李灏舟小时候体弱多病还调皮，大儿子李灏舸聪明、稳重有大样，加上他又是长子，所以对他的期望值也就高了一些，要求也就严了一些，他觉得老爸没有一碗水端平，心里很有些意见，甚至常想着不上大学来换取人生的成功，以后能不能为我这部书做好注释还不好说，我现在努力做他的朋友，争取他的努力，让知识给他的今后插上翅膀。

肯定是支持也是动力。翻阅有十余本教育专著，有很多教育自己一个孩子成功的家长因此成了家教专家，与我这部书不同的是中间的案例有自己的，有朋友的，有同事的，还有网上的，报纸杂志上的等，我都是在比较中找好的，能说明自己观点的，读者朋友看后有所悟的家教例子。因此，不一定哪个地方的内容会不自觉地引用了哪位朋友的话语，甚至文章，作者在这里感谢万分，并深表歉意，敬请谅解。

因为是自己摸索出来的东西，加上水平所限，文章分类就不一定很科学，只是觉得这些话题、这些内容是我们生活中喜闻乐见的，大家能经常“触摸”到的东西，按照自己的思考给它们排序，妄称自己的一家之言，一定有诸多不是，也不知道是否达到了自己的初衷没有，还是请读者诸友批评指正。

李景升

2012 年 6 月 30 日第一稿

2012 年 10 月 26 日第二稿

2013 年 3 月 28 日第三稿